GLOBAL GOVERNANCE SERIES |全球治理丛书|

丛书主编 陈家刚
执行主编 闫 健

全球经济与金融治理

Global Economic and Financial Governance

主编◎王 浩

中央编译出版社
Central Compilation & Translation Press

目 录
Contents

导言：全球经济与金融治理：议题、挑战以及中国的选择 / 1

第一部分　理论探讨

全球经济治理：强化多边制度
　　［英］奈瑞·伍茨　著　　曲　博　译 / 3
全球经济治理与发展
　　［韩］潘基文　著　　李亚敏　编译 / 31
21世纪的全球化：一个发展新纪元
　　［美］简·内德韦恩·彼得斯　著　　王　浩　译 / 67
世界秩序、全球化与"全球治理"
　　［加拿大］威廉·科尔曼　著　　周思成　译 / 88

第二部分　实践探索

二十国集团与国际金融体系改革
　　［俄］米哈伊尔·杰里亚金　著　　赵　隆　译 / 117

重塑金融结构，推动开发性金融的发展——论新开发银行
　　[英] 拉吉夫·比斯瓦斯　著　　顾海燕　译 / 127

全球金融危机和金融稳定委员会：硬化国际金融软法？
　　[美] 道格拉斯·瑞伊　[美] 迈克尔·泰勒　著
　　　管　斌　杨　阳　译 / 136

全球金融体系、金融化和当代资本主义
　　[英] 约翰娜·蒙哥马利　著　　车艳秋　房广顺　译 / 159

应对市场流行病，设计"金融WHO"：宏观审慎的全球治理方法
　　[日] 曾根泰教　著　　关　键　陈永杰　译 / 178

第三部分　挑战与前瞻

全球金融一体化的挑战和前景
　　[荷] 杰弗里·安德希　[荷] 贾斯伯·布洛姆　[荷] 丹尼尔·默格　著
　　　季　节　译 / 187

国际清偿力的未来和中国角色
　　[美] 艾伦·M.泰勒　著　　胡妍斌　译 / 197

金砖国家和泛欧洲的终结
　　[英] R.萨科瓦　著　　刘　畅　译 / 210

全球经济治理：二十国集团的最后机遇？
　　[英] 保罗·苏巴基　[英] 斯蒂芬·皮克福德　著　　张建中　译 / 225

国际投资法制和政策制度的未来：完善之路径
　　[英] 卡尔·P.萨文特　[英] 费德里戈·欧迪诺　著
　　　陈　欣　陈辉萍　译 / 239

导言
全球经济与金融治理：议题、挑战以及中国的选择

在 21 世纪新时代中，人类更像是共同生活在同一个地球村，种种令人目不暇接的全球现象、全球问题、全球关系、全球价值、全球治理与全球制度等新元素，正有机融入世界历史发展进程；与此相对应的是，传统的国际体系也随之发生复杂而深刻的变化，越来越清晰地显现出目前"处于一个由以大国格局为基础的，向以发达经济和发展中经济依存互动为基础的全球体系转变的进程"①，而这其中内嵌的各种各样的国家及国家群体、非政府组织、全球公民社会、跨国公司和跨国金融机构等行为体，也开始更加努力地展现自身主动性，积极尝试将自身的权力、利益及观念投射在国际经济体系之中，由此为发端，现代意义上真正的"全球经济治理"也应运而生。

一、全球经济与金融治理的目标和领域

何为"全球经济治理"？其定义可谓众说纷纭。根据联合国秘书长潘基文在 2011 年联大报告中的界定，全球经济治理就是"多边机构和进程在塑造全球经济政策与规章制度方面发挥的作用"②，换句话说也就是，国际社会各行

---

① 孙伊然：《从国际体系到世界体系的全球经济治理特征》，载《国际关系研究》，2013 年第 1 期，第 83—96 页。
② 中国国际经济交流中心：《重构全球治理：有效性、包容性及中国的全球角色》，2013 年 8 月 29 日，联合国开发计划署驻华代表处，http://www.cn.undp.org/content/dam/china/docs/UNDP-CH-GG-Report-CH.pdf。

为体通过协商、合作、确立共识等方式，开展全球经济事务协调与管理，以解决从地区层次到全球范围的经济稳定和增长问题，并维持正常的国际政治经济秩序的互动过程。

（一）目标

从一定意义来说，全球经济治理以解决超国家问题和全球经济公共事务为目的，其根本目标是推动经济全球化朝着均衡、普惠、共赢方向发展①，具体目标就是为实现更具代表性和更公平的全球治理奠定坚实的基础，促进更具包容性的全球增长，维护经济安全稳定、保持经济持续发展和收入水平的稳定，从而共同塑造全球经济秩序②，这些目标主要包括：

增进全球宏观经济政策协调。随着全球化分工合作的加强以及通讯与交通技术的发展，当今世界已经演变成一个高度复杂且相互依赖的世界。全球化发展不仅带来了生产效率和福利水平的提升，而且也使得经济政策的外溢性影响变得显著。公共的扩展与私人领域再造的双重结果，以正在形成的全球层次上的"公私"分野冲击并替代着以地域为基础的民族国家内部的"公私"划分。世界经济在全球化织成的无形大网中相互关联，牵一发而动全身，一国宏观经济政策会受到各种外部因素的牵制与干扰，制定与执行的难度不断加大。另外，由于相互依存度高，一个大型经济体的宏观经济政策效果很容易就会溢出国界，对与其具有密切经济关系的国家经济甚至全球经济产生正外部性或者副外部性。基于此，全球经济治理的一个重要目标就是：在承

---

① 均衡，就是要兼顾发达国家和发展中国家需求，平衡发达国家和发展中国家关切。普惠，就是要把各种实实在在的利益和好处带给所有国家，惠及各国人民。共赢，就是要把本国利益同他国利益结合起来，把本国发展同各国共同发展联系起来。参见《八国集团与发展中大国对话，中方阐述全球治理理念》，2009 年 7 月 9 日，中国新闻网，http://www.chinanews.com/gn/news/2009/07-09/1768756.shtml。

② 王星桥、刘东凯：《戴秉国出席八国集团同发展中国家领导人对话会议时指出积极推动国际金融体系改革》，载《经济参考报》2009 年 7 月 10 日，人民网，http://theory.people.com.cn/GB/41038/9628372.html。

认世界经济相互依存的现实前提下,加强正外部性,消减负外部性,减少和避免"有组织的不负责任",有效推动各主要经济体、国际组织和国家间组织以及跨国公司与非政府组织之间就彼此的政策、议题、话语、观点进行协调沟通,通过一定的机制或形式展开磋商和协调,以维持和促进各国以及世界经济的稳定与发展。

完善全球金融治理。全球金融治理是全球经济治理的核心之一。货币和金融危机不仅严重冲击各国经济,造成巨大损失,而且会外溢到社会、政治等其他领域,经常导致严重的社会和政治动荡,成为国民经济和国家安全的严重挑战。因此需要各国政府、国际组织以及非国家行为体在国际货币和金融事务上的协调与合作,制订相关规范和标准,促进和维护国际货币体系和国际金融体系的稳定与有效运转,为世界经济的健康发展奠定基础。这主要包括:首先,维持稳定有效的国际货币体系,建立特定机制以在一国出现国际收支不平衡时能够有效地通过价格、汇率、利率、国民收入等经济变量的变化实现自动与平稳的调节,恢复平衡。① 其次,强化危机预防与危机救助。鼓励在全球范围内开展危机预防和救助,通过双边监督和多边监督,对各国各地区和全球经济与金融发展进行检查,提供合理化建议,鼓励有利于促进经济稳定、减少经济和金融危机以及提高经济发展水平的政策。最后,推进国际金融监管与治理结构现代化。通过多边协调和金融合作行动,积极参与完善国际金融架构,增加发展资源的多样性和可及性,维护全球实体经济稳定。

优化和改善全球贸易投资治理。全球经济治理致力于努力推动开放型世界经济,实现资源高效配置、商品自由流动、竞争公平有序,从而惠及各方。建设开放、包容、非歧视、透明和基于规则的多边贸易体系是当前全球贸易治理的核心目标之一。现阶段,世界生产与贸易格局的改变深刻影响全球经济利益的既有格局。这种全球经济格局的调整在现实中突出表现为经济发展

---

① 盛斌、张一平:《全球治理中的国际货币体系改革:历史与现实》,载《南开学报》,2012年第1期,第60—69页。

的不平衡性、产业与贸易结构的竞争性、贸易利益分配的矛盾性以及经贸问题政治化等,并由此对经济全球化的进一步深化形成障碍。① 因此,要优化和改善全球贸易投资治理。各国能力和发展水平不同,但在全球经济、金融和贸易事务中应当权利平等、机会平等、参与平等。此外,全球经济治理的目标还体现在促进和保护国际投资上,这主要集中在如何切实规范投资者的行为和责任问题,特别是如何充分提高联合国贸发会议在凝聚共识、政策对话、研究、技术合作和能力建设等方面的重要作用,以使其更好地履行发展职责。

逐步有序优化全球产业与全球价值链治理。全球价值链的治理同样也是全球经济治理的一个必不可少的目标。全球价值链的治理是指价值链的组织结构、权力分配,以及价值链中各经济主体之间的关系协调。在全球经济向纵深发展的今天,是否能够有效融入全球价值链并在其中占据有利位置,已经成为影响各国、各经济体的产业和企业升级的关键因素。全球价值链治理决定了价值链中的升级和租金的分配。尽管全球价值链治理的模式各有不同,但其本质是世界经济关系不同模式的具体体现,也是市场经济机制在全球配置资源的结果。② 一国的政治、经济和文化的综合实力决定了其企业在全球价值链中的等级,而这种等级又影响了企业本身的竞争能力。针对生产网络的全球分布和全球价值链的形成,全球经济治理的目标之一就是建立基于协调的校正机制运作的制度治理系统;承认国有企业在经济中的重要作用,鼓励各国国有企业继续探讨合作,交流信息和最佳实践;鼓励和积极发挥中小企业在经济中创造就业和财富的重要作用;促进国际交流与合作、创新和研发;强化各国产业政策和全球价值链治理过程中的合作与协调。

推进完善全球会计治理。会计始终是国际化的会计,会计国际化发展到现阶段其核心是会计准则的国际化。一直以来,根植于各国经济、法律和政

---

① 秦亚青:《全球治理失灵与秩序理念的重建》,载《世界经济与政治》,2013年第4期,第4—18页。

② 裴长洪:《全球经济治理、公共品与中国扩大开放》,载《经济研究》,2014年第3期,第4—19页。

治制度的公司治理结构的差异性,在一定程度上阻碍了证券管制趋同化①的道路。针对全球经济一体化与全球会计制度非同一性的矛盾,全球经济治理的一个重要目标就是进一步推动全球会计治理,促进这些准则的严格运用;积极与国家准则制定机构合作,促使国家会计准则和国际财务报告准则高质量的趋同;协商调整各国会计准则的差异,达到国际间相互沟通、理解,减少障碍和矛盾。② 这具体表现在:开展由政府、非政府组织、私人企业及社会团体等为解决全球性的会计问题而形成的对话、协商机制,推进会计准则的国际协调与趋同,以形成高质量的、单一的会计标准,建立全球范围内被普遍认可并执行的高质量财务报告准则体系,在财务报表和其他财务报告中提供高质量的、透明且可比的信息,以帮助世界各种资本市场的参与者和其他信息使用者有效进行经济决策。

(二) 主要领域

全球经济治理涉及的领域包罗万象。无论是应对全球性经济危机,还是处理日常的国际公共事务以及构筑国际社会经济公共安全防护体系等全球性问题,都是全球经济治理涉及的领域和范围。全球经济治理的对象是全球性问题,但全球性问题并不简单等同于主权国家传统治理的问题,也不局限于主权国家传统治理范围之外的问题。③

全球经济治理的传统领域包括全球经济增长、全球贸易、全球金融安全、全球投资、全球经济公域、全球公共品供给与分配,等等。其中,最为核心和最重要的议题,自然是包括全球经济增长、全球贸易、全球金融安全、全

---

① 一般认为,证券管制趋同化包括会计国际化。
② 林钟高、于鑫、吴玉莲:《全球会计治理框架下的会计准则国际趋同分析》,载《会计之友》,2009年第1期,第9—13页。
③ 因为任何一个所谓的全球性问题,无论其产生还是解决,一般都同各国政府有着千丝万缕的联系。因此,全球经济治理的对象是全球性问题,不宜用主权国家治理还是非主权国家治理来加以界定。但是,一国单独存在的问题,一般应由该国政府加以治理,不应列入全球经济治理的对象范畴。或者说,解决这些问题是一个主权国家分内的职责。

球投资等传统领域的治理，因为无论是气候、环境还是能源等方面的问题，往往都是由经济发展所衍生的次生问题。① 现阶段，全球经济治理涉及的领域和范围也逐渐明确，其主要着力点包括：解决全球经济失衡问题；国际金融、货币及贸易体系改革；宏观经济政策协调；扩大现有治理机制安排的代表性、提高有效性；消除明显阻碍发展中国家发展的不公平、不合理因素；全球公共产品供给；经济安全问题；货币、财政、粮食、能源、气候等多重危机防范和消除；减少贸易保护主义威胁；消除贫富差距等等。这其中的核心领域是发展问题。因为，要真正实现世界经济长期持续增长，必须帮助广大发展中国家实现充分发展，缩小南北差距。联合国及其相关组织在全球经济治理与国际发展合作中发挥着核心作用，比如，联合国制定 2015 年后发展议程能够体现全球经济治理促进发展的重要作用，为发展创造良好的外部经济环境和机制保障。

随着世界经济结构的变化、产业形式的发展升级，一些非传统的经济议题也成为了全球经济治理需要关注的内容，主要包括能源问题、气候与环境变化等。比如，能源是各国经济的基础，因此不仅牵涉各国的经济利益，也与诸多国家的地缘政治利益密切相关，从而成为很多国际纷争与冲突的重要根源。为此，全球能源治理也就理所当然成为全球经济治理的重要组成部分②，具体包括：主要能源输出国的供应安全、主要能源消费国的需求安全、油价稳定、非传统安全问题对世界能源安全的威胁、替代能源和新能源的开发利用、非常规石油（超重油和油页岩）的开发利用、环境保护、航空碳税等。为了解决上述问题或议题，国际社会建立了相应的能源治理机制。同样，气候变化也已经成为全球性环境问题之一，相应的全球气候治理也日渐成为

---

① 孙伊然：《后危机时代全球经济治理的观念融合与竞争》，载《欧洲研究》，2013 年第 5 期，第 1—22 页。
② 国家发展和改革委员会能源研究所、英国帝国理工大学葛量洪气候变化研究所：《全球能源治理改革与中国的参与征求意见报告》，2014 年 11 月，英国帝国理工大学网站，https://www.imperial. ac. uk/media/imperial-college/grantham-institute/public/publications/collaborative-publications/Global-Energy-Governance-and-China's-Participation—Consultation-report-(Chinese). pdf。

当今全球议程中的主流话语。目前，全球气候变化治理的主要机制包括：联合国政府间气候变化专门委员会、《联合国气候变化框架公约》、《京都议定书》及其后一系列国际会议。另外，全球经济治理的非传统领域还包括若干全球经济与金融危机等方面的应对和管控，比如，由于全球经济一体化程度的提高，一些突发性的经济事件和危机对全球经济的稳定与发展也会造成严重冲击，对这样的突发事件或危机的应对，就成为全球经济治理中的紧迫议题，最近两年的欧债危机正是如此。

此外，一些具有全球影响的地区性经济治理议题，也是全球经济治理中需要关注的对象。比如，亚太经合组织（Asia-Pacific Economic Cooperation，APEC）作为亚太地区层级最高、领域最广、最具影响力的经济合作机制，同样会对全球经济以及全球经济治理体系产生重要的影响；过去几年来，美国主导推动的跨太平洋伙伴关系协定（Trans-Pacific Partnership Agreement，TPP）和"清迈倡议多边化协议"（Chiang Mai Initiative，CMI），也很可能会对全球多边贸易体系以及货币金融体系产生重要影响。因此，这些具有全球影响的地区性经济治理议题，同样与全球经济治理的相关实践保持着紧密联系。

二、全球经济与金融治理的主体和方式

全球经济治理以国际法、国际规制为基础，是一个多层次、多行为体广泛参与的动态过程。全球经济治理的主体是谁，全球经济治理的方式是什么，即由谁来承担全球经济治理的责任，以何种方式来开展全球经济治理，是全球经济治理的核心问题，也是推动全球经济治理的基础和先决条件。

（一）主体

一般认为，全球经济治理的主体至少包括主权国家、国际组织、跨国公司、非政府组织、议题网络（issue network）、政策协调网（policy network）、社会运动、全球公民社会、跨国联盟、跨国游说团体和知识共同体（epistemic community）等。

  主权国家是全球经济治理主体的核心和主导。因为任何涉及全球经济治理的谈判，尽管有相关国际组织的参与，但主权国家始终扮演着主要角色；任何涉及全球经济治理的国际公约、协议都必须由主权国家签字才能生效；任何涉及全球经济治理的措施只有通过主权国家的政府才能实施；任何涉及全球经济治理的项目，都需要主权国家提供必要的资金和物质条件的支持。[①] 可以这样说，离开主权国家，全球经济治理就是一句空话。主权国家作为全球经济治理的主体地位是其他治理主体，包括超国家的、跨国的治理主体所无法取代的。只有各国政府才能动用国家的力量、动员全社会各个方面的力量，落实全球经济治理的各项协议。各国政府既可以通过强大的舆论进行广泛的宣传动员，通过社会网络进行双向的互动和沟通，也可以通过行政手段对企业、社会群体的行为进行规范，以冲破各种障碍，保障协议的顺利落实。只有主权国家才能保障全球经济治理形成行之有效的制度，保证全球经济治理的长期性、稳定性。

  国家集团。单独依靠任何一个国家无法进行全球经济治理，也难以解决全球性问题，所以需要各相关主权国家通过国际合作，共同实施全球经济治理。当前全球经济治理框架的限制，促成许多类型的非正式集团、集会和国际合作，及时采取集体行动，应对当前经济挑战。[②] 这些非正式群体如八国集团、二十国集团、二十四国集团、金砖国家集团和其他区域组织集团，越来越多地影响当前的全球经济治理。他们综合和协调集团所有成员的决定和/或在以正式条约为基础的国际组织中准备决策和行动的共同立场，并以此来引导相互之间的关系。最突出的例子是二十国集团。该组织的宗旨是为推动已工业化的发达国家和新兴市场国家之间就实质性问题进行开放及有建设性的讨论和研究，以寻求合作并促进国际金融稳定和经济的持续增长，按照以往惯例，IMF与世界银行列席该组织的会议。二十国集团成员涵盖面广，代表

[①] 李景治：《全球治理的困境与走向》，载《教学与研究》，2010年第12期，第32—40页。
[②] 周宇：《全球经济治理与中国的参与战略》，载《世界经济研究》，2011年第11期，第26—32页。

性强，已取代八国集团成为全球经济合作的主要论坛。① 金砖国家集团 BRICS，由巴西、俄罗斯、印度、中华人民共和国、南非组成，其人口和国土面积在全球占有重要份额，并且是世界经济增长的主要动力之一。现阶段，金砖国家集团通过峰会和高端论坛等形式逐渐在全球经济治理进程中发挥越来越大的作用和影响力。此外，现代主义上的国家集团还包括1989年9月在贝尔格莱德举行的不结盟国家首脑会议上成立的"十五国集团"（Group 15），又称"南南磋商与合作首脑级集团"（Summit Level Group for South-South Consultation and Cooperation），是继不结盟运动和"七十七国集团"之后的又一个完全由发展中国家组成的跨洲国家集团。

国际组织是全球经济治理的重要主体。国际组织一般划分为国家间国际组织和非国家间国际组织。联合国是最大最权威的国家间国际组织，还有涉及政治、经济、文化、教育、卫生等全球性的国家间国际组织。同时也存在一些地区性的国家间国际组织，例如，欧盟、东盟、上合组织等等。这些组织都是由主权国家组成的，它们在全球经济治理中所扮演的角色往往同主权国家密切联系在一起。这些组织实际上是主权国家参与全球经济治理的重要平台。② 而非国家间国际组织，一般都成立和生存发展于某个专门的领域，其进行的全球经济治理活动一般都有明确具体的目标。尽管它们在全球经济治理中越来越活跃，但其效果仍有一定的局限性。从长远来讲，非国家间国际组织的全球经济治理活动应当同各相关国家和国家间国际组织密切合作。

跨国公司。从一定意义上说，跨国公司也是全球经济治理的主体之一。现代跨国公司的去政治化的特征，也使它具有了在全球范围内操纵、控制、驾驭甚至摧毁主权国家政治控制的能力。跨国公司的生产和经营活动同不少全球性问题有着密切的关系，例如环境污染，气候变暖等。因此，跨国公司尤其是国际银行金融机构，在全球经济治理中承担着相应的责任和义务。它

---

① 张然：《资料：解读20国集团》，2014年11月16日，来源：凤凰网（http://qd.ifeng.com/xinwenzaobanche/detail_2014_11/16/3156521_0.shtml）。

② 朱景文：《全球化是去国家化吗？兼论全球治理中的国际组织、非政府组织和国家》，载《法制与社会发展》，2010年第6期，第98—104页。

既要对其总部或者母公司所在国承担相应的责任和义务，又要对其子公司所在国承担相应的责任和义务，更要对其产品销售的全球市场和广大消费者承担相应的责任和义务。跨国公司所涉及和引发的全球性问题包括环境污染、气候变暖、能耗过度、资源枯竭、食品和药品安全等等。大型跨国企业不少是污染和耗能大户，所以跨国公司参与全球经济治理首要的责任和义务就是治理自己。墨西哥湾漏油事件就是一个典型案例。英国石油公司是该油田的所有者，也是漏油事件的主要责任者，而漏油事件的受害者并非英国，而是墨西哥湾油田的周边各国。漏油问题的解决需要英国石油公司、美国及其他相关国家共同参与。① 因此，在全球经济治理领域，不能忽视跨国公司等市场主体的复杂而重要的影响力及其主体作用。

新闻媒体。新闻媒体尤其是网络，既是全球经济治理的重要工具，又是全球经济治理不可或缺的主体，它们同样在推动全球经济治理方面发挥着独特的、不可替代的作用。书籍、报纸、杂志、录音制品、电台广播、电影、电视和互联网，不仅包括生产和传播的技术及制度方法，而且包含"符号形式的商品化"，材料的生产依赖于其制造和销售大量作品的能力。全球经济治理领域中的大众媒体已经不仅仅局限于新闻，尽管人们往往会误解这一点。事实上，新闻媒体的触角无孔不入，其在促进全球经济治理中的作用也可以说是神通广大，具体包括：一是发现、揭露问题。大量的全球性问题恰恰是通过新闻媒体进行披露从而引起人们高度关注的。二是宣传、鼓动作用。为了解决全球性问题，新闻媒体往往竭力发挥说服动员作用，促进社会各界参与全球经济治理，包括政府的决策、企业的经营、人们的行为举止都与新闻媒体的作用密不可分。三是舆论监督。全球经济治理的协议能否贯彻落实，贯彻落实的具体情况如何，各国政府是否遵守协议，企业是否按照协约的条款生产和经营，首先会通过新闻媒体反映出来。

总而言之，全球经济治理的主体应该是以主权国家为核心和主导，以联合国为主要合作平台，有其他各类国际组织、国际团体和社会群体参与的国

---

① 李景治：《全球治理的困境与走向》，载《教学与研究》，2010年12期，第32—40页。

际行为综合体。全球经济治理应该由世界各国共同参与。国家无论大小、强弱、贫富，都是全球经济的组成部分，应该以平等身份参与治理过程，并享有相应的代表性、发言权、决策权。

（二）作用方式

今天的全球经济治理与以往的国际对话谈判不同，其主要方式不仅包括通常由国家元首、政府首脑、外交部长和外交机关代表国家进行的国际访问、谈判、交涉、缔结条约、发出外交文件、参加国际会议和国际组织等方面的活动，而且还包括全球体系内的国家群体、非政府组织、全球公民社会、跨国公司和跨国金融机构等参与和推动的极其复杂的治理理论与实践活动。其主要方式应当是平等协商、合作共赢，平台主要是以联合国为代表的多边机制，依据是公认的国际法、国际关系准则和惯例。

价值共识建构。从所显现的实际状况来看，全球经济治理还远远没有建立起与之相适应的价值共识，而如何在各民族国家自身的文化价值基础上，达成全球经济治理的价值共识，也就相应地成为支撑全球经济治理的关键。因为若没有价值共识基础，全球经济治理机制就不会得到人们发自内心的普遍拥护与遵从，也就难以有效实施。面对国际权力"去中心化"、世界多元文明共存的新形势，确立什么样的价值共识，是有效实施全球经济治理的首要问题。[①] 全球经济治理的价值共识首先要服从于道德要求，而道德的基础是公平正义。全球经济治理的重要作用形式是在全球经济范畴内确立以公平为核心的价值共识。增强全球经济治理体制的代表性和包容性，真实反映当今权力结构发生的变化和文明多样性特点，建构多个权力中心以及它们所代表的相互竞争的模式，在更加公平的环境下进行角逐，在平等分配权力以及增强意识形态多样性的同时，力争形成更多共同点。

国际规范和机制安排。全球经济治理强调在多元主义基础上推进国际规

---

① 卢静：《当前全球治理的制度困境及其改革》，载《外交评论》2014年第1期，第107—121页。

范的包容性发展。国际规范是国际社会核心价值观的体现；国际机制则是一系列隐含或明示的原则、规范、规则和决策程序，它们聚集在某个国际关系领域内，行为体围绕它们形成相互预期。机制中的原则反映了行为体的观念和信仰，规范是指以权利和义务方式确立的行为标准，规则是指对某些行为的专门禁止，决策程序是指决定和执行共同政策的习惯做法，全球经济治理离不开合适的机制安排。联合国体系、二十国集团、金砖国家等机制是当前全球经济治理的主要层面，其中联合国体系正在从传统的国际治理体系向全球治理体系转变，这个转型过程十分艰难。[1] 七国（八国集团）以及二十国集团事实上扮演着全球经济治理核心机制的角色，发挥着重要的领导作用，各主要国际经济组织很大程度受到它们的影响。二十国集团今后到底将会如何发展与演变，取决于今后国际政治与经济格局的变迁。[2] 金砖国家合作机制是在金融危机后形成的新兴大国集群机制，它正在成为这一轮全球治理机制变革的主要力量。

地区经济治理。全球经济治理的一个重要内容和有效方式是地区经济治理。地区经济治理是全球经济治理的基点和支柱；地区经济治理的方式可能变成全球经济治理的方式，即地区经济治理是全球经济治理的路径。[3] 在一个全球化的体系中，地区是各种关系和流通的纽带，能够开辟从地方到全球网络的通道，这更符合新的现实。在成熟的区域经济治理基础之上，通过扩大地区经济治理机制外延，寻求与周边国家形成灵活多样、议题交错、相互支持的各类小型多边经济治理制度，将有助于实现更广泛意义上的全球经济治理制度改革。[4] 在现阶段及今后一段时期，为了更新全球经济治理的方法，还有待进一步挖掘地区的所有潜在价值。

---

[1] 黄仁伟：《全球经济治理机制变革与金砖国家崛起的新机遇》，载《国际关系研究》，2013年第1期，第54—70页。

[2] 约翰·科顿：《二十国集团治理的成长：一个全球化了的世界使然》，载《国际展望》，2013年第5期，第39—57页。

[3] 陈伟光：《全球治理与全球经济治理：若干问题的思考》，载《教学与研究》，2014年第2期，第53—61页。

[4] 叶玉：《全球经济治理体系的冲突与协调》，载《国际观察》，2013年第4期，第73—79页。

导言　全球经济与金融治理：议题、挑战以及中国的选择

全球政策工具合作。经济的更深入的全球化，通过分工交易和市场的方式，给了世界各国一种新的资源分配和获得利益的途径。在国际政治关系和交往中，淡化意识形态，尊重各国不同经济政治制度，不输出意识形态和政治制度，更不输出革命，互相学习和改进体制，推进世界各国民主化进程，为全球政策工具合作提供宽广的可能性。全球经济治理可以通过宏观经济政策的协调、全球金融治理、全球贸易治理、全球产业治理等子系统发挥作用，具体包括：主要国家货币政策与财政政策的全球协调机制与联动效应；全球货币体系改革与汇率政策协调；维护贸易秩序、反对贸易保护主义、协调和推进贸易协定谈判；产业政策与国际产业转移的协调机制；国际组织的改革机制设计。这些问题需要系统的经济学知识进行深入研究。更为关键的是，要研究这些高度关联的子系统是如何相互影响，协调机制如何构建，如何评估和模拟机制系统的运行效率，这样才能从整体上设计出有效矫正全球经济失衡的治理机制。

提供全球公共产品。全球经济治理的重要方式是生产、分配和消费全球公共产品。全球公共产品指的是有很强的跨国界正外部性的商品、资源、服务和规则等。此外，全球的互联网等基于市场规律的准公共产品，也可以视为全球公共产品体系当中崭新的组成部分。进入新世纪以来，随着全球化的加速，对全球公共产品需求迅速的上升，以及大国实力相对的下降，全球公共产品出现了巨大的失衡。全球公共产品的供给出现了六大严重不足：一是金融危机频繁的发生，二是世界性的传染病控制的迟缓，三是地区安全形势的恶化，四是气候变化应对不利，五是世界经济增长动力不足，六是全球准公共产品供给体系始终没有建立起来。[①] 同时，大多数全球公共产品还存在进入门槛或壁垒，许多弱势国家或群体由于自身能力较差往往消费不到或不能消费此类物品，导致消费不足。上述问题都是全球经济治理需要解决的内容。

全球社会网络。在国际政治实践中，存在着两种结构并存且交互影响的

---

① 陈雨露：《中国保险业应在全球公共产品建设中作出贡献》，2014年11月20日，中国保险学会网，http：//www.iic.org.cn/iicv2_webmap/iicv2_bxyw/2014/10/20/4386b5874e424287b62a97cdfa42fbde.html。

现状：一是由多元行为体构成的全球网状治理结构，二是由国家行为体构成的单个线状统治结构，其中全球网状治理具有很大影响。全球经济治理的大部分工作依赖于正式和非正式的网络，用于设置议程、建立共识、协调政策、交流知识及制定规范。全球社会网络是在全球范围内由许多节点构成的一种社会结构，节点通常是指个人或组织，社会网络代表各种社会关系，经由这些社会关系，把从偶然相识的泛泛之交到紧密结合的家庭关系的各种人们或组织串联起来。在全球社会网络中，参与全球经济治理主体的治理任务和职责在于自组织协调，对于全球经济体系中的制造、经验、权力以及文化产生影响力，从而整体上形成规则基础上的共治网络。现阶段利用全球社会网络的实践运作，逐渐深入推进全球经济治理似乎更加"务实"，也更加具有有效性。

全球公共和私营部门合作安排。加强公共和私营部门合作，共同推动世界经济发展和经贸合作，同样也是全球经济治理的重要方式之一。全球经济治理有必要高度重视国际工商界在经济发展中的独特作用。通过开展广泛的全球公共和私营部门合作安排，各国可以有效创新发展理念、政策、方式，特别是通过财税、金融、投资、竞争、贸易、就业等领域的结构改革，通过公共和私营部门合作安排，利用各层次各领域机制和平台，交流信息、拓展商机、深化合作，确保各种各样的全球经济主体在国际经济合作中权利平等、机会平等、规则平等，从而让创造财富的活力竞相迸发，让全球市场力量充分释放，实现共赢。可以说，有效的全球公共和私营部门合作安排，正是有效改善全球经济治理的举措。

当然，全球性经济挑战和人类面临的全球性经济问题多种多样，相应的全球经济治理方式和手段也各不相同。比如，峰会外交的决策效率高于常规外交。因为峰会外交的参与者都是各国决策机制的核心人物，虽然各国外交决策体制不尽相同，但所有首脑都会拥有较高的决策自主权。因此，在峰会外交舞台上，首脑们经常可以根据互动的情势和国际局势进行即时的分析和决断，从而避免一般外交渠道的耽延或曲折。此外，各层面对话，国际智库高端论坛，双边、多边或全球信息交换，全球反洗钱、反毒品、反地下经济与金融合作等方式,都可以成为全球经济治理的作用方式。

三、全球经济与金融治理中的热点问题

在当今世界,信息技术的极大普及和全球价值链的日益深化已经成为经济全球化的重要推动力量;世界各国相互依赖和利益交融程度也进一步加深,纷纷通过扩大开放促进自身发展,避免被边缘化的命运。2008年国际金融危机之后,保护主义曾一度有所抬头,但总的来看,经济全球化仍在曲折中前行,多哈回合已谈了多年,何时结束仍难预料。主要发达经济体改弦更张,试图通过构筑高水平的自贸区网络,为今后"定规矩、树标杆",谋求竞争的制高点和发展的主动权,探索新的开放途径。[①] 许多国际行为体加速产生、发展与壮大,全球经济治理中一系列新的热点问题也由此孕育而生。

全球贸易体系的变革与挑战。目前,世界经贸格局进入制度变革和结构调整共同推动的转换时期,世界经济处于低速增长,各国都在寻找重振经济的新的增长动力,对"贸易拯救经济"寄予了厚望。随着以跨太平洋伙伴关系协定(Trans-Pacific Partnership Agreement,TPP)、跨大西洋贸易与投资伙伴协定(Transatlantic Trade and Investment Partnership,TTIP)、国际服务贸易协定(Trade in Service Agreement,TISA)为代表的新一轮贸易新规则制定与谈判模式的加速推进,一场新的国际贸易规则大博弈正在全球展开。在当前的国际贸易规则重构中,尽管各种利益群体进行激烈复杂的博弈,但仍维持着发达国家主导的格局,美国通过主导TPP、TTIP、TISA等全方位谈判暂时占得先机,欧盟、日本等发达国家为核心力量,发达国家"强强联合"的态势突出。对于新兴经济体和发展中国家而言,新贸易规则为这些国家的制度规范和经济改革提供了外在的压力。[②] 发展中国家在经济发展程度、市场经济完

---

① 黄永富:《我国参与全球经济治理的策略建议》,载《中国经贸导刊》,2014年第35期,第9—10页。

② 陆燕:《国际贸易新规则:重构的关键期》,载《国际经济合作》,2014年第8期,第4—8页。

善程度等方面均与发达国家存在较大差异，高标准贸易规则将超越了发展中国家的承受水平。基于对美国主导的国际贸易规则重构给世界政治和经贸格局带来的影响的判断，发展中国家将被迫调整自己的贸易策略。如今的许多双边或区域贸易协定不再单单聚焦贸易转移，它正在与世界贸易组织一样拥有复杂的机制，在区域层级上建立一套规则和实践体系，并有可能对多边贸易体制产生影响。①

  国际经济与金融组织机构与秩序的重构。2008年爆发的金融危机暴露了全球经济治理体系在监管金融全球化、避免周期性的汇率危机、保持世界经济平衡等方面的致命弱点，世界经济格局"东升西降"的现实迫使西方放下身段，接受新兴经济体的参与，扩大全球经济治理民主化的范围，确立新的全球经济发展理念，建立新的国际货币规制，搭建新的全球经济治理结构，全球经济治理终于迎来改革良机。② 在发展新的全球经济治理平台的同时，原有全球经济治理机构的改革在同步进行。以IMF（International Monetary Fund, IMF）为例，2010年IMF通过改革决议将发达经济体的份额整体下调2.8个百分点，投票权下调2.7个百分点，均转让给新兴市场和发展中国家，其中中国份额提升2.39个百分点，投票权提升2.26个百分点，达到6.07%，超越德、法、英，跃居第三位。但目前该决议由于美国国会尚未通过，所以决议尚未生效，这也从一个侧面显示出发达经济体尤其是美国国内政治势力对于推进全球经济治理的矛盾心理，反映出全球经济治理的推进将是漫长而曲折的过程。③ 恢复经济增长需要新的治理理念，避免汇率危机需要新的国际货币体系，保持金融稳定需要民主化的管理结构，这都是金融危机带给全球经济治理的改变。这种改变能否持续，最终还是取决于西方发达经济体和新兴

---

① 张平、张晓通：《美欧构建跨大西洋自贸区有关情况及应对》，载《国际贸易》，2013年第7期，第41—46页。

② 任琳、黄薇：《全球经济治理中的议程设置问题》，载《东北亚学刊》，2014年第6期，第45—50页。

③ 孙伟：《改革全球经济治理：理念、规划和结构》，载《中国经贸导刊》，2013年第36期，第16—19页。

经济体能否超越片面的自身利益，照顾彼此关切。

主权债务危机与全球资本管制与开放。2008年全球金融危机之后，欧洲深陷债务危机，美国也被主权债务等中期问题所困扰。进入2015年，希腊债务问题再度令欧洲各界恐慌，新救助协议待敲定、债务违约风险难除，欧洲在艰难复苏的道路上显示出失信、失效、失衡，与债务危机前相比并无根本改观。欧元集团2015年2月24日发表声明称，希腊提交的最新改革计划清单在欧元区财长会议上获得通过，同意达成延长救助期限的协议。这一决定为希腊解决债务问题带来一线曙光。不过，改革方案仍需通过欧元区各成员国议会和国际债权人"三驾马车"的审查。① 经济失衡问题迟迟没有解决，也令欧洲经济一体化的发展充满不确定性。另外，财政纪律执行的失衡状况也很显著，以法国、意大利等主要经济体为例，财政赤字远未达到欧洲财政规章《稳定与增长公约》要求的低于3%，从而给未来推进全面结构性改革带来挑战。这意味着一旦应对失当，主权债务危机可能再次演变为银行系统危机。面对如此严重的局面，目前发挥主要治理功能的是欧盟委员会、欧洲中央银行和IMF。其主要政策工具包括欧洲金融稳定基金（EFSF）、欧洲金融稳定机制（EFSM）、欧洲稳定机制（ESM）、IMF贷款、发行欧洲债券以及让欧洲中央银行扮演更重要角色等。受其影响，现阶段全球资本管制与开放相对理性，各国逐渐意识到遵循由低风险项目开放到高风险项目原则性开放；资本项目的开放要注重与国内经济、金融发展状况相适应；国内金融体系不完善，信用体系不健全，金融机构抗风险能力较弱时，尤其是利率未实现市场化之前，资本项目开放应推后，必要时应该从宏观审慎管理角度进行逆周期调节。

新兴经济体在全球经济治理中的定位。当今世界一道壮观的风景是新兴经济体的群体性崛起，其中以金砖国家为翘楚。作为全球经济增长引擎的金砖国家，在过去十年里为全球经济增长贡献率超过50%，2014年整体经济增

---

① 《希腊新政府恐仍难解债务危机》，2015年1月25日，中国日报网，http://china.chinadaily.com.cn/2015-02/25/content_19651962.htm。

速是发达经济体的两倍,但目前也进入增长放缓期。在 2014 年,国际资本开始回流发达经济体。国际金融系统风险因素依然在增加,特别是受美联储货币政策影响,国际资本流动对新兴经济体的负面溢出加大。部分新兴经济体国家出现了货币贬值,金融市场急剧动荡。比如,印度尼西亚、阿根廷、土耳其等,先后出现国际资本外逃、货币贬值、股市动荡等情况。中国总体上还算比较稳定,在新兴经济体中可谓是一枝独秀。印度央行成功控制了通货膨胀,也在进行深化改革和结构调整。目前,俄罗斯较为困难,南非的经济社会发展情况也不容乐观,而巴西经济则处在一个调整过程中,还需要继续观察。① 此外,虽然二十国集团领导人曾同意将新兴市场和发展中国家分别占 IMF 的份额至少增加 5%,在世界银行的投票权至少增加 3%,但此承诺仍迟迟未兑现。而且,当前美国和西方主导的两大经贸谈判,即跨太平洋伙伴关系协定(TPP)和跨大西洋贸易与投资伙伴协定(TTIP),均无一例外地未包含金砖国家。西方为了保持其优势地位,不惜将金砖国家集体排除在全球经济新规则的制订过程之外。

尽管如此,金砖国家自强不息,以更积极的姿态参与国际事务,推动国际合作,共同应对气候变化、环境污染、粮食安全等全球性挑战,成为全球经济治理的生力军。来自金砖国家的联合国维和人员是西方七国的五倍,仅此便足以表明它们是世界和平稳定的维护者、繁荣发展的建设者、促进全球经济治理的"正能量"。② 金砖国家开发银行的建立,在一定程度上,同样是对现有国际开发体系和国际融资结构的纠偏。随着中国实力的增强,中国正日益成为更加积极、更加主动的全球经济治理参与者。③

跨国公司在全球经济治理中的再审视。与主权国家的政府相比,真正掌

---

① 张玉:《中国应积极参与全球经济治理:访中国国际经济交流中心信息部部长徐洪才教授》,2014 年 8 月 21 日,中国证券网,http://news.cnstock.com/news/sns_jd/201408/3148332.htm。

② 毛艳华:《"一带一路"对全球经济治理的价值与贡献》,载《人民论坛》,2015 年第 9 期,第 31—33 页。

③ 徐凡:《美国与二十国集团:全球治理视域下的战略选择》,载《延边大学学报(社会科学版)》,2015 年第 1 期,第 65—71 页。

控全球权力的是跨国公司，而且以美国的跨国公司为主。跨国公司是全球化最主要的推动者，它们的业务全球化、雇员全球化、资本全球化，对全球经济发展、科技进步、产业调整、文化交流、政治外交都产生了深刻的影响，极大地改变着世界的面貌。跨国公司社会责任治理超越了国家中心范式，需要进行全球经济治理。

从权力的角度看，跨国公司庞大的权力结构在传统的国家法律框架之内几乎是隐身的。21世纪的跨国公司基本上已经具有全球公司的属性，其拓扑结构可以喻为一张网，网上的每个结点都是某种意义上的决策中心、知识生产和应用中心、资本汇聚的中心，而从这张网的整体看来，却没有什么中心。① 跨国公司在全球经营过程中不承担或弱化社会责任的行为，由此也引发了一系列的社会问题，如涉嫌市场垄断、行贿、避税、侵犯劳工消费者合法权益、忽视环境保护等，就目前情况来看，以民族国家为中心的法律体系对管制跨国公司而言非常无力，或者说，在这样的法律体系面前，跨国公司其实在很大程度上是隐身人。

因此，鉴于现代跨国公司兴起所带来的种种政治风险和法律挑战，国际社会很有必要通过共同努力制订一系列复杂而有效的新型国际安排，从全球经济治理的角度来逐步加强对跨国公司的相关监管，以打破民族国家的政治和法律框架，让政治生活在全球的维度重新组织起来，以一种世界内政来有效对全球的资本加以监管和控制。这其中，针对跨国公司的全球经济治理也开始步入新的范式阶段，人们积极寻求通过增进和改善世界各国政府的协调配合，辅以各种各样的政府性国际组织机制运作优化，并充分引导其他治理主体的积极参与，力求真正有效发挥好全球舆论监督力量，以及跨国公司在全球体系中的积极作用，扩大其影响力，同时对相关的负面效应能够加以抑制。

总的来看，当前世界经济进入深度调整期，整体复苏艰难曲折，国际金

---

① 鲁楠：《跨国公司：全球化时代的"世界精神"》，载《文化纵横》，2011年第6期，第20—26页。

融领域仍存在较多风险，各种形式保护主义上升，各国调整经济结构面临不少困难，全球经济治理机制有待进一步完善，全球性挑战呈上升趋势。全球经济治理的多元治理机制尽管覆盖了不少新出现的国际问题和全球问题，但存在着滞后性，多是危机之下的仓促应对。到目前为止，全球经济治理的基本框架仍然是由 IMF、世界银行以及世界贸易组织组成。国际经济交往规则仍然主要由美国等西方发达国家主导，包括世界贸易组织框架内的贸易救济措施、IMF 和世界银行的贷款和发展援助等，特别是全球经济议题的设置，还主要有利于发达国家而非新兴国家、发展中国家。

全球化的深入发展与全球性问题的日益凸显，增强了国际社会对国际制度的需求，制度数量的增加也提升了制度密度，同时由于全球治理主体的多样性、价值理念的多元性、议题领域的交叉性等原因，国际制度复杂性问题随之出现，加上世界秩序转型而产生的复杂性、变动性和不确定性等因素，这些都极大影响了全球治理制度的实效性。总的来看，现有全球经济治理模式并不能真实地充分反映当前经济关系的新变化，正面临着缺乏民主性与合法性的危机，必须加以改革。具体而言，有以下突出问题：

第一，碎片化的全球经济治理影响治理效率。全球经济治理的有效性取决于治理机制的代表性、决策效率和实施效率等。当前，全球经济治理的治理边疆不断扩大，治理的效率却明显滞后。随着涉及跨国、跨区域的治理新边疆不断涌现，全球经济治理领域越来越多样化、多元化和碎片化，各国越来越将多边主义视为维护自身利益的途径与方式，要求深入改革，建立适应新形势的权力分配结构。然而，在深化方面，在诸如讨论和制定全球经济治理新规则、新制度等方面，改革困难重重，收效甚微。①

第二，国家现实主义利益纠葛，严重冲击全球经济治理的代表性，全球经济治理未摆脱实质上的"西方治理"局面。以金砖国家为代表的发展中经济体实力增强使得其参与全球经济治理的意愿和能力同步增强，但存在着它

---

① 高凌云、苏庆义：《中国参与构建合理有效全球经济治理机制的战略举措》，载《国际贸易》，2015 年第 6 期，第 11—15 页。

们承担的责任与权利、影响力与代表权之间不平衡的问题。

第三，全球经济治理机制建构陷于阶段性困境。近年来国际"大多边"合作进展缓慢，尽管多哈回合谈判终获历史性突破，但改变不了世界贸易组织作为制定、监督、管理和执行贸易协定，解决贸易争端的重要国际组织，其地位在近年来不断被削弱的现实。各种各样、大小不一的"集团化"合作却方兴未艾，主要经济体几乎都在经营本地区或跨地区的"集团化"进程中。固有的"身份困境"导致二十国集团无论在"责任分担机制"还是"平等参与机制"、无论全面框架还是有限框架、无论长效体系还是临时体系上都难以取舍。在治理能力方面，二十国集团仅限于对各国财政、货币政策、金融监管等事务进行协调，但实际上却设定了难度极高的全面增长目标，因此，也在很大程度上弱化了自身的合法性和有效性。

四、中国参与改善全球经济与金融治理

积极参与全球经济与金融治理，是"十三五"规划建议中唯一一个从外交层面入手，来开创对外开放新局面的措施。中国参与全球经济与金融治理的过程，伴随着中国与外部世界在经济关系上相互依赖程度的逐步加强。中国通过参与全球经济金融治理取得了很多成果，一方面拓展和维护了我们的国家利益，另一方面也为世界经济的发展，特别是促进发展中国家在全球经济金融治理体系中作用的上升做出了重要贡献。继续深入推动参与全球经济金融治理，不仅符合大国经济地位所赋予的战略责任要求，同时也体现中国继续维护和扩展自身国家利益的未来面向。

从广义的角度看，中华人民共和国在成立后，对于亚非拉第三世界国家的独立支持、发展援助，也可以视为中国对于全球治理的参与。不过这种参与带有很强的意识形态和制度对抗的色彩。真正的参与则是在改革开放，尤其是冷战结束后，是随着中国与国际社会联系不断紧密全面而实现的。早在改革开放前期的1978年9月，邓小平指出："世界天天发生变化，新的事物不断出现，新的问题不断出现，我们关起门来不行，不动脑筋永远陷于落后

不行。"① 后来，在1990年3月3日《国际形势和经济问题》中，邓小平又指出："国际形势的变化怎么看？旧的格局是不是已经完了，新的格局是不是已经定了？国际上议论纷纷，国内也有各种意见。看起来，我们过去对国际问题的许多提法，还是站得住的。现在旧的格局在改变中，但实际上并没有结束，新的格局还没有形成。和平与发展两大问题，和平问题没有得到解决，发展问题更加严重。"② 邓小平还指出："对国际形势还要继续观察，有些问题不是一下子看得清楚，总之不能看成一片漆黑，不能认为形势恶化到多么严重的地步，不能把我们说成是处在多么不利的地位。实际上情况并不尽然。世界上矛盾多得很，大得很，一些深刻的矛盾刚刚暴露出来。我们可利用的矛盾存在着，对我们有利的条件存在着，机遇存在着，问题是要善于把握。"③ 1990年12月24日邓小平指出："现在国际形势不可测的因素多得很，矛盾越来越突出。过去两霸争夺世界，现在比那个时候要复杂得多，乱得多。怎样收拾，谁也没有个好主张。第三世界有一些国家希望中国当头。但是我们千万不要当头，这是一个根本国策。这个头我们当不起，自己力量也不够。当了绝无好处，许多主动都失掉了。中国永远站在第三世界一边，中国永远不称霸，中国也永远不当头。但在国际问题上无所作为不可能，还是要有所作为。作什么？我看要积极推动建立国际政治经济新秩序。我们谁也不怕，但谁也不得罪，按和平共处五项原则办事，在原则立场上把握住。"④

1992年，建立社会主义市场经济体制目标明确后，对外开放向全面深入发展，中国以更加积极的态度参与到国际社会之中。江泽民在《做好经济发展风险的防范工作》一文中指出，目前的这种经济全球化，一方面是社会生产力和科学技术发展的表现，一方面又是资本主义生产方式和资本主义市场经济在全球范围内的延伸。这是现代资本主义发展中出现的一个新现象。江泽民认为，经济全球化趋势，是在国际政治经济旧秩序没有根本改变的情况

---

① 《邓小平文选》（第2卷），人民出版社1994年版，第351页。
② 《邓小平文选》（第3卷），人民出版社1993年版，第353页。
③ 《邓小平文选》（第3卷），人民出版社1993年版，第354页。
④ 《邓小平文选》（第3卷），人民出版社1993年版，第363页。

下形成和发展的。越来越多的发展中国家的领导人和有识之士,对于经济全球化产生的风险日益警觉起来,他们把维护自己国家的经济安全放在突出位置,要求建立公正合理的国际政治经济新秩序的呼声也日益强烈起来。江泽民还认为,中国是一个发展中的社会主义国家。经济全球化对中国的发展有利也有弊。目前国际经济的"游戏规则",虽然其中有符合社会化大生产的一面,但总体上是在西方国家主导下制定的,加之国际经济和金融组织都被控制在美国等发达国家手里,他们总要利用这些优势,推行经济霸权主义,谋取最大利益。①

江泽民在《全面建设小康社会,开创中国特色社会主义事业新局面》讲话中还指出:"和平与发展仍是当今时代的主题。维护和平,促进发展,事关各国人民的福祉,是各国人民的共同愿望,也是不可阻挡的历史潮流。世界多极化和经济全球化趋势的发展,给世界的和平与发展带来了机遇和有利条件。新的世界大战在可预见的时期内打不起来。争取较长时期的和平国际环境和良好周边环境是可以实现的。我们主张顺应历史潮流,维护全人类的共同利益。我们愿与国际社会共同努力,积极促进世界多极化,推动多种力量和谐并存,保持国际社会的稳定;积极促进经济全球化朝着有利于实现共同繁荣的方向发展,趋利避害,使各国特别是发展中国家都从中受益。"②

在1997年的亚洲金融危机中,中国以实际行动向世界展示了一个负责任的大国形象。加入世界贸易组织的过程,使中国更全面地了解、接受和服从国际规则。这是中国参与全球治理的一个标志性事件。经过15年的艰苦谈

---

① 经济全球化作为世界经济发展的客观趋势,是不以人们的意志为转移的,任何国家也回避不了。当今世界是一个开放的世界,谁也不可能孤立于世界之外去发展自己的经济。我们要坚定不移地实行对外开放政策,适应经济全球化趋势,积极参与国际经济合作和竞争,充分利用经济全球化带来的各种有利条件和机遇。不能看到有风险、有不利因素,就因噎废食,不敢参与进去。同时,又要对经济全球化带来的风险保持清醒的认识,坚持独立自主,加强防范工作,增强抵御和化解能力,以切实维护我国的经济安全,更好地发展壮大自己。世界多极化和经济全球化的趋势都在发展,还会出现许多新情况新问题,比如,知识经济正在兴起,并初见端倪。对于已经出现的情况和问题,我们也不能说完全看清楚了,研究透了,所以必须进一步密切注视和深入研究。

② 《江泽民文选》(第三卷),人民出版社2006年版,第566页。

判，中国终于在2001年成为世界贸易组织的成员国，在经济上开始从制度化层次上参与国际贸易体系。在这个过程中，中国的决策者切实感受到经济全球化带来的巨大冲击，并开始理性思考如何应对这些冲击。江泽民在1998年的一个讲话中说："经济全球化作为世界经济发展的客观趋势，是不以人们的意志为转移的，任何国家也回避不了。当今世界是一个开放的世界，谁也不可能孤立于世界之外去发展自己的经济。"参与全球治理成为应对全球化冲击的战略性选择。中国经济实力和国际影响力的提升，也使得国际社会在应对能源安全、粮食安全、气候变化等全球性问题上更加重视中国。2003年6月，胡锦涛应邀出席了八国集团同发展中国家领导人首次对话会议，他指出，要加强多边合作，推动建立国际经济新秩序。建立适应经济全球化发展要求、公正合理的国际经济新秩序，符合世界各国的共同利益。当前，尤其要高度重视改革和完善国际金融体制，加强危机预防和应对能力。要充分尊重和体现各方特别是发展中国家的关切，健全开放、公平的多边贸易体制。国际社会应共同反对恐怖主义，为促进共同发展创造良好的国际环境。各国应该维护联合国的权威，充分发挥其在维护世界和平、促进共同发展方面的主导作用。

全球金融治理议题关系中国核心利益。2010年6月27日，胡锦涛在多伦多出席二十国集团领导人第四次峰会时指出，推动二十国集团从应对国际金融危机的有效机制转向促进国际经济合作的主要平台。当前，世界经济形势仍然十分复杂，需要二十国集团发挥引领作用。我们应该着眼长远，推动二十国集团从协同刺激转向协调增长、从短期应急转向长效治理、从被动应对转向主动谋划。要加强二十国集团成员宏观经济政策协调，保持合理政策力度，支持发生主权债务危机的国家克服当前面临的困难。要审慎稳妥把握经济刺激政策退出的时机、节奏、力度，巩固世界经济复苏势头。要全面落实前三次峰会做出的决定和达成的共识，共同维护二十国集团信誉和效力，本着循序渐进、互利共赢的原则推进二十国集团机制化建设，妥善处理各种矛盾和分歧，确保二十国集团峰会机制在健康稳定轨道上向前发展。要处理好二十国集团机制同其他国际组织和多边机制的关系，确保二十国集团在促进国际经济合作和全球经济治理中发挥核心作用。

2011年11月3日,胡锦涛在法国戛纳指出①,"国际金融危机凸显了全球经济治理体系的弊端,也促使我们开启了推进全球经济治理新体系建设的历史进程。我们注意到,国际金融机构和金融监管改革取得一定进展,新兴市场国家和发展中国家代表性和发言权有所增加。同时,我们也应该看到,国际货币体系、国际贸易体系、大宗商品价格形成机制等仍需大力改革和完善。我们应该稳妥推进国际货币体系改革,扩大IMF特别提款权的使用,改革其货币组成篮子,建立币值稳定、供应有序、总量可调的国际储备货币体系。我们应该继续高举自由贸易旗帜,反对贸易和投资保护主义,坚定推动多哈回合谈判,重申不采取新的贸易保护主义措施的承诺,致力于建立公平、合理、非歧视的国际贸易体系。我们应该推动形成更加合理透明的大宗商品定价和调控机制,扩大产能、稳定供求、加强监管、抑制投机,实现和保持大宗商品价格合理稳定,着力保障全球能源安全和粮食安全,尤其是要保障发展中国家能源和粮食消费需求。我们应该坚持推进改革的决心不动摇,朝着更加公正合理的全球经济治理体系不断迈进"。

2012年,中共十八大报告更加明确地表明了中国参与全球治理的立场、态度和关注的重要领域。党的十八大以来,以习近平同志为总书记的党中央着眼外交工作大局,在全球治理领域主动作为、勇于担当,努力推动改革全球治理体系中不公正不合理的安排,赢得国际社会的普遍赞誉。

2013年3月19日,习近平接受金砖国家媒体联合采访。② 习近平强调,当前,包括金砖国家在内的一大批新兴市场国家和发展中国家经济快速发展,成为维护世界和平、促进共同发展的重要力量,并在应对国际金融危机、推动全球经济增长方面发挥了重要作用。这顺应了和平、发展、合作、共赢的时代潮流。

习近平还强调,全球经济治理体系必须反映世界经济格局的深刻变化,

---

① 胡锦涛在二十国集团领导人第六次峰会上的讲话(全文),2011年11月4日,来源:新华网(http://news.xinhuanet.com/world/2011-11/04/c_122235131.htm)。

② 习近平接受金砖国家媒体联合采访,2013年3月20日,来源:新华网(http://news.xinhuanet.com/politics/2013-03/20/c_124478704.htm)。

增加新兴市场国家和发展中国家的代表性和发言权。近年来，二十国集团领导人峰会作用明显，IMF 和世界银行进行了份额改革，这是朝着全球经济治理体系变革正确方向迈出的重要步伐。新兴市场国家和发展中国家希望全球经济治理体系更完善、更符合世界生产力发展要求、更有利于世界各国共同发展。

2013 年 3 月 27 日，在南非德班出席金砖国家领导人第五次会晤时，习近平再次强调①，金砖国家要坚定维护国际公平正义，维护世界和平稳定。不管国际风云如何变幻，我们都要始终坚持和平发展、合作共赢。不管国际格局如何变化，我们都要始终坚持平等民主、兼容并蓄。不管全球治理体系如何变革，我们都要积极参与。②

2013 年 4 月 7 日，习近平在博鳌亚洲论坛 2013 年年会上强调以创新推进国际经济金融体系改革，完善全球治理机制。③ 2014 年 3 月 28 日在德国科尔伯基金会，习近平强调："中国的发展绝不以牺牲别国利益为代价，我们绝不做损人利己、以邻为壑的事情。我们将从世界和平与发展的大义出发，贡献处理当代国际关系的中国智慧，贡献完善全球治理的中国方案，为人类社会应对 21 世纪的各种挑战作出自己的贡献。"④

2014 年 6 月 28 日，习近平强调应该共同推动国际关系合理化。适应国际

---

① 习近平在金砖国家领导人第五次会晤时的主旨讲话（全文），2013 年 3 月 27 日，来源：新华网（http://news.xinhuanet.com/politics/2013-03/27/c_124511954.htm）。

② 习近平强调指出，长期以来，各国各地区在保持稳定、促进发展方面形成了很多好经验好做法。对这些好经验好做法，要继续发扬光大。同时，世间万物，变动不居。"明者因时而变，知者随事而制。"要摒弃不合时宜的旧观念，冲破制约发展的旧框框，让各种发展活力充分迸发出来。要加大转变经济发展方式、调整经济结构力度，更加注重发展质量，更加注重改善民生。要稳步推进国际经济金融体系改革，完善全球治理机制，为世界经济健康稳定增长提供保障。亚洲历来具有自我变革活力，要勇做时代的弄潮儿，使亚洲变革和世界发展相互促进、相得益彰。

③ 习近平主席在博鳌亚洲论坛 2015 年年会上的主旨演讲（全文），2015 年 3 月 29 日，来源：新华网（http://news.xinhuanet.com/politics/2015-03/29/c_127632707.htm）。

④ 习近平在德国科尔伯基金会的演讲（全文）（二〇一四年三月二十八日，柏林）中华人民共和国主席习近平 2014 年 3 月 30 日，来源：人民网－人民日报（http://cpc.people.com.cn/n/2014/0330/c64094-24773108.html）。

力量对比新变化，推进全球治理体系改革，体现各方关切和诉求，更好维护广大发展中国家正当权益。①

2014年11月29日，习近平出席中央外事工作会议时强调②，要切实推进多边外交，推动国际体系和全球治理改革，增加中国和广大发展中国家的代表性和话语权。要切实加强务实合作，积极推进"一带一路"建设，努力寻求同各方利益的汇合点，通过务实合作促进合作共赢。要切实落实好正确义利观，做好对外援助工作，真正做到弘义融利。要切实维护中国海外利益，不断提高保障能力和水平，加强保护力度，深化发展中国家间合作，促进国际关系民主化。

2015年10月12日在中共中央政治局第27次集体学习时，习近平指出，国际社会普遍认为，全球治理体制变革正处在历史转折点上。国际力量对比发生深刻变化，新兴市场国家和一大批发展中国家快速发展，国际影响力不断增强，是近代以来国际力量对比中最具革命性的变化。数百年来列强通过战争、殖民、划分势力范围等方式争夺利益和霸权逐步向各国以制度规则协调关系和利益的方式演进。现在，世界上的事情越来越需要各国共同商量着办，建立国际机制、遵守国际规则、追求国际正义成为多数国家的共识。经济全球化深入发展，把世界各国利益和命运更加紧密地联系在一起，形成了你中有我、我中有你的利益共同体。很多问题不再局限于一国内部，很多挑战也不再是一国之力所能应对，全球性挑战需要各国通力合作来应对。

习近平强调，要推动变革全球治理体制中不公正不合理的安排，推动IMF、世界银行等国际经济金融组织切实反映国际格局的变化，特别是要增加新兴市场国家和发展中国家的代表性和发言权，推动各国在国际经济合作中权利平等、机会平等、规则平等，推进全球治理规则民主化、法治化，努力使全球治理体制更加平衡地反映大多数国家意愿和利益。要推动建设国际经

---

① 习近平对世界如是说，2015年11月23日，来源：凤凰网（http://news.ifeng.com/a/20151123/46348385_0.shtml）。

② 习近平出席中央外事工作会议并发表重要讲话，2014年11月29日，来源：新华网（http://news.xinhuanet.com/politics/2014-11/29/c_1113457723.htm）。

济金融领域、新兴领域、周边区域合作等方面的新机制新规则,推动建设和完善区域合作机制,加强周边区域合作,加强国际社会应对资源能源安全、粮食安全、网络信息安全、应对气候变化、打击恐怖主义、防范重大传染性疾病等全球性挑战的能力。

习近平指出,全球治理体制变革离不开理念的引领,全球治理规则体现更加公正合理的要求离不开对人类各种优秀文明成果的吸收。要推动全球治理理念创新发展,积极发掘中华文化中积极的处世之道和治理理念同当今时代的共鸣点,继续丰富打造人类命运共同体等主张,弘扬共商共建共享的全球治理理念。要加强能力建设和战略投入,加强对全球治理的理论研究,高度重视全球治理方面的人才培养。①

2016年9月3日下午,习近平出席了2016年二十国集团工商峰会开幕式,并发表了题为《中国发展新起点 全球增长新蓝图》的主旨演讲,他指出,面对世界经济形势的发展演变,全球经济治理需要与时俱进、因时而变。全球经济治理应该以平等为基础,更好反映世界经济格局新现实,增加新兴市场国家和发展中国家代表性和发言权,确保各国在国际经济合作中权利平等、机会平等、规则平等。全球经济治理应该以开放为导向,坚持理念、政策、机制开放,适应形势变化,广纳良言,充分听取社会各界建议和诉求,鼓励各方积极参与和融入,不搞排他性安排,防止治理机制封闭化和规则碎片化。全球经济治理应该以合作为动力,全球性挑战需要全球性应对,合作是必然选择,各国要加强沟通和协调,照顾彼此利益关切,共商规则,共建机制,共迎挑战。全球经济治理应该以共享为目标,提倡所有人参与,所有人受益,不搞一家独大或者赢者通吃,而是寻求利益共享,实现共赢目标。

2016年9月27日下午,习近平在主持政治局学习时强调,随着国际力量对比消长变化和全球性挑战日益增多,加强全球治理、推动全球治理体系变革是大势所趋。我们要抓住机遇、顺势而为,推动国际秩序朝着更加公正合

---

① 习近平:推动全球治理体制更加公正更加合理,2015年10月13日,来源:新华网(http://news.xinhuanet.com/politics/2015-10/13/c_1116812159.htm)。

理的方向发展，更好维护我国和广大发展中国家共同利益，为实现"两个一百年"奋斗目标、实现中华民族伟大复兴的中国梦营造更加有利的外部条件，为促进人类和平与发展的崇高事业做出更大贡献。习近平强调，要提高我国参与全球治理的能力，着力增强规则制定能力、议程设置能力、舆论宣传能力、统筹协调能力。参与全球治理需要一大批熟悉党和国家方针政策、了解我国国情、具有全球视野、熟练运用外语、通晓国际规则、精通国际谈判的专业人才。要加强全球治理人才队伍建设，突破人才瓶颈，做好人才储备，为我国参与全球治理提供有力人才支撑。

当前世界经济仍处于深度调整期，贸易投资对经济增长的引擎作用有所减弱、便利化水平有待提高，发展的不平等、不平衡问题较为突出，经济增长的新动力尚未形成，新工业革命和产业分工正在重塑全球价值链。随着中国的进一步发展和改革开放的深化，中国将更加深入全面地参与到全球治理之中，全球治理与国内治理之间的关系也将更加复杂多变，成为国际国内两个大局互动过程中的重要内容。在"十三五"时期，我国将更好地参与全球治理，进一步推动多边贸易谈判，推动自由贸易区发展，促进多边贸易体制均衡、共赢、包容发展，形成公正、合理、透明的国际经贸规则体系。就此而言，中国进一步深度参与全球经济治理，目标是清晰的，任务是明确的，从具体操作的角度，概括起来，还须把握若干关键点：

深度参与全球经济治理，涉及面广，需要有选择、有重点地着手。具体包括：构建新型大国关系；完善全球经济治理机制；推动国际金融体系改革；维护多边贸易体制，深化区域经济一体化；加强公共和私营部门合作，等等。其中，增强中美战略互信、推动中美新型大国关系不断向前发展，居于全球经济治理中的重中之重的地位。这是由于，现阶段美国不仅是全球经济治理的主要组织者之一，同时对于全球经济机制与规范的形成和发展，对于全球经济公共品的提供，在某种程度上起着极其重要的作用。而中国在全球经济治理领域积极作为，则是为了促进全球经济平衡、金融安全、经济稳定增长，是对全球经济治理体系的完善和有益补充，这并不意味着另起炉灶，而是要推动它朝着更加公正合理的方向发展。事实上，中国与美国等西方发达国家在全球经济治理领域存在着广泛的利益交集和广阔的合作空间。基于此,在全球经济治理进程中,增强理解、沟通与互信,进一步拓展中美两国管控分歧的有力渠道,仍然具有积极的现实意义。

深度参与全球经济治理需要关注热点。和全球金融治理相关的2015年欧洲债务危机、IMF份额改革,和全球贸易治理相关的"跨太平洋伙伴关系协定"(简称TPP)、"跨大西洋贸易与投资伙伴协议"(简称TTIP)等新一轮贸易新规则制定与谈判,以及全球会计治理、全球投资治理和对跨国公司的全球治理等,这些热点问题都曾引起国际社会的极大关注。对于这些热点,需要我们保持战略定力,密切跟踪相关发展态势,细致周到掌握具体情况,发挥积极主动性,强化事前思维意识,深入开展对上述热点问题的成因和本质的分析研究,全面、系统、动态地评估上述热点问题对我国可能产生的各类影响,真正做到趋利避害,沉着应对,综合施策,以努力营造对我国有利的全球经济治理新格局。

深度参与全球经济治理,须扎实推进国家治理体系和治理能力现代化,妥善处理好改革、开放、创新三者关系,真正发挥好中国经济的韧性、潜力和回旋空间。在国家治理方面,要适应国家现代化总进程,实现党、国家、社会各项事务治理制度化、规范化、程序化,不断提高运用中国特色社会主义制度有效治理国家的能力。政府要真正转变行政职能,创新行政管理方式,增强政府公信力和执行力,建设法治政府和服务型政府。在经济政策方面,要推进供给侧结构性改革,向市场注入更多的活力,要壮大实体经济,大力提高自主创新能力,推动产业结构优化升级,努力改变经济和贸易大而不强的局面,真正在国际产业发展和国际经济技术竞争中赢得主动。在深化金融改革和对外开放方面,要更加重视完善经济金融法治建设和优化市场环境;更加重视提高金融业的综合竞争能力,强化金融机构风险管理的主体责任;要高度重视审慎推进人民币汇率改革,根据实际的需要和可能逐步开放资本项目,还要前瞻性研究构建开放型金融体系下的安全保障体系、对外投资的风险防控机制。要想在全球经济治理中发挥重要作用,必须有坚强的实力做后盾。只有在国家治理体系和治理能力现代化进程中不断增强我国的综合国力，我们才能牢牢把握参与改善全球经济治理的主动权。

深度参与全球经济治理，须着力建构"凝聚共识、加强协调、深化合作"的网络结构，以多边的、交互式、区域治理形式推动全球经济治理。需要明确的是，深度参与全球经济治理，需要坚定维护以联合国宪章宗旨和原则为核心的国际秩序和国际体系，积极推动二十国集团、IMF 和世界银行、联合国组织及其附属机构在全球经济治理领域的协调合作，坚决按照"全面性、透明性、责任性、均衡性、公正性"等原则改革国际金融体系；要扎实推进亚洲基础设施投资银行、金砖国家开发银行、金砖国家应急储备安排、丝路基金等新机构的建设与发展，积极有效地提供全球经济公共品；还要继续和相关治理主体合作配合，推动南南合作、南北对话，加强在国际经济、金融、贸易、发展领域的沟通协调，深入推进全球贸易治理、全球投资治理以及全球会计治理等领域的全方位合作，有效强化国际金融监管合作与协调，推动国际货币体系的多元化；同时，要坚持推进区域经济金融治理，完善区域性金融安排，加强对全球和区域系统性风险的监测和预防。此外，对全球城市网络尤其是全球金融中心网络相关研究与实践，也要进一步关注。

深度参与全球经济治理，须善于发现创新点。全球治理体制变革离不开理念的引领。考虑到早期的全球治理的理论发轫于西方，隶属于发达国家的话语体系，而既有的全球经济治理的规制和机制大多由西方国家所制定和确立，诸如"确保经济持续复苏""全球经济再平衡""刺激政策退出"等二十国集团金融峰会议题，也基本上来自于西方发达国家，很大程度上体现发达国家的意图和价值，这种情形需要加以改变。中国深度参与改善全球经济治理，要有新意，不能人云亦云，这就需要发展出区别于西方主流全球治理理论的特殊理论视角，找准突破口，能够打动人心，激起共鸣和呼应，从而真正做到深入弘扬共商共建共享的全球治理理念，在全球议程设计上真正体现中国特色。

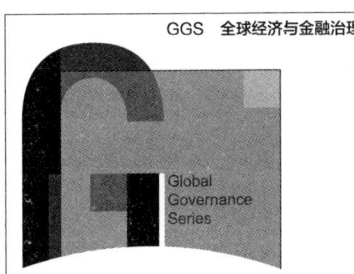

第一部分 | 理论探讨

全球经济治理：强化多边制度[*]

[英]奈瑞·伍茨 著　曲 博 译[**]

一、引言

关于全球经济的好消息是，在过去的20年中全球化快速发展，同时世界上几个地区经济得到前所未有的增长。迄今为止，合理的经济政策使得高速通货膨胀极为少见。商品价格的上涨促进了次撒哈拉非洲地区经济的增长，以前的穷国正在成为世界经济的重要行为体。

不好的消息则是，较之以前的时代，当下的全球经济似乎更不确定、不平等以及缺少治理。这部分是因为全球经济的治理没能跟上全球化和增长的

---

[*] 本文系作者根据2008年提交给国际和平研究所（International Peace Institute）的工作报告"Governing the Global Economy: Strengthening Multilateral Institutions"改就。原载于《外交评论（外交学院学报）》2008年6期，第82—95页。

[**] 作者简介：奈瑞·伍茨（Ngaire Woods），牛津大学政治与国际关系系国际政治经济学教授，全球经济治理项目主任。译者简介：曲博，外交学院副教授。先后于2000年和2003年从南开大学获法学学士、硕士学位。2007年毕业于北京大学，获法学博士学位（国际关系）。于2008年9月至2010年8月在牛津大学和普林斯顿大学进行博士后研究工作。主要研究领域为国际政治经济学、全球经济治理、国际货币体系的政治分析以及东亚地区合作等。发表相关研究论文数篇，译著一部（《利益、制度与信息》）。

发展。本文旨在考察能够改变和重新激发制度在治理全球经济中发挥作用的可行方法，以有助于更好地管理不稳定、不平等，以及解决目前困扰许多国家的对多边主义的参与不足问题。

因为次贷市场的崩溃及其对金融部门的直接影响，导致欧洲和美国的严重危机，当前，全球经济的不稳定性再次凸显。美国和欧洲都是大的经济体，它们的房地产会影响其他国家。比如，这两个地区中任何一方的缓慢增长都会很快降低中国的经济增长，这既导致中国出现经济和政治问题，也对中国周边地区产生影响。各国政府和中央银行都手忙脚乱地为加剧的金融危机寻找解决方案，关注的焦点就集中于全球经济制度的不足。全球经济制度在以前就没能有效地管理全球金融，它们似乎在将来也不会成为政府间加强管制努力的核心。

尽管确保全球化会使所有国家受益，但在一国内部以及各国家间，全球经济的不平等都加剧了。世界经济不平等的加剧是全球治理严重失败的象征。在1944年，国际货币基金组织（IMF）和世界银行的创建者们就曾寻求确保国家贸易的"平衡"增长，并帮助政府提高"其领土内的生产率、生活水平和劳动条件"①，也就是说，全球化被认为是能够托起所有船只的浪头。但是在当下，国家内部和国家间的极度不平等仍在延续。

国家内部的不平等仍在加剧。在1950年之前，不平等曾连续多年下降，但从1970年开始加剧②，尤其在1988—1998年间，不平等持续加剧。③ 联合国千年计划的数据显示，全球人口的80%生活在不平等日益加剧的国家，全球只有4%的人口生活在不平等差距得以缩小的国家。④

---

① 在世界银行的目标中也如此写出。

② Francosi Bourguignon and Christian Morrisson, "Inequality among World Citizens", *American Economic Review*, Vol. 92, No. 4, 2002, pp. 727–744.

③ Branko Milanovic, "Can We Discern the Effects of Globalisationon Income Distribution? Evidence from Household Surveys", *World Bank Economic Review*, Vol. 19, No. 1, 2004, pp. 21–44.

④ United Nations Development Programme (UNDP), *United Nations Human Development Report*, 2005, p. 55.

同样，穷国和富国之间的差距似乎也在扩大①，尽管人口加权研究认为结果恰恰相反。② 但是如果将中国和印度（约占世界人口的40%）排除在外，即使这些人口加权研究也承认，国家间的不平等在强化。这一点在非洲体现得最为明显。非洲总体占世界贸易的份额从1980年的6%降到了2002年的不足2%。目前不平等的加剧主要是因为商品价格上涨将意外所得集中于少数非洲石油和商品生产国。在许多这样的国家中，新的收入所得并没有降低贫困。

总之，全球化正在产生不均衡的影响，而当前的全球安排似乎也没能对此有所作为。富国更能意识到为有效处理这些问题而进行制度改革的紧迫性，它们一直尽力推动全球化的一体形式。如果不这样做，随之而来的风险将包括持续的贫困、增加的冲突以及世界某些地区的不稳定，这些已经成为地缘战略关注的焦点。

全球经济治理已落在了快速发展的全球化后面，为更好管理全球经济关系而创建的国际制度日益失去效率并被边缘化。举办贸易谈判回合的论坛（多哈回合）的世界贸易组织（WTO）也似乎未能成功。IMF和世界银行眼看着其会费捐助国离开，因为这些国家既不从IMF和世界银行贷款，也不会支付制度自身运转的费用。所有的这三个制度仍然被少数发达国家的小集团所主导，它们似乎已不能适应全球经济力量的转变。

新兴经济体认为IMF由少数发达国家主导，这些国际组织深受它们的影响，而且，世界银行也由一个美国任命的总裁和美国主导的理事会所控制。他们对这些组织会像一个多边机构一样，而不是如经济合作发展组织（OECD）、西方七国集团（G7）或G1③那样行事缺乏信心。更为严重的是，在这些组织的决策机构中，尽管中国、印度、巴西和海湾国家极度缺乏代表，但是他们并没有全力要求改革。他们不呼吁改革是因为其具有替代方案：他们增加自身外汇储备，因此不再需要IMF；他们正在亚洲建立自己的多边互

---

① Lant Pritchett, "Divergence, Big Time", Policy Research Working Paper No. 1522, Washington: World Bank, 1995.

② Francosi Bourguignon and Christian Morrisson, "Inequality among World Citizens".

③ 美国一家独大的诙谐说法。——译者注

换安排；他们寻求扩大金融的多种来源，因此不再依赖世界银行的贷款；他们正在谋划新的多边发展倡议①；其中一些国家还有自身的援助计划。实际上，新兴经济体正在降低对 IMF 和世界银行的需求，使这些制度在其决策中被边缘化，从而使之沦为全球合作的边缘。

（一）我们需要老式的国际制度吗？

国际公共制度，比如多边或政府间组织的信条是其直接反映国家层次对公共制度的需求。在全球层次，对于管理市场失灵和生产全球公共物品，制度也是必要的。因为制度可以促成国家间的集体行动，从而促进国际合作。如果没有制度和合作，国家将追求个体理性目标，从而导致对所有国家而言都是灾难的结果，比如全球变暖、冲突的快速扩散、传染性疾病缺乏控制或者金融危机的加深和扩散。从历史上看，这曾经发生在"全球化"的早期，即 19 世纪晚期全球贸易和投资全面扩张的时代。在很大程度上，20 世纪 30 年代大危机的发生是因为国际制度既不强大，也未发展成熟，从而不能促进国家间有效应对因政治恐惧而扩大的经济冲击的合作。② 也就是说，有人认为，在全球经济时代，需要不同类型的制度。

10 年前，有人认为当代全球化正在改变世界，政府间的合作和管制将变得不重要。权力从民族国家的流散意味着我们应该考虑全球治理的替代方案。③ 但在几年后却发生了反向的转变。在像中国、俄罗斯、海湾国家、印度和巴西这样的新兴经济体中，国家都在发挥重要作用，与此同时，这些国家也已获得了更有利的全球地位。它们的国家石油公司已经成为能源市场的主要行为体，它们的主权财富基金已成为主要的投资者，至少控制了两倍于对冲基金的资源。因为这些国家积累外汇储备，它们获得了如同核武器一样的

---

① 比如南方银行。

② Harold James, *The End of Globalization: Lessons from the Great Depression*, Cambridge: Harvard University Press, 2001.

③ Jessica Matthews, "Power Shift", *Foreign Affairs*, Vol. 76, No. 1, 1997, pp. 50–66.

能力（确保相互摧毁），可以制造全球货币体系的大破坏。权力转移加重了发达国家的政治忧虑和风险，它们担心俄罗斯和中国会利用它们新获得的经济力量来寻求地缘战略目标。因而，新旧强国可以在国际论坛内就这些议题进行讨论和谈判是非常重要的。总之，既是出于应对新的全球挑战，也是为了适应全球政治中的权力转移，多边制度都是必要的。也就是说，必须要有一个避免误解的有力说明。比起全球治理，国家和地方政府要更为有效和更有责任性。全球行动的逻辑必然是集体行动的逻辑，也就是说，只有当国家集体行动时才能达成共同的目标。

（二）现有制度的危机

2007 年，主要国际机构已经明显地暴露出弱点。因世界贸易组织推动的贸易谈判破裂，很多人宣称当前的贸易谈判"失去动力"，甚至已经"死亡"。石油价格的急剧上涨使得穷国和富国都深受其害，也再度激起人们对新兴经济体国有石油公司的活动的恐惧，但是国际能源机构（International Energy Agency）似乎不足以对此做出反应：它的 27 个成员国并不包括像中国、印度这样的新兴经济体，甚至在其成员国之间，它也只有有限的权威。国际原子能机构正疲于应对核扩散问题，更别说处理正日益成为全球产业的核工业的标准了，核工业所有权正在脱离原来那些富有经验和稳定的安排。

在全球金融领域，IMF 也处于困境。在 2006 年，巴里·艾森格林（Barry Eichengreen）将之描述为"失去控制的船漂浮在流动性的海洋上"。[①] IMF 似乎既面临着重要性下降的问题，也面临着失去合法性的危机。它的会费缴纳国已经用脚来投票，它们建立自身的储备以避免求助于 IMF。结果就是即使在自身活动范围内，货币 IMF 的资源也正日益紧张。而且它还面临新的批评，

[①] Barry Eichengreen, "The IMF Adrift on a Sea of Liquidity", in Edwin M. Truman, ed., Reforming the IMF for the 21st Century, Institute for International Economic Special Report 19, Washington. DC, 2006, chapter 25.

人们认为其对最近的金融危机缺乏预警。在一个援助和支持发展承诺不断增加的时代，直到最近，世界银行仍被其主要的捐款国视为边缘机构，在过去20年间，这些捐款国在国家和国际层次创造了各种新的机构。只是在佐利克（Robert Zoellick）新行长的努力下，世界银行才成功地补充了优惠贷款方式，即国际开发协会（International Development Association）。

当政府在多边主义合作上遭遇危机时，几种改革方案开始涌现。我们被告知：WTO应该更加开放，为那些最穷的国家提供机会以接近非正式的谈判过程，以及增加促进它们海外贸易的援助。IMF已经将一些增加的投票权分配给了中国、墨西哥、土耳其以及韩国，但是如何让穷国在决策过程中享有更大的发言权仍有待讨论。对世界银行而言，前总裁保罗·沃尔福威茨（Paul Wolfowitz）的突然辞职使得新任总裁可以推动世界银行所需要的变革。一些人主张国际能源机构在扩大成员的同时，也要增加其权威。

所有这些建议都将扩大参与，从而增加全球制度的合法性或有效性。不过，本文强调的是我们需要深层次的改革，本文将依次分析这三个全球经济治理的核心制度：世界贸易组织、IMF和世界银行。

二、重新思考世界贸易组织

世界贸易组织处于全球贸易关系的中心。当前世界贸易组织正处于困境之中，这至少部分是因为全球贸易体系中太多的国家认为正在进行的贸易谈判回合没能反映其利益。而且，现在它们具有否决权。之前，只有强国尤其是美、日、加、欧盟才能发号施令，现在，新兴和发展中国家集团以及二十国集团已经清楚地表明，贸易谈判必须将其利益考虑其中。集团越小，组织会更加严密，其呼声也更高。

国际贸易谈判的僵局会影响所有国家。没有多边协定，小国会发现自己被迫更为快速地加入双边谈判，而它们在其中明显处于弱势地位。但是，即便是最大和最具权势的国家在多边回合中也具有重要利益，它们很难同自己最为重要的贸易伙伴达成满意的双边协定，比如美国同中国或印度。如果没有多边协定，大国必然要投入大量的时间和资源同那些有意向的国家展开双边谈判，结果就是出现一系列协定，增加了这些强国的大公司在全球运营的复杂性。因为这些原因，一个多边协定是重要的，尽管其当下处于困境。

贸易谈判的障碍在于对以下问题的深度分歧：全球贸易协定应该覆盖哪些领域，或是哪些不应该加入；什么样的贸易政策最能促进经济增长；贸易规则应该怎样以及在哪里被制定和执行。如果全球贸易治理要有助于解决本文开始提到的那些问题，就必须考虑这些问题。需要注意的是：第一，一个合理的贸易协定能够缓解当前全球经济的不稳定，特别在这样一个每个国家都可能转向保护主义政策的时刻，确保市场的开放；第二，一个好的贸易协定能够在降低全球不平等上发挥建设性作用，促进和支持那些目前处于底层的共同体和国家的经济增长与发展机会；第三，最后但并非不重要的一点是，改革后更为强大的世界贸易组织和重新注入活力的多边主义是更好地管理贸易的必要前提。

（一）缩小贸易规则的范围

对于发展中国家的很多人来说，WTO 用以治理国际贸易的规则似乎不公平。在 20 世纪 80 年代的贸易谈判中，发达工业大国达成了适合它们的协定。其核心就是不平等交换。发展中国家签订条约，同意在对发达国家最有利的项目上履行承诺，而发达国家仅承诺在今后的谈判中关注发展中国家最关心的项目。

富国仍然拒绝开放自己的农产品市场。对发展中国家来说，这一点很重要，因为这涉及发展中国家的多数产品。欧盟利用壁垒防止其他国家农产品的进入。美国规模巨大的农业项目为农场主发放补贴，使得其他国家难以竞争。因为不能依赖于开放市场，穷国必须依赖于特殊的随意安排或者双边协定，这又被美国和欧洲所控制，并且可被用来分化和掌控。

在农业尚未自由化的同时，扩大 WTO 规则在其他领域上的适用范围却耗费了大量的谈判资源和时间。这部分缘起于乌拉圭回合所采用的战略，当时美国和欧洲推动"单一承诺"（single undertaking），也就是成员国要么全部接受要么全部拒绝。这样通过扩展贸易议程，就为纳入那些过去发展中国家反对的大量议题，比如知识产权保护，铺平了道路。

对穷国而言，一个过于宽泛的贸易议程非常困难，它们需要在履约上花费大量时间，如果不这样做，就要冒被采取强制行动的风险。而且，新规则的范围直接影响它们从全球化中获益的能力。

（二）对穷国不能过墙撤梯

研究增长和发展的学者一直在辩论贸易政策对促进发展中国家繁荣的作用。尽管近年来发达工业国家主张发展中国家应该更快速和彻底地自由化，即进一步加强对WTO规则的遵守，但这却并不是发达工业国家自身工业化和发展的道路。英国、德国、美国、加拿大和日本都是通过实施关税和产业政策来促进快速工业化的，最近韩国、中国台湾地区、中国大陆以及越南也是如此。[1] 问题的关键在于贸易的管理政策并不必然带来增长，结果也可能很糟。但是，很难想象任何一个成功的、快速增长的国家没有采用过这些手段。因此，似乎发展中国家正被要求不能学习别的国家已经成功实施的方法，也就是说，它们被要求在没有产业政策的情况下进行快速工业化。

当前的贸易秩序对穷国正越钳越紧。一方面，就如农产品这样的非工业产品的市场准入而言，其或是关闭，或是要靠别国自主裁量的许可。而且新的壁垒也在建立，比如美国对巴西、中国、印度、厄瓜多尔、泰国和越南设置障碍，借口是它们卖到美国的虾过于便宜。[2] 另一方面，穷国积极推动工业

---

[1] Sanjaya Lall and Morris Teubal, "Market-Stimulating Technology Policies in Developing Countries: A Framework with Examples from East Asia", *World Development*, Vol. 26, No. 8, 1998, pp. 1369 – 1385; Robert Wade, *Governing the Market: Economic Theory and the Role of Government in East Asia Industrialization*, Princeton: Princeton University Press, 1990; Ha-joon Chang, *Kicking Away the Ladder: Development Strategy in Historical Perspective*, London: Anthem, 2002.

[2] 这就是所谓反倾销行动。

化的政策则被排斥。① 通过严格的知识产权规则，获取技术被设置了重重障碍，经济学家认为这将增加依附性和降低福利。②

公平的规则必须承认国家的不同起点。它们必须允许欠发达国家利用各种富国曾经运用过的政策加以追赶，并给予它们喘息的空间，从而使它们具有竞争能力。可用打高尔夫来类比这一道理，那就是更高的起点要让分。越细微地运用规则越要求更高质量的信息和执行。

(三) 更公平地执行规则

在全球贸易规则上，世界贸易组织具有一个重要的新特征。世贸组织采纳了争端解决程序，这将不再像以前的体系那样允许强国具有否决权。相反，新的WTO将有一个上诉机构，它将做出限制性的管理，彻底改变之前成员一致的管理方式。

在理论上，新的贸易争端机制为所有国家提供了更为公平的争端裁决方法。但是，并不是所有国家都在第一时间将争端提交诉讼，目前仍存在四个明显的阻碍。

第一个阻碍是政治性的。几乎没有小国准备通过提交争端来破坏同强大盟友或贸易伙伴的关系。简单地说，它们将失去太多而难有收获。它们将失去自由裁量的贸易准入、援助、军事或者地缘战略的帮助——实际上曾发生过不依赖援助的国家将争端提交WTO的事例。如果它们将争端提交WTO，而且胜利了，那么它们仅是赢得了对其强大贸易伙伴采取报复行动的权利，这

---

① Alisa Di Caprio and Kevin Gallagher, "The WTO and the Shrinking of Development Space: How Big is the Bite", *Journal of World Investment and Trade*, Vol. 7, No. 5, 2006, pp. 781–803.

② Ulrich Hanns, "Expansionist Intellectual Property Protection and Reductionist Competition Rules: A Tripps Perspective", *Journal of International Economic Law*, Vol. 7, No. 2, 2004, pp. 401–430; Judith Chin and Gene Grossman, "Intellectual Property Rights and North-South Trade", Working Paper No. 2769, Cambridge: National Bureau of Economic Research, 1991; James Markusen, "Contracts, Intellectual Property Rights, and Multinational Investment in Developing Countries", Working Paper No. 6448, Cambridge: National Bureau of Economic Research, 1998.

样的结果对它们来说成本更高。

第二个障碍与获取导致正式争端的信息障碍有关。搜集引发争端原因的信息是需要成本的，似乎只有资金充裕的商业集团才能完成。没有这样集团的国家就不会处于有利地位。在美国和欧洲，富裕的私人公司和产业协会能设计诉讼议程，在诉讼提交WTO之前，就寻找并防御议题。准备诉讼的工作既需要付出成本，也要消耗时间，政府不会自己处理这些问题。[1]

第三个障碍在于利用争端解决机制实际提出诉讼案。根据估计，即使在2003至2004年，一个典型的提出诉案的诉讼成本大约是50万美元。[2]

最后，诉讼的第四个障碍来自诉讼发生之后。如果没有诉讼后的后续工作，对一国有利的判决只是没有结果的胜利。但是这些后续工作需要大量的政治游说和外交政策行动，正如上面提到的，对一些政府来说，这些成本是无法接受的。贸易争端的裁决并不会自动执行。大国可以迫使贸易伙伴服从，但是小国却无法迫使违背协定的大国修正其政策。如果违约国不执行裁决，诉讼国可以要求也被允许采取报复性行动。但这对一些国家而言只不过是一个安慰，它们知道这样的报复行动会招致强大的大国对自身政治和经济的负面影响。只有较大的新兴经济体才尝试这样的行动，比如巴西曾要求对美国的专利权、知识产权和服务提供进行报复，因为美国未能遵守裁决。胜诉的小国只能寄希望于大的贸易伙伴的善意和其对国际裁决的尊重来改正政策。[3]

在存在诉讼障碍的情况下，促进规则运转的现有努力看起来仍然不足。在WTO内部，建立了有关WTO法律的咨询中心，来为发展中国家成员提供法律建议和培训。但是，这个中心也无法克服上述四个障碍。诉讼的政治阻碍也在该中心有所反映，对中心的资助部分来自富国，富国当然不希望利用自

---

[1] Gregory Schaffer, *Defending Interests: Public-Private Partnerships in WTO Litigation*, Washington: Brookings Institution, 2003.

[2] Advisory Center on WTO Law, "Advisory Centre on WTO Law Decision 2004/3", 2008-03-26, www.acwl.ch/e/pdf/time budget e. pdf.

[3] Gregory Schaffer, "The Challenges of WTO Law: Strategies for Developing Country Adaptation", *World Trade Review*, Vol. 5, No. 2, 2006, pp. 177-198.

己的资源来帮助别国起诉自己。中心并不对诉讼前确定违约行为的工作提供援助。咨询中心只对诉讼准备提供一些帮助,并不做支持争端案例的技术工作或者经济分析。① 中心也不涉及诉讼后的执行问题。

WTO 有三种方式可以促进规则运转,使得贸易规则在所有成员中得以运用。第一种与信息有关。WTO 可以为所有国家提供更多、更好的信息,以便知道哪个国家违背规则。这就要求世界贸易组织从各种途径积极地搜集信息,然后积累和整理这些信息,并在成员间发布。这不仅意味着要更好地利用其他组织所搜集的信息,如 IMF、世界银行、联合国开发计划署(UNDP)和联合国贸易和发展会议(UNCTAD),也要涉及私人和非政府组织的信息,比如最近世界卫生组织在监督过程中得到的信息②,这样的信息源包括网站、博客、非政府组织或者政府其他非贸易的专业机构。

WTO 的第二个作用是确保所有成员具有发言权和拥有其自身权利所规定的机会。对于很多小国来说,这需要集体行动。WTO 的制度框架可以从几个方面促进这一点。WTO 可以提供信息,这可以帮助成员国重视需要共同行动的案例;WTO 也可以提供论坛,把关注共同问题的国家可以集合在一起;WTO 也可以降低共同行动的物质成本。

最后,WTO 还能够分散行动的政治反对或者成本。通过更为集中和强化的执行机制,WTO 也可以确保更公平地执行贸易规则。在小国无法执行的情况下,WTO 应被赋予施加罚款或制裁的权力。

总之,在一个分散的全球经济中,贸易规则能够提供重要的共同利益和结合。但是,目前的贸易体系并没能做到这一点。为了更好地克服全球经济的不稳定、不平等,纠正不公正的贸易治理,至少需要三个关键的变革:(1)限制贸易谈判的范围,抵制商业利益集团推动新议题的压力,确保在最影响

---

① Chad Bown and Bernard Hoekman, "The WTO Dispute Settlement and the Missing Developing Country Cases: Engaging the Private Sector", *Journal of International Economic Law*, Vol. 8, No. 4, 2005, pp. 861–890.

② Michael Baker and David Fidler, "Global Public Health Surveillance under New International Health Regulation", *Emerging Infectious Diseases*, Vol. 12, No. 7, 2006.

穷国的议题上取得进展；（2）确保贸易规则的制定和执行都能帮助穷国工业化以及能够以可持续的方式从全球化中获益；（3）强化和扩展 WTO 在监督和执行贸易规则上的作用，尤其是对大国而言。

三、重新调整 IMF

IMF 能够也应该在降低全球经济不稳定和不平等，以及在为全球经济提供有效多边治理论坛上发挥重要作用，但是实现这个目标仍有待于转变 IMF 自身的运转和治理结构。

（一）为货币合作注入活力

一直到最近，经济学家都将全球经济的不稳定委婉地描述为"稳定的不均衡"，也就是这样一种状态：新兴经济，尤其是中国和亚洲的增长使其出口越来越多的商品到其他国家，同时利用盈余来购买越来越多的美元金融资产。这就使美国具有超常的低利率，惊人的强势美元，以及难以想象的经常项目不均衡，也就是美国的进口要远远超过向其他国家的出口。[①] 这种稳定的不均衡已经破裂，并被扩散的金融危机所取代。不均衡和货币危机都强化了对一种能够更好管理全球经济中增长、储备和不均衡的治理体系的需求。

与此同时，IMF 却越来越难以发挥建设性作用。这部分是因为 IMF 权威的萎缩。在 20 世纪 70 年代，当美国和其他主要货币汇率开始浮动时，IMF 对汇率的正式权威就已经消失。IMF 只剩下同成员国展开监管对话和报告其政策的有限能力。对于 IMF 中的富裕强国，这些国家的政策对全球经济中其他国家有很大影响，这些对话难以发挥影响。[②] IMF 的权威也随着新兴经济体的

---

① Mohamed El-Erian, Reforming the IMF for the 21st Century, Institute for International Economics Special Report 19, chapter 26.

② Domenico Lombardi and Ngaire Woods, "The Politics of Influence: An Analysis of IMF Surveillance", *Review of International Political Economy*, forthcoming 2008.

出现而降低，这些新兴经济体积累了大量储备并且不与 IMF 发生联系。墨西哥、巴西、中国和印度不再依赖于 IMF 的金融或者支持，这既弱化了 IMF 同这些国家对话的作用，也降低了 IMF 通过贷款给这些国家而获得的收益。最后，全球金融的变化也使得 IMF 发挥作用更为困难。新的金融衍生工具增加了体系风险，同时也降低了 IMF 缓解风险的能力。①

若使 IMF 发挥自己的作用，所有这些意味着什么？这表明 IMF 除了需要治理改革之外，还要承担两项重要的任务。第一个是货币合作，或者说作为一个能够促进成员国达成有效规则以及增加储备的论坛，IMF 需要成为一个有效的"协商机制"，如果 IMF 可以合理组织，所有国家都会对这样的论坛感兴趣。比如，如果没有多边货币合作，许多新兴经济体将会采取高成本的"自我保障"政策。也就是说，这些经济体要拿出大笔美元用作储备，当它们面对传染性危机时，可以通过买进或者卖出本国货币来保护自己。在《2003 年世界经济展望》中，IMF 对这种自我保障的成本进行了研究。替代方案就是建立全球储备体系，该体系的核心就是有一个能够为所有成员提供规则和服从保证的制度。但是，这种制度需要所有成员保有坚定的信心，也就是认为这一制度的储备就像其自身的储备一样。

作为一个有效的协调机制，IMF 对讨论主要经济体之间的汇率问题具有同样重要的作用。美国愿意在 IMF 中同欧盟和中国讨论汇率问题，而且当美国同中国谈判汇率时，欧盟也愿意这样做。IMF 应该能够促进这样的多边讨论，因为从根本上看，它就是一个俱乐部，所有成员都保证同 IMF 一道共同促进汇率稳定，避免因自身不公正的利益而操纵汇率或者国际货币体系。但是，在实践中，IMF 并没有被成员国作为真诚讨论汇率安排的论坛。IMF 的监管过程也并没有促进这一点。②

IMF 的另一个障碍就是，许多新的成员国对该组织作为一个公正监管者

---

① Mohamed El-Erian, Reforming the IMF for the 21st Century, Institute for International Economics Special Report 19.

② Domenico Lombardi and Ngaire Woods, "The Politics of Influence: An Analysis of IMF Surveillance".

和协定执行者缺乏信心。很多国家将 IMF 看作是少数富国输出其价值和标准，并将这些价值和标准强加于人的制度。IMF 的不足就是这个多边组织不能作为一个所有国家相互辩论的论坛，所有成员也不能承诺遵守达成的协定条件。

为了将 IMF 变成一个所有国家之间开展货币合作的论坛，强国需要承诺改革这个组织。IMF 要成为一个有效的、政治上可信任的组织，所有国家都要有所承诺。

（二）指出不公，帮助国家应对冲击

对多数成员国来说，IMF 发挥的最重要的作用之一，就是通过提供建议、贷款以及合作，IMF 可以帮助它们应对会破坏其经济的全球市场的压力和冲击，任何单个国家都难以控制。比如，起源于亚洲或美国的金融危机会向其他国家传递破坏性动荡。另外，因为很多国家的出口是用美元或欧元结算的，因此当美元或者欧元价值变动时，会影响这些国家的财富。全球商品市场能够将可可或咖啡价格的波动传递给那些严重依赖于这些商品的国家。贸易进入机会被突然削减，而很多国家则依赖于非歧视协定。最后，富国的援助或是难以落实，或是突然被要求新的条件，以改善政府精心设计的计划。

IMF 能够在帮助国家面对这些外部冲击方面发挥重要作用。但是，IMF 需要快速地从根本上更新其工具包。IMF 要能为成员提供建议和支持，这些建议和支持必须是可行且经过验证的，而不是意识形态的和指示性的。比如，IMF 在资本账户自由化上进展缓慢。因为成员国对 IMF 自由化的观点不信任[1]，IMF 的经济学家也谨慎地检验和报告因资本账户自由化导致的脆弱性。[2]

---

[1] 尤其是东亚危机之后。

[2] Eswar Prasadetal., "Effects of Financial Globalization on Developing Countries: Some Empirical Evidence", Washington: IMF, 2003.

但是 IMF 仍然继续迫使成员国无差异地接受自由化的处方。① IMF 需要了解成员国的不同看法,比如马来西亚、新加坡、印度和南非的实际经验,这些国家都采用了谨慎的方法来缓解 1997 年亚洲金融危机的影响。② IMF 需要表明自己并不是那些具有发达和开放金融部门的政府的仆人,这些政府显然具有明显的商业动机来强力推进自由化。

与世界上一流大学的经济学系、OECD 或大银行的研究部门不同的是,IMF 具有同 184 个国家的经济政策制定者工作的实际经验。这些经验应该以非意识形态化的方式同其成员国共享。

IMF 可以在降低全球不平等中发挥重要作用。这一作用的关键部分应该为政府提供可行建议,这种建议应建立在 IMF 其他成员实践的基础上,比如怎样更好地管理和监督他们同全球资本和金融市场的关系,在危机时期,他们怎样更好地加以协调而不至于进一步加剧不平等。

(三) 改革 IMF 的治理结构改革

IMF 的治理结构是使其能够成为多边体系有效部分的重要前提条件。目前已经提出了大量有关 IMF 的改革提议,但是其中少有提及全球经济现实正在发生的转变。全球金融稳定不再仅依赖于美国的决策或者美国与同盟国的协调,比如七国集团,而是同样依赖于中国和其他全球流动性持有国的决策。这意味着 IMF 需要重新调整,以获取那些长期认为自身在组织中代表不足的成员的信任。除非进行根本性变革,否则这些国家甚至都不会运用其已经在制度内获得的权力。

IMF 的治理状况正在评估之中。更多的是关注投票权在组织内的分配方式。分配公式总是要确保大的开放经济体能得到大比例的投票权。这个分配

---

① IMF Independent Evaluation Office, "Evaluation of IMF's Approach to Account Liberalization", Washington: IMF, 2004.

② Ngaire Woods, ed., "Special Issue: Understanding the Pathways through Financial Crises and the Impact of the IMF", *Global Governance*, Vol. 12, No. 4, 2006.

公式已经被多次研究和修正，最近又有了一些小的调整，例如为中国、韩国、墨西哥和土耳其分配了小部分的投票权。但是，这些调整对于提高 IMF 的整体合法性和可信性作用很小，而这才是 IMF 的真正问题。

改革 IMF 的困难在于没有明确的论坛来讨论改革问题。因为亚洲金融危机，改革问题得到重视，并组成了一个新的集团二十国集团（G20），二十国集团是通过加入新兴经济体、扩展七国集团而形成的。正是这个集团推动了 IMF 正在进行的改革。但是，可能正因为它过于受到七国集团的影响而难以进一步推进改革。

对于一个组织而言，改革是困难的，直到目前，其他国际组织仍在羡慕 IMF。IMF 被描述为多边制度中的劳斯莱斯：小规模的精英雇员、有效的专家委员会、由大国选定的高级管理者以及不依赖成员国当下的财政资助。相比之下，联合国的机构总是显得混乱、笨拙以及难以管理。但是在 2008 年，IMF 可能只是表面上的风光，而同其关键的任务不相符合。IMF 需要新的结构来接纳关键的新兴经济体，这些新兴经济体决定不利用 IMF 作为其支持的保证力量，而是依赖于自身的储备积累或者地区协定。七国集团和 IMF 需要询问这些新兴经济体，什么样的 IMF 能够得到亚洲和其他新兴经济体的信任？

为了获得这些国家的信任，四项改革极为重要，没有这些国家的支持，IMF 将无法实现自己的目标。

1. 总裁

第一个焦点是组织的领导人。IMF 总裁掌管理事会，并且所有高级主管和雇员都要对其负责。至今，IMF 总是在同美国商议下，从少数欧洲国家中选出总裁，这是 20 世纪 40 年代 IMF 和世界银行成立时的约定。① 这些国家不仅任命 IMF 总裁，而且在五年期满后决定是否重新任命，结果就使得组织的整体责任性偏向于有关领导人选择的少数国家集团。

---

① 在高级管理职位任命上同样部分地受到这项交易的不明显影响。

近年来，每次任命 IMF 总裁，都小心谨慎却引来批评不断。这使得 IMF 和世界银行理事会都成立了专门委员会，以考虑领导人的选择问题，并建议做出一些初步改进，不过，这些建议却并未被理事会采纳。最近，在现任总裁遴选之前，IMF 理事会做出决议：在未来总裁遴选中，所有候选人不分国籍，一律平等。但为了同长期的传统相一致，这一次仍然任命了一位欧洲人。

在 21 世纪，如果 IMF 希望得到新兴经济体的信任，必须改变总裁的任命过程以及随之带来的谁将实际上控制 IMF 的问题。推动任命过程改革的一个显著方式就是促进遴选程序的透明，要有多位候选人，并采取鼓励在决策中协商和参与的决策规则。

2. 投票权

改革的第二个关键在于 IMF 内部投票权的分配。在 1944 年，IMF 是为了要确保充满疑虑的美国的参与，因此正式的投票权要反映美国的经济主导。考虑到美国的金融资助，在投票权上给予它特别权力。同时，通过给予所有国家相同的基本投票权来强调 IMF 的多边主义。思考如何联系 IMF 目前成员的有效起点是基本投票权加上在全球货币体系中不同责任的计算公式。目前许多改革提议都注意到基本投票权已经萎缩，目前仅占总投票权的很小比例，投票配额已经不能反映实际的经济力量。

目前所缺少的就是重新分配基本投票权以及将新兴经济体作为平等伙伴重新计算投票权的公式。正在进行评估投票比例的工作，例如执行理事会已经做的类似评估，特别强调前面提到的责任性问题。作为 IMF 的监督组织，由高级政府官员组成的国际货币和金融委员会（IMFC）现在需要更恰当地处理这个问题，并同意建立代表集团以有效地重新设计公式。

3. 理事会

第三个改革事关由少数执行董事组成的执行理事会，执行理事会设在华盛顿，负责 IMF 的日常活动，执行董事为执行理事会的主席。美国和其他大国政府都在执行理事会有一位代表，其他成员分成不同集团，然后选出执行董事，这些执行董事首要代表的是组织的利益，而不是选出他的那些国家。理事会的决策是建立在多数投票权上的协商一致。重要的特别决策需要特定多数①，以确保美国的否决权。② IMF 是由小规模的理事会来运转的，可以有效地做出决策。但是，IMF 理事会目前的工作方式可以描述为半代表制、半技术性以及部分有效的。它既不能使国家感到被代表，也不能独立于这些国家。正如前面所提到的，一些国家是独立代表自身，可以让这些执行董事直接对本国负责。而其他国家则要组成集团（选举团），它们要由一个并不直接对自己负责的官员来代表，而这个执行董事主要对 IMF 负责。③

针对 IMF 理事会和决策过程，目前关键的改革是强化其代表性，而不要牺牲理事会的小规模和效率的特性。第一步应该是改变执行董事作为理事会主席的惯例。作为监督执行董事的机构，理事会应该由其成员国来担任主席。第二步应该改革决策程序，增强国家间的相互协商，并增加对各国在更一致的基础上行动的激励措施。目前当多数投票权国家同意时，理事会的决议是以协商一致的方式达成的。具有大比例投票权的国家就不会有动机同其他国家协商，由小比例投票权国家选出的执行董事也没有动力来考虑自己的立场，也不会利用在理事会上的发言权。这一点可能比较容易得到修正。

目前 IMF 已经要求双多数，这改变了 IMF 章程，也避免了排除某些成员或者否定其利益。双多数意味着不仅大国的投票权重要④，而且大国必须得到成员国更广泛的支持以达到 60% 以上成员国的同意。其他国际组织也采用双多数投票⑤。有效引入这种投票方式能够促进组织内部的协商和代表性。目

---

① 比如75%。

② 这些特别多数也在变化，反映了美国投票份额的逐渐降低。当美国投票权超过25%时，特别多数就是75%的投票权；目前特别多数的要求是85%，来保证美国的否决权，美国目前投票权已经降到了17%。

③ Ngaire Woods and Domenica Lombardi, "Uneven Patterns of Governance: How Developing Countries are Represented in the IMF", *Review of International Political Economy*, Vol. 13, No. 3, 2006, pp. 480–515.

④ 修正案需要85%的投票权。

⑤ 比如欧盟部长理事会、世界银行的全球环境组织。

前，七国集团成员国在 IMF 中占有超过 40% 的投票权，仅需要找到另外一个执行董事的投票就能宣称获得一致，并进而做出决策。双多数投票规则将迫使他们进一步强化成员间的联盟，以获得超过 50% 的成员国的同意。

改革 IMF 更激进的方案主张用一个高级政策制定者委员会取代执行理事会，这些政策制定者可以定期会面。这种想法的关键在于能够将各国的重量级官员带入 IMF 的决策论坛。但是，非常驻理事会的结果就是 IMF 的日常运转仍将被美国所主导，而不具有向上的、国际化的和公共意识的远见。造成这一事实是因为，IMF 设在华盛顿，美国具有否决权，英语是雇员的工作语言，美国影响高级职员的任命，在其他很多国家看来，IMF 就是美国的制度。执行理事会为 IMF 带来一点装饰，使其具有一些多边的特征。如果将执行理事会改革成非常驻的——这是希望促进高级别国际合作的想法，还需要进行其他基本的治理变革。

4. 总部

因此第四项改革就是总部。一种改革想法是考虑将 IMF 总部移出华盛顿，将其安排在那些没有权力影响制度的国家的首都。这种转变是一种对作为国际组织的 IMF 的印象重新定位的一次性方法。

另一种想法是以不同形式将 IMF 的工作移交给不同的地区行为体。最明显的思考起点就是在亚洲，亚洲已经建立了自己的地区多边互助安排——清迈倡议。随着东盟 10＋3（ASEAN＋3）不断深化地区安排，日益明显的是，IMF 在地区的作用逐渐下降。地区协定为亚洲国家提供了外部标准，来决定相互间贷款的数目。从根本上，权威已经从 IMF 转移到了地区。

通过搜集和发布信息和标准，一个非集中的 IMF 将为成员国提供服务，IMF 将是一个中心，也作为一个讨论和谈判全球货币合作和金融稳定的多边论坛。为了这个目标，中心需要重新改组以赢得所有成员的信任。这种信任也会增进 IMF 作为建议者在地区受欢迎和信任的程度。

总之，更好地管理全球化需要货币和财政政策的合作。一个多边论坛是必要的，国家可以在其中讨论汇率的共同安排和协定，以及在更为复杂的全球金融世界中避免和管理金融危机。IMF 具有成为促进合作的积极的多边论坛以及成为成员国可信任的建议者的潜力，但是其治理结构必须改革。为了降低不稳定与不平等，促进多边治理，货币制度需要三步改革：（1）重新激活 IMF 作为一个汇率和紧急金融援助合作的协调机制；（2）重组 IMF 以便为其成员国提供谨慎、可信的建议，帮助国家更好地管理其在全球经济中的脆弱性；（3）改善 IMF 的治理（从总裁、决策、理事会的结构和运转等方面开始）。

四、重新强化世界银行

世界银行处于全球发展援助体系的核心，这一逻辑无可指责。多边援助机构能够集中国家的援助资金，在理论上，这应该意味着更有效，其发展援助信息更完备、交易成本更低。世界银行应该可以让全球援助机制做得更好，可以比单个国家更为有效地让富国促进穷国的增长和社会发展。但是，为了更全面和更有效地发挥这样的作用，世界银行需要得到借款国和非借款国的信任。世界银行需要获得更多本土知识，需要权衡三个重要方面以总结其实际经验和建议：求安全（以及紧急援助）还是求发展（以及长期可持续项目）；对捐款国负责还是对政府所有权负责；实现现代化抑或保护环境和社会价值。然而更为重要的是，世界银行需要更为直接地强调国家寻求发展所面临的国际制约。在世界银行内部，已经提出可能的改革方向，但是这些方向无论是在世界银行内部还是在其重要的股东中间仍处于争论之中。

（一）重新平衡世界银行的优先考虑

近年来，世界银行的一些部门努力从那些建立在自由化和解除管制的政策建议中跳出来。根植于 20 世纪 80 年代的结构调整，世界银行之前的战略一直是解除管制、自由化以及追求增长。即使世行内部和外部的学者都强调这种战略的不足①,世界银行仍以极不平衡的方式支持这类研究②。

正如最近一项独立的世界银行研究评估所指出的,重要的是,世行过于依赖这类报告,常常快速地将研究变成实际的政策。这毫无疑问会破坏对世行建议的信任。上述报告指出:"研究被用来证明世界银行的政策,常常不能对事实采取更为均衡的观点,更没有表示适当的怀疑。有利于世界银行立场的内部研究得到了极大关注,而不利的研究报告则被忽视。"③

从理论上讲,世界银行具有大量国家和部门的经验和专业知识,这些为世行提供了无比的能力来提出实用的、以经验为基础的建议。为了实现这种能力,世行必须从最近的事件中学习。世行一直被成员国批评,缺少足够的调查,以及不能吸取其他关于增长和发展的观念。一个经常被引用的例子就是,日本曾尝试让世行研究东亚发展模式,但是其报告影响很小。④ 从发展中国家的利益来考虑,世界银行的工作仍然同美国的贸易和政策偏好以及意识形态偏好过于接近,并不能充分反映贷款国的政治经济需要。在新的投资和援助方面,世界银行有限的作用使得借款国开始转向明显不同的增长模式,比如中国、海湾国家、委内瑞拉和巴西。

更为严重的问题是,世界银行对成员国进行调整和自由化的关注,使得更多全球议题和对制约发展因素的考虑被边缘化。世界银行的优先选择里并没有认真考虑通过多边努力,降低那些试图使自己融入全球市场,并寻求可

---

① Branko Milanovic, "The Two Faces of Globalization: Against Globalization as We Know It", *World Development*, Vol. 4, No. 4, 2003, pp. 667 – 683; Willian Easterlyetal. , "New Data, New Doubts: Revising Aid, Policies and Growth", Working Paper Series No. 26, Washington: Center for Global Development, 2003; Dani Rodrik and F. Rodrguez, "Trade Policy and Economic Growth: A Skeptics Guide to the Cross-National Evidence", Working Paper Series Issue 7081, Cambridge: National Bureau of Economic Research, 1999.

② 比如 David Dollar and Aart Kraay, "Trade, Growth and Poverty", Policy Research Working Paper Series No. 2615, Washington: World Bank, 2000; David Dollar and Aart Kraay, "Growth is Good for the Poor", *Journal of Economic Growth*, Vol. 7, No. 3, 2002, pp. 195 – 225。

③ World Bank, "An Evaluation of World Bank Research 1998—2005", Washington: World Bank, 2006.

④ Dani Rodrik, "King Kong Meets Godzilla: The World Bank and the East Asian Miracle", Discussion Paper Series No. 944, London: CEPR, 1994.

持续发展的国家所面临的脆弱性。这些因素中的关键在于商品价格、能源价格和援助流动突然不稳定的变动以及气候变化,以及可以由 IMF 更好处理的议题,比如资本流动和汇率,而这些都超出单个国家的控制范围。实际上,世行一直建议小的穷国政府在面临外部压力时加快速度,这些外部压力包括:由别国危机和传染性引起的资本和投资波动;历史来看,所有价格中最容易波动的商品价格变动[①];能源价格起伏;汇率波动;以及援助的不均衡分配。这些议题会不时地在世行内被提起,但是从来没有成为认真地进行多边考虑的内容。但是,世行在所有研究这些议题、提供潜在解决方案以及协调国际行动的制度中是独特的。

世行一直在重新改革和重新思考其研究和政策建议,以成为贷款国更可信的建议者。世行需要继续评估其借款条件,以及考虑其整理与分配信息的方式。世行需要重新定位和强调其作为多边制度的作用,对发展的国际层面和制约的挑战提出解决方案。

(二) 作为一个可信赖的中间人来协调援助[②]

世界银行处于国际发展援助机制的核心。众所周知,国际发展援助机制是很多援助国通过双边而非多边努力来实行的,是分散、复杂以及混乱的。正如前面提到的,从理论上看,通过集中资源和信息,世界银行应该能够促进援助国和受援国双方大规模地降低交易成本。

但是主要的援助国比如美国、日本和英国,都坚持不依赖世界银行。相反,它们维持和扩展各自独立的援助机构和过程,援助国的各种不同要求造成了受援国政府过度扩张。援助国政府总是通过几十个传声筒对发展

---

① 商品价格在价格变动上有时会出现 50% 的标准偏差,参见 Kenneth Kroneretal., "Forecasting Volatility in Commodity Markets", Policy Research Working Paper Series No. 1226, Washington: World Bank, 1993。

② 下面部分出自 Ngaire Woods, "Power Shift: Do We Need Better Global Economic Institutions?" London: Institute of Public Policy Research, 2007。

中国家喊话，这些传声筒既包括它们自己的国家援助机构，也包括同几个多边机构，如联合国开发计划署、世界银行、IMF、世界卫生组织、世界贸易组织等的共同特殊倡议。结果就是已经过度扩张的穷国政府还要将其大多数时间和人力用在强化和维持同这些捐款国的关系以及按照它们的吩咐行事。

即使捐款国通过世界银行进行援助，它们也会持续地利用特别要求、特别资金以及附加程序来阻碍世界银行的作用。这可以从世界银行增加的"信任基金"（trust funds）实践得到验证。这些资金是给世界银行用于特别用途的，常常被用来补充世界银行的核心工作。正如英国前政府援助官员所描述的："我们在世界银行内建立确定优先性和原则的详尽的机制，作为捐款国，我们可以通过设立独立的财政激励来使世界银行做我们希望其做的，从而避开上述机制"。①

在最高层，捐款国相互讨论如何更好地协调、统一以及联合它们的援助努力。② 据说，实际进展程度仍然不高。比如，捐款国已经同意提高其援助效率的优先领域是公共金融责任。世界银行、欧洲委员会和英国国际发展部2004年完成的联合评估报告强调了这一调整的挑战，认为存在过多的各种审计以及过高的国家内部的交易成本，而这同国际发展伙伴之间信息共享不足是互相联系的。③ 这些发现强调了对协调与所有权的讨论与实际捐款之间的鸿沟，捐款既没有相互协调，也没有同援助接受国内部的相关机构或制度相联系。

捐款国承诺协调和所有权的重要结果就是没能解决援助机构之间的竞争，

---

① Masood Ahmed, "Votes and Voice: Reforming Governance at the World Bank", in Nancy Birdsall, ed., *Rescuing the World Bank: ACGD Working Group Report and Selected Essays*, Washington: Center for Global Development, 2006, p. 90.

② OECD, "Harmonization, Alignment, Results: Report on Progress, Challenges and Opportunities", Background Paper for the High-Level Forum on Aid Effectiveness, Paris, February 28-March 2, 2005; OECD, Shaping the 21st Century: The Contribution of Development Cooperation, Paris, 1996.

③ R. Allen et al., *Assessing and Reforming Public Financial Management: A New Approach*, Washington: World Bank, 2004.

在谁将领导协作和所有权的问题上，这些机构互相竞争。OECD/发展援助委员会（DAC）成为辩论的论坛。从实践的观点来看，世界银行更应该对此进行领导，因为世行正在领导削减贫困战略进程（Poverty Reduction Strategy Process，PRSP），并且通过这些活动增加了自身的作用。但是，从根本上说，UNDP更适合准备领导国家发展战略和构建正式的对话机制。结果是，在某种程度上，局势更恶化了，英国国际发展部（DFID）、世界银行、IMF、UNDP以及其他双边协定的官员，似乎正在为谁在制订国家战略上起领导作用而相互争论。同时在巴黎，捐款国创设了成员间高层合作与协调的详细协定，这是国家带头制订自己解决方案的场所。

世界银行具有潜力成为讨论发展援助的优秀的多边论坛，同时也可以管理发展援助的分配收益。最近世界银行国际开发协会（IDA）的补充就是明确的例证，这些补充不仅是捐助国规模最大的一笔捐助，而且也包括了新的捐助国。但是，将此推动成为更为一致的关于援助的多边制度首先仍然需要获得捐助国和接受国的信任。如果捐助国认为世界银行的项目是某些股东，比如美国的政治反映，他们就会提出自己的援助计划。因为这个原因，世行内的治理改革极为关键。

（三）改革世界银行的治理

为了防止不适当的政治影响，在成立之初，世界银行援助和治理结构都有防止政治干预的制度保证。当世界银行将总部设在华盛顿之后，这些保证很快就被置于一旁，美国执行董事的同意明显成了世界银行任何一笔贷款的必要条件。[①] 但是，从世界银行成立以来，它一直在转变。世界银行的资金结构不再过于依赖美国，其他国家已经成为世界银行的主要股东和利益相关者。但是，世行的治理结构却没有跟上。实际上，在改革治理结构上，世行的进

---

① Ngaire Woods, *The Globalizers: The IMF, the World Bank, and Their Borrowers*, Ithaca: Cornell University Press, 2006, chapter 1.

展还不如 IMF。下列三项具体的改革显得十分重要。

1. 行长

世界银行行长同 IMF 总裁一样，都扮演着重要的角色。IMF 在总裁遴选过程上已经有了一定的开放度，但是世界银行仍然没有。实际上，过去两任行长的遴选都任命了美国政府官员，这就让人们感觉到世界银行紧密地同美国政府联系在一起。世界银行选择美国行长的最初逻辑是没有问题的。世界银行需要获得美国政治体系[①]和华尔街[②]的信任。但是后来，世界银行的资金和活动已经不再过度依赖美国和其他担保人，目前其资金更多来自于世界银行的净收入[③]、投资收入以及世行通过贷款投资建立的投资等级。现在已经没有必要使世界银行对美国比对其他国家更负责。实际上，确保问题已经转移到了新兴经济体，需要吸引它们成为世界银行的自愿借款国以及按照他们的方式成为捐款国。世界银行最近聘任中国的林毅夫作为其首席经济学家，但是，这并没有克服美国任命或再任命行长的责任性偏见。很明显，让世界银行在全球合作中发挥更积极作用的第一步就是修订行长遴选程序。

2. 决策程序

世界银行的决策程序也一直没有改变。现在还没有关于加权投票、计算配额和投票权公式改革的讨论。IMF 已经进行了一定的改革，但是世界银行仍然没有。世界银行的投票权重是历史的偶然。世界银行照搬了 IMF 的配额结构，仅做了微小调整。但是，世界银行的任务是不同的。世界银行的重任应该反映其目标：世界银行要成为发展援助的协调者，其相应责任同捐款国密切联系。世界银行需要设立有广泛代表性的、组织良好的机构以评估与提出加权的投票结构，使这一投票结构与世界银行自身的活动更相关。值得一

---

① 肯定世界银行协定。
② 世界银行从华尔街获得资金。
③ 来自自愿的借款国。

提的是，世行优惠贷款基金有助于谈判的成功。在沃尔福威茨任世行行长期间，谈判处于僵局，其继任者罗伯特·佐利克谨慎地将这个问题重新提出。中国和埃及①作为新的捐助国的加入，在一定程度上强化了 IDA 的信心，而且这也确保了 IDA 资金的增长。

3. 理事会和总部所在地

理事会的作用和总部所在地是世行治理结构改革的第三和最后一个重要部分。像 IMF 一样，世界银行有一个常驻理事会和理事会。但是常驻理事会同 IMF 的常驻理事会工作方式不同。世行常驻理事会的工作都分配给委员会，通过委员会，世行发挥更为积极的作用，比如监督质量管理和发展效率等。质量监督的作用是重要的，因为世行使命十分广泛，成功与否很难评估。世行的很多目标都是长期的，并且难于评估。世行不应该排挤私人资金，高成功率可能意味着世界银行承担了很小的风险。因为这些原因，董事会的监督作用是重要的，尽管目前对贷款的微观管理仍然多有批评。

世界银行的缺点在于，它并不是一个设定发展援助的长期议程和开展有效多边合作的论坛。无论是常驻理事会还是理事会，都没能发挥有力的议程设定作用或者成为多边合作的论坛。这一事实在于关于发展援助的多边讨论多在 OECD 的发展援助委员会进行，尽管很多人认为这个集团并不具有代表性。最近，联合国建立了一个新的论坛：发展合作论坛（Development Cooperation Forum）。

世界银行治理结构中已经改变的一个方面就是分散化。世界银行在一些案例中对它的国家分支授予了重要权力，使得世界银行的发展贷款和建议可以更接近受援国的优先目标。在几个例子中，这被证明是非常成功的战略。在此基础上，世界银行整体的治理要素应该改革，以更好地赢得成员国信任，世界银行需要它们的合作，以便为世界银行作为一个发展援助的合作论坛注入活力。

---

① 还有其他国家。

总之，在更好地管理国家间和国家内部经济增长上，世界银行能够也应该发挥关键作用，从而确保全球经济的稳定性和平等性。世界银行能够做到这一点，世行不要将其研究和优先目标仅限于更为实用的和建立在经验基础上的政策建议，也要更平衡地强调单个国家所无法影响的全球制约性因素，这包括商品价格、能源价格、援助分配的波动和气候变化。一个改革后的世界银行能够成为有效的多边合作以及对诸议题进行治理的论坛。降低不稳定和不平衡、提高多边治理、发展制度需要三步改革：（1）重新定位世界银行的研究和政策，要有更为实用和经验导向的发展政策建议，以及强调单个国家无法影响的对发展问题的全球制约；（2）进一步促进世界银行作为一个可信任的援助协调中间人的作用；（3）改革世界银行的治理，从行长、决策机构、结构和董事会所在地开始。

结　论

本文认为，较之以前的时代，世界经济变得更加不稳定、不平等以及缺少治理，因此笔者强调更好的治理将降低全球经济中的不稳定和不平等，而WTO、IMF以及世界银行会在其中发挥重要作用。

关注所有成员国共同需要的WTO要限制其贸易谈判的议程，集中于所有国家真正共同认可的一组目标，这将会支持国际贸易规则（以及规则的执行），从而对于那些采取加速工业化政策的国家而言，发展的梯子才不会被撤掉。最后，WTO应该在信息发布、监督和执行贸易规则上发挥更积极的作用，尤其是当贸易双方的经济规模和谈判权力不平等时。通过这些方式进行治理，全球贸易安排将会更好地支持稳定和发展，从而超越发达工业国家的小集团，它们一直主导贸易规则及其实施。

IMF是货币政策和金融稳定多边谈判的必要论坛。在提供信息、建议和支持遭到自身难以控制力量打击的成员国方面，IMF能够发挥关键作用。但是IMF被广泛认为是美国或者七国集团的标准、价值和意识形态的推广者。有效的IMF需要根本改变其结构，包括改变总部所在地，分散权威、运行与信息搜集，进行改组，以使其为有需要的成员提供可行的、经过验证的建议。IMF 改革的障碍在于缺少可以信任和权威的论坛，在这样的论坛中，各国可以就改革问题进行谈判并达成协定。也就是说，改革后的 IMF 能够降低外部冲击的影响，而这些外部冲击会加剧全球经济的不稳定和不平等。

最后，世界银行的成立就是为了支持确保全球经济所有部分的增长，以及确保资助惠及社会内部所有成员的繁荣。世界银行在今天的全球经济中也能发挥这样的作用。但是，如果世界银行要同已经发生变化的全球援助、投资和新兴国家和发展中国家政策相适应，就需要改革治理结构。像 IMF 一样，世界银行必须改革调整，从而获得主要新股东的信任，如果世界银行能成为一个可信任的多边论坛，国家就可以在其中准备谈判，并在全球发展议题上展开合作。

全球经济治理与发展*

[韩] 潘基文　著　　李亚敏　编译**

一、导言

"联合国与全球治理"的第 65/94 号决议确认需要通过包容、透明和有效的多边方法来应对全球挑战,并重申联合国在当前寻求对这些挑战的共同解决办法方面的核心作用。① 本报告中提到的"全球经济治理"一词指的是多边机构和进程在影响全球经济政策、规则和法规方面发挥的作用。本报告主要讨论了会员国为加强全球经济合作国际框架以支持发展而提出的建议。本报告不涉及可持续发展的体制框架。

---

* 本报告是根据联合国第六十六届会议（A/66/506）和第六十七届会议（A/67/769）秘书长的报告整理形成的,原标题为"Global Economic Governance and Development Report of the Secretary-General"。本报告主要讨论联合国系统在更广泛的经济治理方面的作用以及联合国与二十国集团和各区域机构之间的关系,同时还就如何加强全球经济合作国际框架以支持发展提出了初步建议。

** 作者简介:潘基文（Ban Ki-moon）,韩国著名外交官、政治家。2007 年 1 月 1 日至 2016 年 12 月 31 日担任联合国秘书长职务。1970 年获国立首尔大学国际关系学士学位。1985 年,获哈佛大学肯尼迪政府学院公共行政硕士学位。本文经华东师范大学经济管理学部副教授李亚敏博士编译整理。

① 见 http://www.un.org/esa/ffd/economicgovernance/index.htm。

二、全球经济治理与发展之间的相关性

自六十多年前创建现行全球经济治理机制以来，世界各国在经济上的相互依赖日益加强。近几十年来贸易和资本流动急剧增加，使得单个国家，特别是小国和穷国更容易受到别国政策的影响。个人福利也受到了影响。一些人从这一趋势中获益，但另一些人却变得更加贫穷，其依赖性加大。然而，决策者和执行者的普遍共识是，政府政策和国际集体决策安排未能与时俱进。人们日益关切的是，现有治理安排未能充分反映民族国家数增多这一情况和特别是新兴市场经济变得日益重要所形成的新的经济现实。人们认为，缺乏一个便于有效达成共识的体制框架造成各国利益不同，甚至时常出现国家间利益冲突，特别是发达国家和发展中国家之间的利益冲突，致使更难以达成可执行的集体决定。

会员国的广泛共识是，全球治理体系需要更能应对相互关联的社会经济挑战。该体系应推动更连贯、更协调地应对各种危机，并且许多会员国认为，该体系应得到具有代表性和包容性的有效的机构的支持。因此，他们认为，治理机构应能解决全球经济失衡问题，促进实现具有包容性的可持续的公平增长，推进多边贸易协定，加强粮食和能源保障，为穷人和弱势人群提供社会保护，以及加强减少不公平现象的各项机制。

最近的金融危机凸显有必要加强国际宏观经济政策协调，并明确了执行合作行动的责任。问题是要确保国际社会能够以更及时、更有效、更合作的方式应对全球风险，能够制定相互兼容的财政、货币和汇率政策，并顺利实行支持问责和便利执行的各项机制。①

有效的全球经济治理对于实现千年发展目标和执行2015年后发展框架也至关重要。千年发展目标通过后，国际社会认识到，世界各国和人民之间的

---

① 见联合国：《2011年世界经济形势与展望》（联合国出版物，出售品编号：E.11.II.C.2），第40—42页。

相互依赖性不断加强，而且有必要建立一个框架，支持在21世纪实现具有包容性的公平的全球化。现在同以往一样面临的挑战在于有效落实大会和经济及社会理事会核准的多项承诺，以便建立更连贯、更一致的全球经济体系，以支持发展。①

三、全球经济治理框架

（一）主要结构单元和特点

经济和社会领域全球治理的特点是该体系高度分散，由多个政府间组织组成，而各组织的组成、结构和宗旨又各不相同。单个机构根据其自身的治理规则做出其专长领域内的关键性决定。许多机构是联合国系统的一部分；然而，各机构的政策问责仅局限于其成员国内，而各机构的成员组成可能又各不相同。此外，各国在这些组织的代表权问题也差别很大，从IMF和世界银行执行董事会的选区竞选制到大会简单的一国一票制各不相同。

应将由六个主要机关组成的严格意义上的联合国组织和由各专门机构、方案和基金组成的广泛的联合国系统区分开来。现行全球经济治理架构中还包括不正式属于联合国系统的若干机构，如世界贸易组织（世贸组织）、国际清算银行和金融稳定委员会。

区域和次区域层面也有经济治理方面的多个进程和机构，其架构在深度、宗旨和组成上都差别很大。这方面还有一些区域安排，特别是在以下三个领域的区域安排：（a）区域一体化和经济政策协调；（b）预防和缓解危机；以及（c）发展筹资。大多数机制侧重于贸易，其他协调方面的规定比较宽松。

---

① 见例如发展筹资问题国际会议上达成的《蒙特雷共识》《发展筹资问题多哈宣言》和世界金融和经济危机及其对发展的影响问题会议成果。

欧洲①、加勒比②和中东③的一体化程度相对更高。

区域和次区域开发银行主要提供投资、贸易和项目融资、支持经济发展和稳定融资渠道，因此被视为有效的发展筹资渠道。尽管各开发银行的优先事项和战略不同，但各区域都有开发银行。同样，为预防和缓解金融危机，各区域还有区域金融安全网。

联合国各区域委员会提供了促进政策对话与合作的重要政府间论坛。这些委员会旨在促进区域和次区域经济一体化，促进落实千年发展目标，支持实现区域可持续发展。

各主权国家还经常利用一些非正式安排和特设集团解决共同关心的问题。自20世纪70年代以来，由各国组成，被称为"集团"的小型特设集团开始越来越多地参与全球经济治理，即五国集团、七国集团、八国集团、十国集团、十五国集团和二十四国集团以及最近的二十国集团。这些小型集团通常是将一些有共同特点或共同利益的国家召集在一起，目的是促进就当今紧迫问题采取及时行动。与此同时，七十七国集团加中国也是支持发展中国家需求的政策对话中的一个重要利益攸关方。

非政府组织和私营部门在全球经济和社会领域发挥着越来越重要的作用。代表民间社会的非政府组织促进了发展，其重点尤其是社会方面、人权、消除贫穷、性别平等以及环境问题。这些非政府组织还参与了曾经完全由政府或政府间组织提供的服务，包括管理发展方案。世界经济论坛等独立的私营组织已成为多边利益攸关方对话的重要平台。在过去十年里，通过2002年3月18日至22日在墨西哥蒙特雷举行的发展筹资问题国际会议、2002年8月26日至9月4日在南非约翰内斯堡举行的可持续发展问题世界首脑会议和2008年11月29日至12月2日在多哈举行的审查蒙特雷共识执行情况的发展筹资问题后续国际会议以及推出企业社会责任概念的全球契约等主要的多利

---

① 欧洲联盟。
② 特别是在加勒比共同体和东加勒比国家组织内。
③ 比如海湾合作委员会。

益攸关方活动，整个联合国系统日益认识到私营部门发挥的作用及其重要性。私营部门组织、劳工工会和各国议会联盟以及非政府组织在国际标准和规范制定方面也表现突出。此外，私营部门在提供政策环境、技术方案、宣传和沟通、知识管理和资源调动方面也发挥了重要作用。

（二）认识到的缺陷和差距

许多会员国认为，目前的体制安排往往没有充分解决一系列紧迫的发展问题，包括降低全球经济失衡、推进促进发展的多边贸易协定以及减少自然灾害的负面影响。一些会员国认为，现有架构在合法性、问责、透明、效率和一致性等方面相互关联的不足也使其效力大打折扣。

联合国的独特合法性在于其能够提供一个真正普遍和包容各方的多边对话和标准制定论坛。但联合国的这一显著特点与大会一直实行一国一票的原则有关，许多会员国认为这一点使联合国无法就紧迫的经济和社会问题及时做出决定。一些会员国认为，联合国审议和集团谈判的特点使得更难快速找到多边解决办法，致使达成的共识最少。他们认为，这是促使实际的全球经济政策制定和执行从联合国秘书处转向依照自身治理架构运作的专门机构的部分原因。

在布雷顿森林体系这样一个相对较小因而应更有效的决策机构中，加权投票和选区制据说确保了各国的代表权，同时又反映了各国的经济实力。近年来，IMF和世界银行实施了一些重要改革，以解决发言权和代表权失衡的问题，并开始转向能更迅速进行应对和更负责任的治理。大多数发展中国家认为这些措施仍不能解决适当的代表权问题。

世界贸易组织与世界银行和IMF不同的是其决策权不下放给董事会或理事会或组织的管理层。所有主要决定通常都是全体成员国以协商一致方式做出。但最近的一个普遍做法是各谈判小组主席通过以更小范围协商方式寻求妥协。一些代表担心这些所谓的"绿屋"会议不透明、缺乏明确的代表权规定，而且可能会导致一些重要妥协是在他们不完全清楚和了解妥协会造成的全部影响的情况下达成的。

一些会员国感到关切的是，大多数全球经济政策的制定和执行都是在联合国以外，在一些自治机构，特别是布雷顿森林体系进行的。① 另一些会员国认为，联合国系统应当将经济政策咨询职能留给各专门机构，而余下机构不再参与，因为他们认为，这些专门机构拥有更强的技术能力，可以提供专门政策支持。不幸的是，尽管国际社会反复承诺要提高联合国在全球经济治理方面的协调作用，经济及社会理事会对此问题的审议所吸引到的财政、贸易和其他经济部委高级政府官员的参与，仍然不及布雷顿森林体系和世贸组织的相应审议所吸引到的参与多。

一些会员国认为，这可能相应也造成了在联合国各次首脑会议和会议上做出的承诺以及联合国主要机关做出的决定问责薄弱。他们所提出的一个例子是各国未能完成官方发展援助目标。其他例子包括对关于发展筹资的蒙特雷和多哈会议的后续机制的重视有限以及联合国在发展合作的关键领域（例如援助实效和税收）相对被边缘化。联合国各次会议和首脑会议上做出的承诺的审查和问责机制往往十分薄弱，而且经济及社会理事会及其各职能委员会做出的决定不具有约束力，这使得情况更加糟糕。

经济及社会理事会是联合国负责确保各相关经济和社会机构协调、一致和合作的主要机构。但许多会员国认为，由于分配给经社理事会的权力薄弱，以及（或）这一权力未得到充分使用，经社理事会无法令人满意地履行这一职能。虽然《联合国宪章》赋予了经济及社会理事会提出建议、做出决定的职权，但这些建议和决定对会员国或专门机构不具有约束力。因此，虽然各会员国反复重申经社理事会在促进联合国系统在经济、社会及相关领域开展活动的总体一致性、协调与合作方面的作用，但经社理事会在履行这一作用方面仍面临各种困难。

---

① 布雷顿森林体系是在1944年在布雷顿森林举行的联合国货币和金融事务会议上成立的。大会1947年11月15日第124（二）号决议核准了联合国与布雷顿森林体系间的关系协定（A/349），并确保两个机构的独立性。E/2009/115号文件概述了联合国与布雷顿森林体系间协定的执行情况，其中特别侧重于加强双方在经济、社会和相关领域的协作的创新机制安排。

发展筹资问题国际会议①上达成的蒙特雷共识鼓励联合国、世界银行和IMF与世贸组织一道在经济及社会理事会和布雷顿森林体系之间的年度春季会议上讨论一致性、协调与合作问题，以落实会议的精神。2005年世界首脑会议通过推出年度部长级审查和双年度发展合作论坛加强了经济及社会理事会作为政策协调和问责论坛的职能，但继续加强机构间协调仍面临困难。

在机构间层面促进协调、一致和信息共享的主要机制是联合国系统行政首长协调理事会（行政首长理事会）、经济和社会事务执行委员会和联合国发展集团。② 行政首长理事会自2000年成立以来已经在机构间协调方面进行了一些改进。其方案问题高级别委员会和管理问题高级别委员会在全系统关切问题和改革进程方面制定了更有效的协调方法。但行政首长理事会尚未充分发挥其潜力。有一种担心是，行政首长理事会可能缺乏加强全系统一致性所需的协调权力和问责。③ 经济和社会事务执行委员会也有同样的问题。一个总的认识是，该机构帮助促进了联合国秘书处多个实体工作的一致性，但会员国普遍认为，它还需要进一步加强其成员之间的协调，制定可以集体开展的战略优先事项，加强规范工作和操作工作之间的联系。例如，"一个联合国"的一些国家试点方案成功加强了联合国发展系统在国家一级的政策协调和有效性，这表明，联合国发展集团可以通过进一步加强联合国驻地协调员系统，提高协同效应和效率，改进联合国对国家发展计划和优先事项的支持。

许多会员国认为，竞争资金和业务做法过时阻碍了机构间合作。联合

---

① 《发展筹资问题国际会议的报告，2002年3月18日至22日，墨西哥蒙特雷》（联合国出版物，出售品编号 C. 02. II. A. 7）第一章决议1附件。

② 行政首长理事会由秘书长担任主席，由联合国系统28个成员组织的行政首长组成。经济和社会事务执行委员会由主管经济和社会事务部的副秘书长召集，旨在促进联合国内参与经济和社会领域规范、分析和技术工作的各实体采用共同方法。联合国发展集团由开发署署长主持，联合了联合国参与发展工作的32个基金、方案、机构、部厅，旨在协调、统一和调整联合国的发展活动。

③ 见《一体行动，履行使命：联合国全系统在发展、人道主义援助和环境领域的一致性问题高级别小组的报告》（A/61/583）。

国全系统在发展、人道主义援助和环境领域的一致性问题高级别小组着重指出：联合国各基金、方案和机构间在国家一级的业务不具有一致性。例如，该小组提出警告，超过三分之一的联合国国家工作队在当地有 10 个或更多的联合国机构。该小组认为，这有可能弱化方案干预的一致性，使低效、不透明和缺乏问责等缺点更为严重。会员国提出的第二个问题是，多年来，联合国系统的做法、程序和文化都是以一种一事一办的方式在演变，都是为了应对特定的情况以及机构、国家和捐助方的需求。在许多情况下，没有全系统的共同规则和程序，就更难利用各机构的协同效应。因此会员国认定，有必要制定一个更具连贯性的发展框架，以加强管理问责，提高实效。

在全球层面，会员国认为，缺乏一致、协调和合作还意味着在增长、财政、贸易、就业和其他问题方面做出的各项决定可能会相互不一致。为减少重复，避免政策议程相互冲突，同时加强互补，他们认为，应当更加明确现有各机构的作用。

建立在国际上具有一致性的有效金融监管成为了一个紧迫的挑战。针对最近的危机，许多会员国认为，迫切需要加强对金融行业的公共监督和管理。他们指出，现有的国际金融架构主要依赖诸如国际清算银行和金融稳定委员会等私营组织和机构，这些私营组织的职能有限，而且其成员也不具有充分代表性。

一些会员国认为，多边体系未能充分解决的另一个问题是主权债务重组问题（见 A/66/164）。他们认为，巴黎俱乐部以外的私人和官方债权人在外债总额中的重要性日益增加，这给巴黎俱乐部在内的官方债务重组机制带来了新挑战，因为巴黎俱乐部要求其债务人寻求包括私人债权人在内的其他贷款人能够给予类似待遇。①

---

① 关于穷国债务减免问题，截至 2010 年底，重债穷国倡议加上之后的多边减债倡议已经将符合条件国家的债务负担减少了 80% 多。

四、解决所认识到的全球经济治理中的不足和差距

(一)加强联合国系统的作用和效力

1. 最近的政府间任务

2009年世界金融和经济危机及其对发展的影响会议决心加强联合国及其会员国在经济和金融事务中的作用,包括其协调作用。2008年审查《蒙特雷共识》执行情况的发展筹资问题国际后续会议通过了《发展筹资问题多哈宣言》,其中强调,需要联合国参与以改善国际经济和金融体系的运作。为此,联合国政府间机构一直对全球经济治理问题相当关注。最近,大会第六十五届会议将"重申联合国在全球治理中的核心作用"作为其一般性辩论的重点。经济及社会理事会在其2011年与布雷顿森林体系、世贸组织、联合国贸易和发展会议举行的高级别特别会议中也讨论了这个问题。

大会在《2005年世界首脑会议成果文件》中呼吁进一步加强经济及社会理事会作为政策辩论和建立共识的论坛的作用。为承担这些任务,大会通过了第61/16号决议,该决议确立了年度部长级审查制度,以监测在执行包括千年发展目标在内的《联合国发展议程》方面所取得的进展;该决议还建立了发展合作论坛,以审查在国际发展合作方面的趋势和进展,包括援助实效。

2. 最近的改革建议

虽然在需要改革联合国机构如经济及社会理事会方面似乎达成了广泛的一致,但是在需要做些什么以实现这一目标方面的共识则要少得多。例如,一些有关设立一个协调和决策机制的建议呼吁创立一个新的机制,而另一些建议认为要加强经济及社会理事会和(或)其他现有机构的作用。

会员国最近一项建议呼吁设立一个级别相当于大会和安全理事会的新的

机制"全球经济协调理事会"。① 这个新机制将促进发展、保障主要国际组织在政策目标方面的连贯性和一致性，以及支持各国政府在增强全球经济治理的高效和有效办法方面建立共识。该建议假定在该理事会的代表性要以选区制为基础，其设计要能确保所有区域和重要经济体都得到代表，而且相关的全球机构也参与其中的工作。

另一项建议呼吁维持经济及社会理事会目前的组成，但要增加其政治影响力。这可以通过每年召开国家元首和政府首脑级会议审议全球经济治理方面重大决定来实现。还可将与会者主要是经济、财政及其他有关部长的讨论部门问题的部长级会议作为这些首脑会议的补充。

第三种建议呼吁减少经济及社会理事会的成员数。联合国全系统在发展、人道主义援助和环境领域的一致性问题高级别小组提出建立经济及社会理事会全球领袖论坛。该论坛将由经社理事会成员国中一半成员国的领导人组成，在地域选区代表性的基础上轮换，或采用指定席位和基于选区的席位相结合的方式，每个选区选出一个代表，而不是目前的两个代表。

第四种建议呼吁将现有大会总务委员会作为全球经济治理问题协调委员会，至少每年召开一次首脑级会议，时间在每年一般性辩论开幕前后。②

这种建议机制的支持者认为，这种机制做出的决定越具有合法性、可信性和权威性，就越能在确保更有效地做出决策的同时增强整个联合国系统的协调与合作。全系统在效率、问责制和透明度方面的相应改善必会改进不同机构之间的一致性和连贯性。最重要的是，他们认为，这个提议设在具有普遍性的联合国内的机制所具有的代表性将赋予其做出的决定一种权威，这是任何其他机构都无法比拟的。

3. 建议的有针对性的措施

除了创立新机构或调整现有机构这类更雄心勃勃的建议以外，一些会员

---

① 见《大会主席国际货币和金融体系改革专家委员会的建议》（A/63/838），第24段。

② 有人反对说，协调委员会可能会与布雷顿森林体系执行董事会的工作重叠，并得不到与IMF和世界银行秘书处向其董事会所提供的同样水准的专业支助。

国建议，可以考虑采取有针对性的措施，增强联合国机构和附属机构的运作，改善协调性和效率，并加强与非国家行为体的联系。有关建议可分为三类：加强联合国有关机构和附属机构的运作；提高机构间层面和业务层面的效率和协调性；以及提升联合国的信誉和形象。

（1）加强联合国机构的运作

为改善联合国机构及其附属机构在经济和社会领域的运作，已将关注点放在如何使经济及社会理事会更好地促进政策指导和辩论、促进联合国系统内的一致性、协调性与合作，以及对联合国的会议和首脑会议采取有效的后续行动。

考虑到经济及社会理事会担负协调作用，用于提升经社理事会在政策方面的可信度和效力的办法应包括在秘书处和政府间一级加强与布雷顿森林体系、世贸组织和其他有关利益攸关方的关系。一些会员国强调，在其可信度和效力得到提升后，经济及社会理事会将成为评价与全球经济治理结构有关的问题和差距的理想论坛。

所提出的增强经济及社会理事会协调作用的务实改变包括：在业务/国家一级扩大与各国主管当局的联系，更多地注重经社理事会的职能和责任，以及改进经社理事会与行政首长理事会之间的结构性互动。一些会员国还认为，更好地划分大会和经社理事会的作用和议程，可以使这两个机构的工作方案更好地相互补充。

同时可以更好地利用经社理事会的潜力，以促进对联合国的会议和首脑会议采取更有效和更综合的后续行动。有会员国建议，像年度部长级审查和发展合作论坛这样的论坛可以加强在执行国际商定发展目标包括千年发展目标方面的问责制。但是要实现这一目的，就必须要有适当的监测制度。[①] 在这方面，于联合国系统内外的有关机构和组织之间分享知识和信息仍然至关重要。为此，一些会员国认为，可以扩大年度部长级审查期间的国家自愿情况

---

① 对落实承诺的进展是否能进行有效监测取决于全球合作的情况，特别是国际机构之间的合作情况，以及与各国专家和统计师的密切协商情况。

介绍活动，以加大利益攸关方的参与和技术投入。同样，有会员国提议，发展合作论坛可以确保互补性，并促进与其他有关论坛的实质性联系，争取成为《联合国发展议程》包括千年发展目标更为有效的相互问责平台。

2011 年对大会关于加强经济及社会理事会的第 61/16 号决议（见 A/65/866）执行情况的审查产生了一些建议，这些建议涉及以下方面：增强理事会与联合国其他机构、专门机构、基金和方案的关系；加强理事会与布雷顿森林体系、世贸组织和贸发会议的年度高级别特别会议；使发展合作论坛的议程专注于数量有限的特定主题；增强国家自愿情况介绍活动和年度部长级审查的准备工作；以及改进理事会的工作方法。

一些会员国赞成改善大会在发展和国际合作方面的运作。例如，有会员国提议，大力加强执行《蒙特雷共识》和《发展筹资问题多哈宣言》所体现的全球发展伙伴关系的一个方法是：建立具有代表性的多利益攸关方"发展筹资委员会"，并以此为核心与正在讨论的范围更为广泛的全球经济治理机制建立联系。

（2）促进机构间协调

第二类建议措施涉及为在机构间和业务一级促进效率和协调所要采取的行动。联合国全系统一致性问题高级别小组在其报告中探讨了各种方法并提出建议，以进一步加强联合国对业务活动的管理和协调，从而改善这些活动在促进实现国际商定发展目标包括千年发展目标方面的有效性。为此，大会通过了一系列决议（第 62/277 号和第 63/311 号决议），着重指出了五个关键的关切领域：(a) 加强体制安排，以支持性别平等和妇女赋权；(b) 加强联合国系统在促进发展方面的业务活动的治理；(c) 改进联合国系统在发展方面的业务活动的筹资制度；(d) 一体行动；(e) 统一业务做法。秘书长也于 2009 年发表报告，除其他事项外，提出了改进发展方面业务活动的治理和财务报告的备选办法、建立一个独立的全系统评价机制的关键原则以及统一业务做法的办法。在 2010 年创建的联合国促进性别平等和增强妇女权能署是一个重要的里程碑，反映了联合国系统内在全系统一致性和协调性方面取得了重大进展。

为促进有力监督,谨慎和更完善地实施实地工作并取得成果,必须在联合国各机构的理事机构之间建立明确的问责制。最终,这种层面的协调意味着联合国系统确立了一个有效、合法和高调的管理机制。目前,在秘书处一级有这种制度即行政首长理事会,该制度推进了机构间协调,但尚未充分发挥潜力。目前,行政首长理事会在执行《联合国系统统一业务做法行动计划》方面,在对更公平的可持续全球化采用协调的系统方法方面取得了显著进展。但是,需加强该理事会与联合国政府间机构的互动。

加强政府间机制会有助于联合国系统在全球、区域和国家一级实现"一体行动"。在这方面,联合国全系统一致性问题高级别小组提议设立"可持续发展协调委员会",以取代各基金和方案机构执行局的年度联席会议。有会员国建议,可设想让该委员会纳入其他有关机构和多边机构。该委员会可对整个系统实施战略监督,审查国家一级"一个联合国"的执行情况,监督《联合国发展议程》筹资机制的管理工作,认可国家发展方案和批准相关拨款。

(3) 促进非国家行为体的参与

第三类建议措施是要与来自私营部门、民间社会、学术机构和智囊团的合作伙伴一起提升联合国作为分析中心和促进全球对话和共识的论坛的形象。在过去的几十年里,联合国系统内的政府间进程因越来越多的各种参与框架而得到补充;这些框架把会员国和非国家行为体联系起来,为政策分析、行动和评价工作采取联合举措。联合国可在秘书处和政府间一级进一步增强这些行为体在不少领域内的贡献。

同时应继续促进非国家行为体参与在联合国的政府间进程。有会员国认为,这种参与同样会增强它们在全球一级的问责制。一些会员国建议,除现有正式安排,如经济及社会理事会咨商地位以外,还可以考虑新的参与机制,以使会员国能就新出现的挑战和新出现的问题及时征询意见和专门知识。例如,《世界金融和经济危机及其对发展的影响会议成果文件》要求经济及社会理事会就是否有可能设立一个特设专家小组以提供独立技术专门知识和分析向大会提出建议,这种知识和分析"有助于国际社会在知情的情况下采取行动和做出政治决策,并促进决策者、学术界、各机构和民间社会之间开展建设性对话和交流"（第63/303号决议，附件，第56（e）段）。① 理事会建议大会进一步审议设立特设专家小组的可能性，同时应考虑各相关进程的成果（经济及社会理事会第2011/39号决议）。

非国家行为体的参与还可通过多利益攸关方举措得到进一步加强。各职司委员会和联合国各次主要会议和首脑会议的后续进程越来越多地吸引非国家行为体参与其各类会议。会员国提出的另一项建议是为扩大非国家行为体在多利益攸关方论坛中的参与做出非正式安排，会员国不妨进一步探讨这一问题。

（二）联合国与二十国集团之间关系的发展

作为自称国际经济合作首要论坛的二十国集团的出现反映了现有七国集团财政部长论坛显出的问题，也反映了若干新兴经济体在全球经济中日益增强的地位。

二十国集团成员数目有限，很多人认为这一点有利于主要经济参与者更有效、更及时地做出决策。二十国集团领导人不仅对最近的金融危机做出了有效的早期反应，而且采取了其他措施，例如强化财政资源、改革IMF的贷款机制以及减免海地欠国际金融机构的债务，因而加深了人们的上述看法。在金融监管改革中，二十国集团起到了加快金融稳定委员会取代金融稳定论坛过程的作用。它还承诺增强发展中国家在布雷顿森林体系中的代表权。

二十国集团已表明更愿意让非成员国参与，并愿意同联合国系统内相关利益攸关方建立新的安排，这些利益攸关方包括布雷顿森林体系、国际劳工组织、联合国粮食及农业组织（粮农组织）和贸发会议，还包括世贸组织、

---

① 专家小组还可有助于加强全球经济监测。在这方面，IMF独立评价办公室对全球危机来临之前IMF的监督工作业绩做了评价，确认了一些缺陷。IMF因此已采取行动，加强其监督活动［详细讨论情况请见IMF，独立评价办公室，《IMF在金融和经济危机来临之前的工作业绩：IMF 2004—2007年的监督工作》，2011年；《2010年世界经济和社会概览：重探全球发展之路》（联合国出版物，出售品编号：E. 10. II. C. 1），第五章；和A/66/167］。有关以往特设专家小组过去的职权范围和任何有关因素或经验的讨论情况，请见E/2009/113。

经济合作与发展组织、金融稳定委员会、国际清算银行、民间社会和私营部门。例如，在二十国集团多伦多首脑会议上，该集团各国领导人承诺与布雷顿森林体系密切合作，并承诺建立一个发展工作组。《首尔首脑会议宣言》补充了已有的发展承诺，特别是大会关于千年发展目标高级别全体会议的承诺。2011年，若干联合国组织与二十国集团成员国协同执行首尔多年发展行动计划，特别是落实粮食安全支柱。总体而言，国际组织的贡献在于提供报告所需的技术专长和实施其建议的能力。二十国集团已呼吁加强粮食安全政策的协调一致，并欢迎全球农业和粮食安全方案以及其他双边和多边举措，包括世界粮食安全委员会所取得的进展。

联合国系统的业务活动对于补充二十国集团的宏观经济和金融行动至关重要，特别是在解决最穷国家及其最弱势民众的需求方面。联合国系统对危机做出了协调反应，特别是行政首长理事会制定的九项联合应对危机举措。这些举措包括增加筹资帮助最弱势民众、粮食安全、贸易融资、绿色复苏举措、全球就业契约、社会保护最低标准以及改进监测和分析，包括开发有效的预警系统。所有这些举措都体现了被认为最有能力开展这些举措的机构之间的合作。该集团内外的会员国都鼓励联合国、二十国集团和其他多边组织努力继续保持互补性。

（三）区域机构的作用

区域机构和安排具有强化现有全球经济治理架构的潜力。它们所处的位置有利于了解和应对具体的区域需求，特别是小国家的需求。由于对自身所在区域有着更深的了解，它们有助于根据具体国家需求制定方案和手段。尽管IMF能在全球一级发挥宏观经济协调和监测作用，但是区域和次区域一级的类似工作能够补充和增强这种作用。[①] 借助于其遍布全球的机构，它们能够

---

① IMF虽然也有区域监测功能，但区域组织了解本区域特别是区域危机中的各个国家、趋势和有关情况，它们所处的位置更有利于发挥这一作用。

将区域和地方意见纳入全球决策的主流,这一直是联合国的优势之一。

较小和较穷国家往往受全球规则影响最大,而它们对规则的设计往往很少有发言权。因此,有会员国认为,区域安排有助于提高较小的最不发达国家的代表权,让它们发出更强的声音,掌握更多的自主权。因此,区域机构还有助于一个区域在全球论坛中形成一个更协调一致的声音,从而有利于向较小国家提供各种服务,例如技术支持或筹措流动资金。

全球化促进了区域内贸易和投资流动,增加了溢出效应的潜力。在这方面,区域合作可能有助于各国更好地调动资源、降低成本并从规模经济中获益。一些会员国强调区域机制在政策协调、宏观经济对话和监测以及制定区域危机管理手段等方面的作用。

一些会员国指出,全球、区域和次区域安排并存,可能意味着在某些情况下以互补方式提供服务,在另一些情况下则以竞争方式提供服务。据认为,这种安排的益处在于,由多种多样的机构提供服务将会带来更大的稳定性,增强较小国家的发言权和代表权则会带来更好的平衡。这还可以使国际社会能够研究和利用这些安排中的协同效应。

一些会员国认为,作为第一步,可以加强区域一级与全球一级的联系,以便各项区域和全球工作可以互通信息。在联合国内部,有会员国认为,这可以通过加强经济及社会理事会以及各区域委员会的协调、促进和召集作用来实现,因为这些区域委员会有助于就经社理事会年度部长级审查的专题焦点阐明区域观点。

(四)应对相关挑战

全球经济治理方面还有其他重大挑战,需要认真对待。这些挑战包括需要加强发展中国家在非联合国机构中的代表权[1],提高用于解决目前在联合国系统外处理的紧迫经济问题的各种框架的效力,并加强南南合作及三角合作。

---

[1] 见《发展筹资问题多哈宣言》(大会第63/239号决议,附件),第77段。

布雷顿森林体系实施了一些改革，以实现这两个机构的更为有效、充分、合法的国家代表性。尽管这些改革在总体上受到欢迎，被认为是向正确方向实施的步骤，但是一些会员国敦促进行更多改革，包括确保在领导人的甄选上采取更具包容性的做法。同样，会员国鼓励加强发展中国家在其他制定标准和规范的机构（例如国际清算银行和金融稳定委员会）中的代表性。

需要采取系统性措施，解决治理安排中妇女代表不足的问题，这一问题造成主要政治决策和资源分配往往未考虑性别平等，因而无意中造成性别不平等长久化。对此需要进行改革，确保妇女平等参与，提高妇女在经济治理中的声音和影响。

需要做出努力，充分发挥现有多边框架的潜力。国际社会必须携手合作，完成多边贸易谈判多哈回合，走向一个自由、公正、开放、公平的贸易体系，这一体系应顾及发展中国家特别是最不发达国家的利益。

会员国呼吁建立更利于发展的全球经济治理体系，以帮助发展中国家应对没有多边框架加以规范的一系列广泛的紧迫问题，如实现长期债务可持续性，加强税务合作，促进商品市场减小波动，保障粮食和营养，促进性别平等，利用新技术，保护移民的权利及其重要经济贡献等。会员国还重申先前关于改善国际金融架构以支持发展的提议。在这方面，联合国大会主席国际货币和金融体系改革专家委员会吁请考虑设立一个全球金融主管机构，负责协调金融监管，包括对某些全球规则进行监督。

全球经济治理中还应纳入对经济和社会风险，包括对自然灾害相关风险的预测和反应机制。秘书长的"全球脉动"举措重点关注利用新技术和数据，更好地理解全球冲击，如粮食危机、燃料危机和水危机对弱势民众的影响。"全球脉动"是一个创新的实验室，它与会员国和其他伙伴密切合作，研究、开发、测试和分享利用实时数据发现可能意味着发展发生逆转的集体行为变化的工具和方法。在全球危机初步显现时即了解其"如何、何地和何时"的问题，特别是人们如何应对其影响，这可以提高适应力，保护来之不易的发展成就。然而，还需要取得进一步进展，才能更好地协调预测和减轻风险以及防备危机的国际行动，包括发展中国家的危机管理能力建设。会员国还认为，帮助减轻脆弱性的经过强化的综合危机管理框架还应当考虑各种中长期手段，例如减轻经济危机对弱势民众影响的社会保护计划、灾害风险勘测以及减灾措施。①

最后，会员国确定有必要协调发展中国家的政策，以帮助促进南南合作及三角合作，特别是支持最不发达国家。有会员国认为，由于南南合作大多是在区域和次区域一级开展，这些机构在很多情况下能提供考虑有关问题的适当环境。同样，参与三角合作的发展中国家和发达国家也会获益于促进统一做法的有效体制框架。

五、近期的国际事态发展

（一）加强二十国集团与联合国的接触

在全球金融和经济危机期间和之后，二十国集团的主要侧重点是解决危机带来的紧迫问题，协调相关政策。该集团还在一定程度上处理了全球经济治理问题。

在2011年戛纳首脑会议上，二十国集团认为，在团结主要经济体，无论是发达经济体还是新兴经济体、协调它们的政策以及为解决全球经济相互依存的挑战达成必要的政治协定方面，该集团都具有独特作用。二十国集团还强调，该集团将继续作为一个由各国领导人主导的非正式集团，并成为国际治理总体框架的一部分。为此，二十国集团领导人在《戛纳宣言》中决定，将寻求同非成员、包括联合国在内的区域组织和国际组织以及其他行为者开展持续有效的接触。

在讨论全球经济治理的范围内，一些会员国、主要是全球治理小组成员呼吁，考虑到联合国和二十国集团工作具有互补性，应增强两者之间的关系。这方面的一贯做法是，由二十国集团主席在该集团首脑会议之前和之后向大

---

① 见 http://www.unglobalpulse.org/。

会定期通报情况。许多会员国一致欢迎这一做法，认为这是朝着加强联合国和该集团之间的接触向前迈出的一步。该集团在墨西哥洛斯卡沃斯举行首脑会议之前，全球治理小组在给秘书长的信（A/66/821）中提出以下建议：(a) 促进协调一致的全球治理框架：联合国和二十国集团之间开展建设性接触；(b) 促进可持续发展、绿色增长和应对气候变化。二十国集团轮值主席国墨西哥在答复中确认，全球治理小组的建议在洛斯卡沃斯会议得到了适当考虑，有助于这次会议取得圆满成果。

全球治理小组于2012年9月28日在纽约举行第五次部长级会议，敦促二十国集团加强与非成员以及区域组织和国际组织的接触。全球治理小组成员国各国部长特别呼吁二十国集团在与非成员和各集团，例如全球治理小组的协商之外，想方设法将其意见纳入二十国集团的成果文件。

二十国集团内部的讨论不仅侧重发达经济体之间的政策协调，而且认识到新兴市场在这一体系中的重要作用，并审议了发达经济体的行动对新兴市场和发展中市场带来的溢出影响。在此背景下，该集团呼吁 IMF 等机构强化监督框架，协助分析全球经济再平衡以及传统和非传统的货币政策所带来的意外溢出影响。联合国各机构目前还参与支持为实现强劲、平衡和可持续增长开展的工作，这为在全球经济政策辩论中纳入更多观点提供了一个渠道。实现全球经济复苏和稳定金融体系将对联合国成员的经济产生深远影响。

二十国集团一直通过开展对话，增强发展中国家在多边机构，包括布雷顿森林体系以及国际清算银行、金融稳定委员会等其他制订标准和制订规范机构中的发言权和代表性。该集团还积极主动地征求联合国和其他相关机构以及其他多边机构的意见，以消除多边框架中存在的差距，并制订解决金融监管、债务可持续性、税务合作、长期发展筹资、劳动力市场、创造就业等关键问题的对策。在二十国集团框架范围内建立的传统是，多边机构与联合国紧密合作，在面对跨部门挑战时适当关注涉及所有国际组织之间政策协调一致的问题。二十国集团的筹办人做法是向秘书处经济和社会事务部、联合国开发计划署、国际劳工组织、联合国贸易与发展会议等一系列机构征求意见，为发展问题工作小组提供投入，具体包括联合国对世界经济和前景、气候融资、就业、金融包容性和长期投资融资。

（二）改革国际金融机构和贸易机构

改革国际金融机构和贸易机构是一个重要因素，可以让全球经济治理更具参与性，更加有利于实现可持续发展和绿色增长。

扩大和加强发展中国家在多边框架和标准制定机构的发言权和参与，仍然是全球政策议程中的一个优先事项。IMF 和世界银行已采取重要步骤，以朝着一个更具有代表性、更及时做出回应和负责任的治理结构迈进。尽管取得了进展，IMF 在 2010 年开展的治理改革还有待于 IMF 成员批准。一揽子改革倡议若要全部生效，还必须 IMF 188 个成员中五分之二拥有基金 85% 总表决权的成员①同意改革执行局的拟议修正案，还需要拥有不低于 70% 总份额的成员赞同增加份额。② 截至 2013 年 2 月，有 70.8% 的总表决权的 133 个成员接受了该修正案③，而拥有 77.1% 总份额的 146 个成员已经同意增加份额。只要最大的利益攸关方完成必要的步骤，就可以通过整个一揽子倡议。2013 年 1 月，IMF 执行局向由 188 个成员组成的基金理事会提交了关于审查份额分配办法结果的报告，其中表示，在确定关键要素方面已经取得进展，可以为新份额分配办法最后协定奠定基础。根据商定，这将为执行局就新的份额分配办法达成一致奠定良好基础，更好地反映成员在全球经济中的相对地位，将此作为将在 2014 年 1 月完成的第 15 次份额总审查工作的一部分。④

世界银行的一贯自我定位是，为支持 2015 年后发展议程提供服务并与联合国协调。世界银行设立了金融发展委员会，目的是协助世界银行集团实现其在金融发展各个领域的潜力，包括在长期金融和包容性金融方面的工作。

---

① 即 113 个成员。
② 截至 2010 年 11 月 5 日。
③ 见 www.imf.org/external/np/sec/misc/consents.htm。
④ IMF Executive Board Reports on the Quota Formula Review, press release No. 13/30, 30 January 2013.

除其他事项外，金融发展委员会将继续各种伙伴关系，促进与二十国集团财政轨道和 IMF 的政策协调，支持与外部组织开展的现有工作和举措。

此外，会员国在联合国可持续发展大会上确认，联合国系统各方案、基金和专门机构以及其他相关实体，例如国际金融机构应适当重视可持续发展问题。进一步审查国际金融机构在这方面的治理架构以及业务政策和文书，将有助于加强全球经济治理，支持可持续发展。

在国际贸易方面，在尊重透明、包容性和协商一致决策原则的同时，以发展为导向推进全球贸易谈判依然是一个重大挑战。此外还出现其他一些问题。一些国家认为，这些问题对于建立更加平衡和有效的多边贸易制度十分重要，其中包括全球和区域供应链治理、粮食保障、气候变化与贸易有关的方面，以及双边和区域贸易协定的大量出现所带来的影响。在世界贸易组织和其他方面协助下，二十国集团目前还正在讨论其中一些主题。

气候变化与贸易有关的方面是发展中国家面对的关键问题之一。绿色经济可以开辟新的市场，为所有国家带来贸易机会，创造就业。然而，有一种观点认为，一些支持绿色经济的政策可能会限制市场准入，扭曲了国际竞争力，甚至在某些情况下不符合多边贸易规则。因此，更好地了解这些规则以及绿色经济政策的潜在影响将是有益的。世贸组织为成员国提供一个平台，用以监测和讨论绿色经济和国际贸易的相互作用，包括贸易与环境委员会。

（三）大不列颠及北爱尔兰联合王国政府关于治理促进增长：就未来建立共识的报告

2011 年 11 月，英国首相戴维·卡梅伦发表题为"治理促进增长：就未来建立共识"的报告。这份报告是根据二十国集团轮值主席国法国提出的要求编写的，准备向 2011 年 11 月 3 日和 4 日举行的二十国集团戛纳首脑会议提交。联合王国的报告表示，步入更加切实有效的治理之路并不一定需要建立新的机构和进程。报告同时强调，需要采取共同行动的政治意愿，还需要为协调政策和促进现有机构的能力建立必要的政治共识，以便在其现有任务规定内更加有效地开展工作。

该报告呼吁二十国集团和联合国彼此密切合作,使这一合作为双方带来最大价值。报告强调,两个实体必须为更加频繁地开展沟通寻找切实有效的途径,支持彼此的目标。报告表示,该集团应通过各种渠道加强与联合国的接触并使之制度化。这包括认可全球治理小组关于把情况通报和与联合国会员国的磋商的做法定期化的建议,以确保二十国集团每位轮值主席在前任、现任和继任主席"三驾马车"范围内任命一位资深官员负责这一接触,保持连续性,利用现有的联合国进程,例如大会非正式专题辩论来确定和重视各种问题,以便联合国会员国就联合国和二十国集团共同感兴趣的问题开展辩论。此外,报告呼吁二十国集团加强全球可持续发展治理的协调一致。联合国筹备官员每年向大会通报该集团的审议情况。

报告认为,需要继续改革 IMF 和世界银行;加强金融稳定委员会的运作,使之能够有效地解决近年来导致世界金融和经济危机的一些根本性问题;通过各种措施,使世贸组织的活动和规则与当前的商业现实更密切地保持一致;在一系列政策领域逐步制订更加有效的全球标准,包括让所有关键行为者参与现有标准和未来标准的制订工作。报告还强调,应加强各机构和进程的协调一致,特别是负责在能源、环境、发展等调查领域应对挑战的机构和进程。

(四)联合国可持续发展大会

1. 可持续发展方面存在的广泛治理挑战

大会第 66/288 号决议认可了联合国可持续发展大会①题为"我们希望的未来"的成果文件。文件强调,必须通过经济增长和多样化、社会发展以及环境保护加强国际合作,实现可持续发展。在这方面,各国政府强调金融、债务、贸易和技术转让领域,以及革新、创业、能力建设、透明度和问责极

---

① 2012 年 6 月 20 日至 22 日在巴西里约热内卢举行。

其重要。

成果文件在可持续发展和消除贫穷背景下为绿色经济确立了广泛的治理范畴。这些政策应当符合国际法；尊重各国对本国自然资源的国家主权；享有有利环境，得到运作良好的各级机构的支持；推动包容性的持续经济增长，使所有人获益，并尊重所有人权；考虑到发展中国家，特别是处境特殊的国家的需要。

此外，绿色经济政策还应当加强国际合作；切实避免官方发展援助和供资附加不必要的条件；不成为任意或无理歧视或变相限制国际贸易的手段；帮助缩小发展中国家与发达国家之间的技术差距；增进弱势群体的福祉；确保妇女和男子的平等贡献；促进发展中国家开展有助于消除贫穷的生产性活动；处理有关不平等的问题，促进社会包容，包括推行社会保护最低标准；推广可持续的消费和生产方式，并继续努力，采取包容性的公平发展方针，消除贫穷和不平等现象。

绿色经济政策被认为是一个涉及多个利益攸关方的努力。在这方面，各国政府应提请各有关利益攸关方，包括联合国系统以及其他相关政府间组织和区域组织、国际金融机构和主要群体，支持发展中国家，特别是在最不发达国家实现可持续发展。

成果文件突出强调，公共和私营部门均能为实现可持续发展背景下的绿色经济做贡献，包括通过公私伙伴关系这一重要工具。具体而言，成果文件呼吁建立监管和政策框架，以帮助工商界推进可持续发展举措。企业应采用负责任的商业做法，例如联合国全球契约所倡导的那些做法。

成果文件重申，一个普遍、有章可循、开放、非歧视和公平的多边贸易体制可以在可持续发展方面发挥作用。成果文件敦促世界贸易组织成员加倍努力，以雄心勃勃、平衡、面向发展的方式完成《多哈发展议程》中提出的目标，同时尊重透明、包容和协商一致的决策原则，从而加强多边贸易体制。成果文件还重申，发展中国家需要得到所有利益攸关方的援助和更多合作。

各国政府承认有必要提高官方发展援助的数量和质量，加强其对发展的影响。它们认识到,在过去几年里,援助结构发生了巨大变化,出现了新的援助提供者和新型伙伴合作方法。由于发展援助与私人投资、贸易和新的发展行为体之间的相互作用,在利用私人资本流动方面出现新的机会。此外,各国政府重申对南南合作以及三角合作的支持。南南合作应被看作国家之间团结与合作的表现,应当补充而不是取代南北合作。

各国政府还突出强调,新型伙伴关系和创新性筹资来源可以在补充可持续发展传统筹资来源方面发挥作用。创新性筹资机制可以帮助发展中国家在自愿的基础上调集更多资源,应在适当情况下加以扩大。创新资金来源可以作为可持续发展议程的一部分,帮助为减缓和适应气候变化以及控制传染病筹集资金。

在成果文件中,各国政府呼吁,与绿色经济过渡有关的各种供资机制和举措在可持续发展背景下加强协调一致。各国政府强调,需要为联合国发展系统的业务活动提供足够资金,需要使供资更可预测,更具实效,效率更高,作为调动可预测的额外新资源的广泛努力的一部分,以实现成果文件列出的各项目标。全球环境基金在过去20年里为环境项目供资的工作得到了确认。但也提出了具体建议,以改进其治理、提高其能力,从而有效提供资源,满足各国履行其国际环境承诺之需。例如,各国政府表示支持进一步简化程序,支持为发展中国家提供援助,并加强同其他侧重环境可持续发展的工具和方案的协调。

当前全球经济和金融挑战可能会严重破坏在减免发展中国家债务方面来之不易的成果,各国政府对此表示关切。仍有必要支持发展中国家实现长期债务可持续性。此外,制定协调一致的政策推动债务筹资、债务减免和债务重组的重要性也得到了确认。

特别是,必须进一步加强各国际金融机构的可持续发展主流化工作,将其纳入各自的任务、方案、战略和决策进程。谈到这些机构的治理,各国政府重申,必须加强发展中国家的参与,以提高这些机构的实效、信誉、问责力度与合法性。各国政府注意到,布雷顿森林体系最近就治理结构、份额和表决权改革问题作出重要决定,以便更好地反映当前现实,让发展中国家有更多发言权，能更多参与。

此外，各国政府还呼吁联合国发展系统各基金、方案和专门机构的理事机构将可持续发展三个支柱纳入其业务活动的主流。他们认识到，提高联合国发展系统的实效、效率和一致性，这三者之间与促进可持续发展有着相辅相成的关系。

成果文件强调，有必要在区域、次区域、国家和地方各级促进对可持续发展三个支柱的统筹兼顾。各国政府鼓励区域、国家、国家以下和地方各级当局制定和利用可持续发展战略，将其作为指导各级决策和落实可持续发展的主要手段。各国政府还强调，包括联合国区域委员会及其次区域办事处在内的区域和次区域组织，可在促进各地区统筹兼顾各自可持续发展的经济、社会和环境层面的工作中发挥重要作用。

2. 加强联合国系统内促进可持续发展的体制框架

在成果文件中，各国政府强调，必须加强可持续发展体制框架，使其能够一致有效地应对当前和未来的挑战，同时高效率地弥合可持续发展议程执行工作中的差距。成果文件载有加强可持续发展方面政府间安排的具体条款。其中，各国政府认识到一个包容、透明、经过改革、强化且具有实效的多边体系的必要性，并重申致力于提高和加强联合国系统的实效和效率。

各国政府进一步强调，新的促进可持续发展体制框架应增强协同作用和一致性，设法避免重复，消除联合国系统内不必要的重叠，减少行政负担，并借鉴和利用现有的安排。这意味着维持各机构、机关和论坛之间既定的分工，并尊重各种不同行为体之间的相对优势。

各国政府重申大会在全球事项上拥有的作用和权威，以及作为联合国主要审议、决策和代表机关所具有的中心地位。为此，各国政府呼吁大会在制定议程时，包括在定期高级别对话期间，适当处理可持续发展问题。同样，各国政府确认经济及社会理事会作为对联合国经济、社会、环境和相关领域各次主要会议和首脑会议成果文件采取综合协调后续行动的主要机关的职能，以及对于统筹兼顾可持续发展三个层面的关键作用。

3. 高级别政治论坛

在成果文件中,各国政府决定借鉴可持续发展委员会的长处、经验、资源和包容性参与模式,设立一个具有普遍性的政府间高级别政治论坛,最终取代可持续发展委员会。各国政府决定,这一高级别论坛可以提供政治领导,加强对可持续发展三个层面的整合,提供一个活跃的平台以开展定期对话,并制定一份重点突出、具有能动性、面向行动的议程,确保适当审议可持续发展的新挑战和正在出现的挑战。此外,论坛还可以跟进并审查履行各项可持续发展承诺的进展,鼓励联合国各机构、基金和方案以及其他相关利益攸关方以高级别参与全系统的活动,提高全系统在可持续发展方面的一致性、协调与合作,促进共享最佳做法和经验,并加强科学与政策的衔接,加强各级循证决策。

4. 可持续发展目标

尽管各国政府强调坚决致力于充分、及时地实现千年发展目标,但也决心建立一个政府间进程,以便制定有待大会商定的全球可持续发展目标。用它们的话来说,这些目标应当着重行动,简明扼要,便于传播,数目不多,具有雄心,具有全球性,普遍适用于所有国家而又考虑到各国不同的国情、能力和发展水平,同时尊重国家政策和优先目标。按照成果文件的呼吁,大会启动了一个大会可持续发展目标开放工作组,由联合国五个区域集团会员国指定的30名代表组成。该工作组将向大会第六十八届会议提交一份报告,内载关于可持续发展目标的提议,供其审议和采取适当的行动。各国政府着重指出,这一进程需要与审议2015年后发展议程的进程协调一致。

5. 可持续发展融资战略

成果文件认识到,需要调集大量的资源来促进可持续发展。为此,各国政府同意设立一个由各区域集团提名的30名专家组成、体现公平地域代表性的政府间委员会,以便编写一份报告,提出有效的可持续发展融资战略备选方案，推动为实现可持续发展目标调集并有效利用资源。该委员会将在2014年年底之前完成其工作，并将编写一份报告，提出实现可持续发展目标的有效的可持续发展融资战略备选方案。

在成果文件的基础上，经济及社会理事会第2012/31号决议以及大会第67/199和第67/203号决议回顾该文件第255至257段并强调指出，需要增强一致性和协调，并避免在发展筹资进程方面所作的努力出现重叠。

（五）联合国其他有关进程

1. 加强发展筹资后续进程

关于改进发展筹资后续进程的讨论提出了对全球经济治理的一些影响。秘书长在关于发展筹资后续进程的方式的报告（A/67/353）中提出了加强发展筹资政府间后续进程的三种选项：（a）现行发展筹资进程方式保持渐进式演变；（b）创建新的政府间机构，以加强发展筹资后续进程；（c）确保与可持续发展筹资政府间进程保持协调一致。

大会题为"发展筹资问题国际会议的后续行动"的第67/199号决议第32段重申了第三种选项。此外，在同一决议中，大会决定为审查和探索发展筹资进程的模式，包括为加强该进程可能作出的安排以及综合统筹各发展筹资进程的各种选项，举行开放、透明和包容性协商，其中应考虑到秘书长关于发展筹资后续进程方式的报告所载建议。

2. 阐述2015年后发展议程

自2000年以来，千年发展目标一直是全球发展框架。随着实现这些目标制定的目标日期临近，目前正在筹备制定2015年后全球发展议程。这一进程将包括讨论如何加强全球治理机制，以实现会员国确定的新的发展目标。此外，会员国在联合国可持续发展大会上强调，制定一套可持续发展目标的政府间进程需要与2015年后发展议程相协调。

联合国系统2015年后联合国发展议程工作队在其题为"实现我们希望人

人享有的未来"的报告中提出了一些对这一议程的初步想法。工作队提议，议程保留基于具体的最终目标和具体目标的格式，这被广泛视作千年发展目标框架的重要优点之一。此外，议程要应对自《千年宣言》通过以来日益紧迫的若干挑战，如不平等、气候变化、可持续发展及和平与安全。工作队主张，要重视人权、平等和可持续性等核心价值观，并整合以下四个主要方面：（a）包容各方的社会发展；（b）包容各方的经济发展；（c）环境可持续性；（d）和平与安全。

工作队的报告强调，要侧重于包括治理在内的一整套促进因素，为2015年后框架提供支助。需要重新评估多边贸易、金融和环境结构，以确保加强一致性，使之能够更有效地促进2015年后议程的执行工作。近年来发生的粮食、燃料和金融危机突出显示了全球经济和金融系统的内在关联性。气候变化、移徙活动日益增加和金融不稳定等挑战可造成全球后果。然而，为管理这些进程制定的政策、规则和制度仍大都立足于国内，而全球机制被严重条块分割。此外，全球治理机构不仅构成不同，成员之间的发言权和权力分配也有所差异。这些情况进一步突出显示有必要改革全球治理机制，消除一些全球治理制度中的民主缺失，使其决策具有合法性。

各国设立了应对各种挑战的区域制度安排，其中包括金融合作区域机制以及处理区域移徙问题的非正式安排。这些安排对应对具体的区域需求具有重要意义，但可能需要加以协调，以避免在政策上各自为政，与多边机制和国际标准没有保持一致。

3. 联合国系统发展方面业务活动四年度全面政策审查

大会的四年度全面政策审查，是联合国发展系统运作的主要政策工具。2012年12月21日，大会通过了关于联合国系统发展方面业务活动四年度全面政策审查的第67/226号决议。该决议核准的变动表明，会员国重视提高全系统一致性，把这作为改善联合国发展系统一致性和效力的一个战略。该决议特别强调指出，需要让联合国发展系统更切合需要，更一致、更切实有效地支持发展中国家实现国际商定发展目标。该决议还确认经济及社会理事会依照《联合国宪章》规定在各基金、方案和专门机构的总体协调方面发挥了主要作用。

在该决议中,大会还确认了改善业务活动以及诸如自由、和平、安保和人权等准则和标准之间联系的意义,以及把可持续发展纳入联合国各实体的授权任务、方案、战略和决策进程主流的重要性。而且,这是在政府间一级首次认可"一体行动"模式,尽管这一模式仍是自愿选项。

4. 关于2012年世界经济和金融状况的高级别专题辩论

大会主席和秘书长2012年共同举办了关于2012年世界经济和金融状况的大会高级别专题辩论①,辩论突出显示了联合国在审议全球经济和金融问题及其对发展的影响方面发挥的作用。会议旨在探讨如何改善全球整体经济和金融状况,讨论其对发展努力和社会进程的影响。为期两天的活动包括全体会议②以及讨论下述议题的四次圆桌会议:(a) 解决失业问题,创造就业,特别是为妇女和青年创造就业,并消除贫穷;(b) 降低债务脆弱性,控制通货膨胀/通货紧缩;(c) 限制商品价格浮动,增加生产、贸易和投资;(d) 增强金融领域的稳定性、可预见性和透明度。会议发出的一个主要讯息是,世界经济和金融正面临紧迫挑战,需要采取强有力、经国际协调的政策措施;联合国可在促进包容性、平等经济增长和减贫方面发挥核心作用。

这一活动极大促进了2009年世界金融和经济危机及其对发展的影响会议的后续进程。在联合国范围内针对经济和金融问题及其对发展中国家和小经济体的影响举办最高政治级别的类似讨论,将有益于建立更具包容性和参与性的全球经济治理框架。

5. 经济及社会理事会改革

自20世纪90年代中期以来,经济及社会理事会在实施和监测联合国发展议程方面发挥了主要和逐步推进发展的作用。在联合国可持续发展大会成

---

① 2012年5月17日至18日,纽约。
② 其中包括首脑部分和部长级部分。

果文件中，世界各国领导人明确承诺加强经社理事会的作用，并认识到经社理事会对于统筹兼顾可持续发展的三个方面具有关键作用。在立即采取的会议后续行动中，会员国在2012年9月举行经济及社会理事会部长级特别会议，表示支持在全系统范围内对理事会议程制定、工作方法和多方利益攸关方的参与等事宜进行重大的重新审议或"重新考虑"。

根据理事会第2012/30号决议的规定，正在讨论加强理事会的若干意见，包括加强其在整合可持续发展三个支柱方面的作用。理事会提议通过一个年度主题，让经济及社会理事会整个系统所有有关方面根据其专长领域参与讨论。此外还建议，由经社理事会规定在整个日历年分别召开会期较短、侧重于具体问题的届会。这一提议的设想是，召开一次年会，审查经济及社会理事会整个系统的工作以及整合可持续发展三个支柱的情况。关于其发展筹资工作，经社理事会主席提出设立一个由主席团以及布雷顿森林体系、世贸组织和贸发会议的代表组成的工作组，以促进各组织工作的一致性。理事会还将致力于加强协调一致性，避免在发展筹资和可持续发展筹资的工作中出现重叠情况，这与联合国可持续发展大会的成果文件保持了一致。

联合国可持续发展大会的成果文件还规定建立经济及社会理事会与今后高级别政治论坛之间的联系，以避免工作重叠或建立平行轨道。在确定论坛工作方法过程中可制定联系条款。理事会下设一整套机构，可有效地用于为论坛提供支持，还可生成和提供研究、证据、知识网络和伙伴关系，论坛可予以利用以提高效力。

6. 加强七十七国集团的作用

七十七国集团在联合国政府间机制的审议和决策进程中的突出作用是制定和实现联合国发展目标的关键。在联合国努力围绕2015年后发展议程[①]指明一条更加协调一致的路径之际，这有着特别重要的意义。2013年1月15日，秘书长在七十七国集团主席交接仪式上讲话，强调七十七国集团在涉

---

① 包括联合国可持续发展大会后续行动。

五年行动议程问题上发挥参与和领导作用的重要意义,这些问题包括可持续发展;预防冲突和灾害、践踏人权和发展受挫;建设一个更安全和更有保障的世界;支持转型期国家;赋权妇女和年轻人。随着七十七国集团就发展问题逐渐形成协调一致的立场,其还可作为与二十国集团互动的一个平台。

(六) 与非国家行为者接触

1. 加强与民间社会和私营部门的接触

各国政府、国际组织、民间社会、私营部门和其他相关利益攸关方之间的接触和伙伴关系可在很多情况下促进更多地利用知识和资源,提高公众对发展倡议的参与和支持,推进多个层面的能力建设和政策制定。①

在 2012 年联合国可持续发展大会成果文件中,各国政府强调了非国家行为者在促进可持续发展方面的重要作用。它们指出,公众的广泛参与、信息的传播、司法和行政程序对促进可持续发展不可或缺,在这方面,他们确认与民间社会和私营部门保持积极接触具有重要意义。

各国政府确认了民间社会的作用以及让所有民间社会成员积极参与可持续发展的重要性。它们认识到,扩大民间社会的参与取决于加强信息传播、建设民间社会的能力以及促进政府和公众之间的信息流动等。出席联合国可持续发展大会的各国领导人还指出,公私部门之间保持积极接触有重要意义。在这方面,他们强调公私伙伴关系是一个重要工具,鼓励业界、有关政府和相关利益攸关方在联合国系统支持下,酌情制作最佳做法模型,便利整合可持续性报告工作,同时考虑到现有框架的经验,特别注意发展中国家在能力建设等方面的需求。

总之,出席大会的各位领导人认为,若工商企业和民间社会不积极参与政策制定和实施工作,那么,就不可能针对各种挑战、迅速有效地推动可持

---

① "Major Groups and Stakeholders Advisory Group on International Environmental Governance" submission to the "Global Sustainability Panel", 28 March 2011。

续性的政治行动。

2. 民间社会

民间社会对全球经济治理和发展问题已提出各种看法。近年来,各方面的民间社会代表在各种论坛、报告和出版物中提出的观点强调,多边主义若要取得成功,就需要开展更一致和更包容各方的治理,包括建立一套更全面的制度,且让所有相关利益攸关方参与进来。围绕这一主题提出了若干建议,具体如下:

各国政府和多边组织在扩大与所有非国家行为者(包括各种民间社会实体)的伙伴关系与协作方面持开放态度,以利于提出切合实际的解决办法。

全球治理结构改革应在所有利益攸关方中加以讨论,并对各级决策产生影响。有意义的改革进程,应让发展中国家参与所有阶段,并能够在区域、次区域、国家和地方等各个层面,加强机构和行为者的参与,推进可持续治理。

有组织的全球民间社会网上协商也是一种有效手段,可以用来在全球范围收集民间社会关于全球经济治理改革的专门知识和提议。[1]

多边机构和进程须更加有效、更值得信赖和更加公平。与可持续发展的体制框架有关的各种机构、单位和活动应该保持协调一致。许多发展中小国目前仍处于边缘化状态,或被排斥在布雷顿森林体系或二十国集团等全球决策进程之外。加强这些团体的发言权和参与将提高全球经济治理结构的正当性和效力。

各级决策者必须均衡兼顾可持续发展的三个支柱——经济、社会和环境。[2] 这些支柱应做到相互融合和相互参照。在这方面,民间社会在制定和实施可持续发展框架和活动方面可发挥重要作用。

---

[1] 例子包括联合国非政府联络处进行的协商(http://www.un-ngls.org/spip.php?page=recherche)。

[2] "Perspectives on an Institutional Framework for Sustainable Development", Martin Khor, Executive Director, South Centre.

以上只是举例说明了民间社会各实体对全球经济治理和发展问题的意见和看法，不应把其视作整个民间社会的观点，而只是让大家管窥某些实体认为重要的一些问题。

3. 私营部门

国际私营部门是一个多样化实体，对治理和发展的相关问题有着各种看法。尽管如此，出席联合国会议的私营部门代表一直强调，让工商界参与各级政策讨论、行动和评价有重要意义。

大多数工商界代表认为，千年发展目标和 2015 年后发展议程与其工商界的利益及其全球公民地位密不可分。为了利用私营部门投资增加所带来的好处，各国政府和发展机构须更直接地与私营部门合作，发现投资障碍，找到解决之道，从而加强政府创造利商环境的能力，并发展中小型企业。

这些年来，私营部门代表着重指出，有必要开展明确的长期发展筹资后续进程，并在全球、区域和国家各级举办公共和私营部门的专家参与、侧重结果的协商。工商界代表倾向于在多个层面建立负责协调这些活动的集中政府间机制。[①]这些协商的一个重点是，发挥私营部门和基金会资源的作用，发展和扩大只有有限官方资源（包括发展机构的资源）可供利用的行之有效机制、方案、政策和工具。

在联合国可持续发展大会上，由国际商会、促进可持续发展世界商业理事会和联合国全球契约召集的 10 个著名国际产业协会加入的 2012 年促进可持续发展企业行动向工商界领导人士提供了一个正式、一体化的平台，在整个协商期间可以利用这一平台提供投入、专门知识和建设性的解决办法。这一行动强调，应制定联合国和私营部门之间开展接触的新标准，以利用所需资源在全球范围内取得显著成果。为了加快这一进程，与会者呼吁联合国促

---

① 例如，见"remarks delivered by Jean Rozwadowski, Secretary-General of the International Chamber of Commerce on the occasion of the interactive dialogue chaired by the President of the General Assembly", 24 March 2010（www. un. org/esa/ffd/hld/HLD2010/Business/JeanRozwadowski. pdf）。

进与工商界及其他关键利益攸关方在这些工作方面开展更高水平的协商与协作。①

此外,在可持续性发展大会期间举行的企业可持续性论坛汇集了两千七百多名与会者,其中约半数来自工商界和投资界,半数来自民间社会、学术界、各个城市、政府和联合国。单个工商企业、多家公司和公私伙伴关系以论坛为基础,又发起了众多新活动、资源和行动承诺。论坛闭幕式是一次高级别全体会议,汇集了来自工商界、政府、民间社会和联合国的领导人,商讨了为全球可持续性的新时代制订的战略。通过闭幕会议赢得了对可持续发展目标的普遍支持。②

六、结论和建议

"全球经济治理"是指多边机构和进程在形成全球经济政策、规则和条例方面发挥的作用。多年来,为加强全球经济治理的政策和体制结构做出各种努力,包括通过反映新兴市场和发展中国家发挥的日益重要作用,但仍然需要在若干方面继续改革。例如,全球经济治理结构必须继续更好地反映发展中国家在世界经济中的作用。此外,国际货币、金融和贸易制度在协调性和一致性方面存在不足。尽管为消除这些差距做出了重大努力,但现行体制安排已证明是十分复杂的。推进多边贸易协定、为减缓和适应气候变化通过一项框架等重要问题都有待解决。不仅如此,债务可持续性、税务合作和移徙者权利等一系列领域的多边框架中依然存在漏洞。

必须加强联合国在全球经济治理中的作用和实效。联合国是一个真正具有普遍性和包容性的多边论坛。联合国的合法性让在联合国的讨论、谈判达成的协定及其业务活动具有不可比拟的价值。必须继续努力,加强整个联合

---

① "A Sustainable Path Forward: Business Perspectives on Rio + 20", Business Action for Sustainable Development 2012。

② "Innovation and Collaboration for the Future We Want: Overview and Outcomes", Rio + 20 Corporate Sustainability Forum, 15 – 18 June 2012。

国系统的协调、合作、一致性和有效的决策，并制定各种框架，在实效同包容性和代表性之间找到平衡点。为了改善联合国的运作，需要加强大会与经济及社会理事会等主要机构及其附属机制的效力和协调作用。联合国各政府间包括与可持续发展、2015年后发展议程和发展筹资有关的进程，应该保持一致。在这方面，应在全球、区域和国家层面有效整合规范、分析和业务活动。在政府间方面，七十七国集团作为联合国最大的国家集团可发挥重要作用。

应该考虑采取措施，加强联合国有关机关，特别是经济及社会理事会及其附属机制的职能和工作方法，改进机构间和业务层面的协调和效率，加强与非国家行为体的互动协作。应当定期审查联合国机关和机构的业绩，并在必要时对其进行改革。

应当努力确保二十国集团与联合国保持可预见的持续的接触，以确保各自支持发展的目标和活动相辅相成。二十国集团应根据全球治理组织的提议，继续加强与联合国的接触并使之制度化。二十国集团应进一步加强与正式机构、非成员和其他相关利益攸关方的关系。

应当将区域机构和安排更好地纳入全球经济治理框架。在这一框架中，各区域委员会可以发挥重要作用，并在全球决策中反映区域和地方敏感问题。在这方面，会员国还应当考虑采取措施，确保经济及社会理事会以重点突出的有效方式加强其协调作用。

应当继续响应《蒙特雷共识》《发展筹资问题多哈宣言》和《关于世界金融和经济危机及其对发展的影响问题会议成果》的呼吁，努力进一步加强发展中国家在多边机构和其他制定标准和规范的机构中的发言权和代表性。此外，国际社会还应当弥补多边框架的缺口，并认真关注在面对一个相互关联的世界中贯穿各领域的挑战时，各国际组织的政策保持一致性的问题。

若要使全球经济治理制度更具参与性，就必须进一步扩大和加强发展中国家对国际经济决策和规范制定工作的参与。布雷顿森林体系的治理结构改革应更好地体现成员在世界经济中的相对地位，保护最穷成员的发言权和代表性。

　　有效的全球经济治理制度的一个重要内容是，让包括民间社会和私营部门在内的相关非国家行为者积极参与发展方面的对话和活动。加强与这些行为者的接触和伙伴关系的工作应继续下去。

21世纪的全球化：一个发展新纪元*

[美] 简·内德韦恩·彼得斯　著　　王　浩　译**

最近的报道标题显示："中国认为西方国家缺乏市场监管导致次贷危机。"一位资深的中国银行业管理者指出："西方国家政府如果想要避免未来的全球金融危机，就必须加强金融市场的监督，并完善跨境监管合作"（Anderlini，2008）。真是风水轮流转啊。在过去，发达的北方国家通常总是在教训和规制发展中的南方国家。但在21世纪，许多南方国家不仅躲过这些规制，而且开始偿还IMF的债务，还有一些南方国家对此正采取行动和反击。比如，马凯硕（2011）在新加坡指出，"腐败在美国已经合法化"，"富人太贪婪了"，正在破坏着社会契约；他还警告说："要致富是伟大的，但纳税是光荣的。"事实上，这些问题并不是小问题。

本文在第一部分指出，21世纪全球化明显不同于20世纪全球化，回顾了重大变化。随后着重分析了21世纪的全球化将呈现的三大趋势：即南部新兴的工业化国家将成为世界经济的有力推动者；发展的力量由大都市的机构转

---

* 英文标题"Twenty-First Century Globalization: A New Development Era"，刊发在2012年发展研究论坛"Forum for Development Studies"。

** 作者简介：简·内德韦恩·彼得斯（Jan Nederveen Pieterse），美国加州大学圣巴巴拉分校教授、联合国开发计划署顾问、荷兰马斯特里赫特大学兼职教授，荷兰奈梅亨大学人类文化学博士。译者简介：王浩，中央编译局世界发展战略研究部副研究员。

向发展中国家；在自由化市场中，国家的成长变得更为协调，这将共同形成一个多元发展的时代。在接下来的部分本文研究了国际合作关系发展趋势。长期以来，工业化国家和发展中国家之间所谓的"北南关系"一直是至关重要的，但在21世纪，南北双方合作发展有所后退。本文认为，问题的关键在于发展领域的两个裂变：其一是进入21世纪后，部分发展中国家逐步脱离西方国家体系的掌控；其二是2008年的危机减缓或改变着西方的政治和经济。本文在结论部分还进一步分析了2008年危机以后，21世纪发展趋势减缓现象，并讨论了后危机时代新兴国家的崛起，以及发展多元化等内容。

21世纪的全球化

20世纪90年代居于主导地位的是新自由主义理论。从社会和发展的观点来看，问题是明确的，只要英美资本主义蓬勃发展，相关的批评就像聋子的耳朵一样，只是摆设。资本的流入似乎表明资本主义正充满活力，充满创新力和赢利能力。华尔街和伦敦金融城引领潮流，东京、法兰克福、香港、上海和新加坡紧随其后。全球金融资本容易发生危机，但危机发生在世界资本主义国家的外围，而且这个危机可以作为工具，来约束新兴国家，并将这些新兴经济体经济纳入主流世界经济。

时光来到21世纪。在新千年之交，资本主义形势和发展的愿景开始有所变化。美国经历了一系列的危机：网络泡沫崩溃、"9·11"恐怖袭击、安然（Enron）和安达信①等公司丑闻、卡特里娜飓风、次贷危机和2008年金融危机及其持续的连锁反应。美联储利用消费者、银行和政府机构过度借贷，实施低利率的宽松信贷政策，以掩盖经济问题。而次级抵押贷款则使英美金融骗局达到顶峰。引用索罗斯②的一句话："所谓的华盛顿共识，就是其他国家

---

① Anderlini, J., "China Says West's Lack of Market Oversight Led to Subprime Crisis", *Financial Times*, 28 May, 2008, p. 1.

② Mahbubani, K., "To Become Rich is Great But to Pay Taxes is Glorious", *Financial Times*, 21 October, 2011, p. 9.

必须实行严格的市场纪律，但美国除外。"2007 年 8 月，信贷决堤，美国和英国房地产泡沫破裂，由此引发了比大萧条以来任何一次都更为严重的经济危机。美国的资本主义已经是一个危机接一个危机，而为应对危机出台的管理对策也是一个接一个。危机表明了放松管制和新自由主义不利的一面：市场并不能自愈。大规模政府干预的救助计划和刺激消费，随即又影响着处于政治僵局和赤字的鹰派掌控的美国以及紧缩政策盛行的英国，而在英美两国之外，还出现了新的声音——"和美国式的资本主义说再见"。①

虽然危机通常发生在南方的新兴经济体国家，但在 2007 年至 2008 年，危机侵入美国和欧洲的银行。虽然一开始新兴市场毫发未损，但是当金融危机带来的经济放缓影响欧美国家时，就会影响到新兴经济体，因为对其出口产品的需求减少。几十年来，华尔街巨头总是全球化的胜利者和金融动荡的受益者的化身，而现在，却由来自南方国家的全球主权财富基金维系华尔街银行的生存。这些资金有两个来源：一是以新加坡和中国为代表的亚洲国家出口所积累的财富；二是海湾国家和挪威等石油出口国的资本。② 真的很讽刺，不是么——"至少在一段时间内，国家资本主义竟成为自由市场企业的动力源泉？"

21 世纪新趋势体现在南方国家的全球崛起，南南关系在经贸、能源和政治方面不断发展，用联合国贸发会议的话来说就是"一个新的贸易地理学"，新兴社会和主权财富基金扮演着越来越重要的角色。南北关系已经开始转向。1997 年至 1998 年的亚洲金融危机是一个重大转折点。当时，IMF 处理危机的方法是有问题的，他们强调削减政府开支，而无视私人消费支出变动会造成赤字，使得危机加剧；当危机管理不善时，他们又否决了日本提出的建立一个亚洲货币基金的建议。美国银行和对冲基金还利用危机购买不良资产。事

---

① Buiter, W., "Buiter's Blog", *Financial Times*, September 18, 2008.
② Larsen, P. T. and C. Hughes, "Sovereign Wealth Funds: The New Kids on the Block", *Financial Times*, January 24, 2008, Special Report; Nederveen Pieterse, J., "Media and Global Divides: Representing the Rise of the Rest as Threat", *Global Media and Communication*, Vol. 5, No. 2, 2009, pp. 1 – 17; Teslik, L. H., *Sovereign Wealth Funds*, New York: Council on Foreign Relations, 2009.

实上，在20世纪80年代的第三世界债务危机中，南北国家的竞争，不仅表现在农业和制造业方面，而且表现在金融领域。这一次，发展中国家重新调整了它们对国际金融机构的姿态。为了维护自己的金融自治权力，发展中国家积累了硬通货储备作为缓冲，以应对金融动荡，有时为了金融安全，它们还会牺牲社会投资，如南非；或者是利用国内财政债务还清外部债务，如巴西。

2003年11月在坎昆举行的WTO部长级会议是另一个转折点。在"有总比没有好"的口号影响下，全球南方国家在巴西、南非、印度和中国的带领下，和二十二国集团一起发挥作用，七十七国集团也同样如此。这个时候，西方的判断和规则既无能为力也不去作为，只是在反复试图履行多哈回合以及西方谈判者的诺言。这标志着南方国家的新的分量和凝聚力。国家发挥其全球的影响力，不再只是局限于全球权力结构的一部分，也不仅属于八国集团或联合国安理会。① 以下讨论中涉及的2008年这场危机是第三个重要的转折点。表1给出了一个21世纪全球化和新兴的国际分工的差异示意图。

表1　21世纪全球化的发展趋势

1980—2000年期间发展模式	2000年后发展模式
贸易	贸易
南北贸易占主导地位	增长的南南贸易
美国主导贸易协定	世界贸易组织、美洲自由贸易区、亚太经济共同体陷入僵局或逐渐过时
区域/全球贸易协定趋势	转向双边自由贸易协定（南北贸易）
金融	金融
金融资本引领，很容易导致危机	新兴经济体持有美元盈余
IMF和世界银行规制着发展中经济体	来自IMF、中国的警告：美国的政策威胁经济稳定
美元作为世界储备货币	面向多货币的世界
美国是外商直接投资（FDI）首选目的地	中国成为外商直接投资（FDI）的首选目的地
西方金融市场占主导地位	新的金融回路游离于西方之外
IMF阻击亚洲货币基金	泰国亚洲债券基金、南方银行成立
美国银行、对冲基金主导	主权财富基金引领

---

① 中国除外。

续表

1980—2000 年期间发展模式	2000 年后发展模式
机构	机构
华尔街、财政部和 IMF 相互错综复杂	财政部弱势，华尔街危机
华盛顿共识	"我们现在都是凯恩斯主义者"
IMF、世界银行和世界贸易组织进一步融合	IMF 贷款金额下降（2003 年为 700 亿美元，2006 年减少至 200 亿美元）
社会自由主义，减少贫困	世界银行地位逐步丧失
霸权	霸权
美国的霸权消融与变化动态	美国财政赤字以及逼入下一场战争的困境
文明的冲突	穆斯林对抗以及"阿拉伯之春"
美国主导安全机制	新的安全轴（如上海合作组织）
不平等	不平等
增长和日益严重的不平等（不包括东亚地区）	北方国家和新工业化经济体（NIES）之间的不平等在减小，新兴工业化经济体之间的不平等现象有所增加
农村和城市贫困深化	新兴社会中的社会政策
国际移徙诱发的全球不平等	

一个新的发展时期

我们可以找出以下几个时代发展的脉络：（1）始于 19 世纪初发展政策的前奏：从古典政治经济学到李嘉图（Ricardo）和马克思（Marx）；（2）从 1870 年至 1920 年，伴随殖民地政策发展而来的后来者的工业化和赶超政策；（3）1950 至 1975 年，产生于战后的"凯恩斯共识"；（4）1980 年至 2000 年，进入"华盛顿共识"的新自由主义时代。战后发展政策主要有两个阶段——"凯恩斯共识"时代和"华盛顿共识"时代。21 世纪迎来了另一个发展时期。它很明显代表了一种新的阶段，虽然还不太清楚其形式或方向应该是什么。一个潜在表征表明 21 世纪还可能是新兴国家时代。

在 1980—2000 年间，在发展领域的主要分歧出现在凯恩斯方案和"华盛顿共识"双方，简单地说，这涉及分析性、逻辑性和政治性发展领域，以及与其相关的国家中心和市场主导的方法选择。在体制方面，发展政策的冲突分歧主要表现在华盛顿的国际机构如 IMF、世界银行以及世界贸易组织和人的发展环节。[①] 塞里恩（Thérien）[②] 定义为"布雷顿森林体系范式"和"联合国范式"。这就概括了发展研究领域近 25 年来相关的辩论和争论。近年来，它们已伴随着华盛顿模式快速消退。

21 世纪发展领域的主要分支包括以下内容：（1）南方新兴工业化国家已越来越多地成为世界经济的驱动力；（2）随着从"我们发展它"到"我们发展"视角的转变，国际大都市机构逐渐向发展中国家发展变化；（3）市场力量向国家力量靠近，南方国家全球监管力度加强。我们对这些趋势将进行深入研究。

新兴工业化国家：作为世界经济的重要驱动力

1980 年至 2000 年间，在美国消费者和金融服务引领下，美国始终是世界经济的推动力。美国的私人消费达到国内生产总值（GDP）的 70%。"购物疗法"这条道路导致过度消费，进而达到了不可持续的消费债务。经济金融化使得华尔街更多地扮演了经济仲裁者的角色，并使得相应的金融工程无管制化和越来越神秘化。当 2008 年达到其顶峰时，世界经济已开始和美国消费者"脱钩"了。

在 21 世纪，世界经济增长的驱动力已逐渐转移到包括新兴工业化国家和农业矿产出口国在内的新兴市场。这些国家和市场的增长，证明了可持续发展已成为可能。不仅远远超越了卡多佐（F. H. Cardoso）的依附性发展观点，也远远超越关于亚洲产业仅仅作为美国资本海外血汗工厂的想法。自 2001 年

---

① 由联合国开发计划署和联合国其他机构、发展中国家经济发展部门和一些国际发展合作机构等对此进行不确定的代表。

② Thérien, J. P., "Beyond the North-South Divide: Two Tales of World Poverty", *Third World Quarterly*, Vol. 20, No. 4, 1999, pp. 723–742.

以来，单单是"金砖四国"巴西、俄罗斯、印度和中国的产值就已经占到了全球国内生产总值的18%，并实现了全球经济增长30%以上的份额。① 亚洲四小虎经济体和中国已进行技术升级。中国已取代美国成为世界领先的技术产品出口国。在研究和开发支出方面，中国也已接近日本，尽管其在专利方面的份额仍然是微不足道的。南方产业化是可持续的，从美国债务方面来看，势必与预期的美国消费者需求萎缩相联系。东盟与日本、韩国和中国三国区域市场，南南贸易，与欧洲的贸易等等，这些替代型市场正在形成亚洲日益增长的内部需求。从生态意义上来看，新型工业化和可持续发展的涵义，并不完全等同，事实上，"绿色增长"也已提上日程。②

新型工业化重塑了世界经济。从结构方面看，21世纪早期有点类似于20世纪战后的繁荣时期，那时的资本主义在工业化国家引领下进入发展的"黄金时代"。而这一次工业化则是发生在亚洲、拉丁美洲和东欧。此前，工业化的推动力，而不是消费和金融、保险和房地产等FIRE项目，在于利用工业和外围经济体之间的相对均衡效果，增强对大宗商品的需求，推动大宗商品价格的上涨。一般的规则是：当商品的价格都很高时，IMF的能力就弱化了。③ 商品价格高企使得各国能够提前偿还IMF的债务，并减少新的贷款需求。因此，"华盛顿共识"的影响已萎缩，就像金融对华盛顿机构的依赖一样已经接近尾声。

一段时间以来，南方国家的增长率已经远远高于发达国家。即使是在非洲，一些曾在20世纪发展过程中处于垫底地位的典型国家，近几年的增长率都达到6%。其次，这些增长率正在实现，而不会产生外部债务。这并不像在美国，经济增长率维持在1%至2%，增长缓慢，甚至于经济衰退，靠吸收70%的全球储蓄这些庞大的对外借款加以维持，约合每个交易日20亿美元，

---

① Dvorkovich, A., "Northern Exposure", *Financial Times Guide to Davos*, 24 January, 2012, p. 10.

② Roach, S. S., The Next ASIA: Opportunities and Challenges for a New Globalization, Hoboken, NJ: John Wiley, 2009.

③ Petras, J., Rulers and Ruled in the US Empire, Atlanta, GA: Clarity Press, 2007.

或每年700亿美元。第三，这种增长不是昙花一现，而是可持续的，并有其周期和转化模式。第四，伴随着2008年金融危机和来自南方国家全球主权财富基金的发展突破，相应的积累模式发生了变化，正变得更为清晰。第五，1980年至2000年期间，英美资本主义的成功模式由于连续危机而开始瓦解，积累起来的战略和理念已发生变化。

在未来的几年里，即使曾遭受2008年危机影响，主要新兴市场的增长率仍然会保持在6%，仅次于拉丁美洲和非洲，而在美国、欧洲和日本，增长率最高也许会在1%—2%。因此，昔日处于世界经济边缘人地位的发展中国家，而今已经成为发展的龙头。这种转变在很多层面上是很明显的，诸如"金砖国家带领大家走出经济泥潭"，"南方国家全球主权财富基金在处于悲观经济中的西方国家寻觅良好的商机"等相关头版头条报道比比皆是。① 在20世纪90年代，全球化在西方国家受欢迎，在南方国家则受质疑；而在21世纪，这几乎完全反过来。2007年一项调查显示，七国集团国家57%的人认为经济全球化过快，而多数发展中国家则认为步伐适中。② 这也反映在贸易方面，在1980年至2000年间，发达国家积极倡导国际贸易自由化，而现在，在很多方面，发达国家又恢复到贸易保护主义。

发展阶段的变化：从"我们发展它"到"我们发展"

在华盛顿时期，新自由主义宏观经济学限定了发展的前提，即，没有必要把发展经济学作为一种特例，发展经济体将有利于释放市场力量。"反发展革命"学者托伊③称：应该终止所谓的发展经济学。随之而来的是发展政策被丢给了国际机构、捐助者与非政府组织，以及相关联的发展中国家机构。实

---

① O'Neill, J., *Financial Times*, 23 September, 2008, p. 28.

② Giles, C., "Poll Reveals Backlash in Wealthy Countries Against Globalisation", *Financial Times*, July 23, 2007, p. 1.

③ Toye, J., Dilemmas of Development: Reflections on the Counterrevolution in Development Theory and Policy, Oxford: Blackwell, 1987.

际上,发展研究领域中的"发展",往往是指利用国际化产业发展正在做什么,而不是已经完成什么。因此,不言而喻,发展被认为是一个外部干预。主体范式不是"我们发展"而是"我们发展它"。考恩(Cowen)和申顿(Shenton)[1]认为,尚未解决的发展问题的深层次摩擦是一种内在的过程和一个超然的、有意的过程,这实际上体现了内在的发展思路。更多的后发展观点认为:实际上不可否认,发展是作为一个外部的干预和原则(这同样摒弃了新自由主义观点)。"本土发展"是另一种选择,但提出了不同的问题:什么是固有的?什么是发展单元?

发展产业,充满了时尚、不同的参与者与利益相关者的流行语。[2] 发展潮流的转向显示干预发展的成功率很低。各类新的发展目标发布,如"千年发展目标",有助于转移对于以前没有实现的目标的注意力。发展产业,在一定的程度上,是话语生产、范式维护和视野调整。

华盛顿的意识形态倾向一向占据发展思想的前沿。激励机制、市场力量、善治、透明度、"公民社会"、"参与"和"赋权"建构了华盛顿的乌托邦之路。国家力量收缩,非政府组织填补社会空白。民间社会、非政府组织及市场力量相伴,削减各种垄断。农村生计、城市贫困、生态变化和民主斗争等长期的发展问题,被撤销国家监督、IMF、世界银行制度等新自由主义乌托邦主义所左右。现在,新自由主义时代在消退,发展的面貌又恢复到斗争的正常模式。发展的本质重新回归到最前沿的灯塔的意义上。发展不再是市场魔法的特许品。发展本质的回归使得背景成为前景。在发展中国家,发展当然是永远不会消失的;发展状态,即使受结构调整而消减,同样也从来不会消失。关于发展问题的辩论,更多的精力花在对市场和新自由主义的霸权的辩论上。现在,对西方经济、体制、思想和文化霸权的长期批评正在逐渐变得多余。前一段时间批评的主要目标已经成为背景,虽然仍然与现实相关,但

---

[1] Cowen, M. P. and Shenton, R. W., Doctrines of Development, London: Routledge, 1996.

[2] Dahl, G., "Words as Moral Badges: A Flow of Buzzwords in Development Aid" in B. Hettne, ed. Sustainable Development in a Globalized World: Studies in Development, Security and Culture, Vol. 1, London: Palgrave Macmillan, 2008, pp. 172-199.

已无关紧要了。是啊，随着美国资本主义的瓦解，谁还需要继续批评美国的意识形态呢？

有一种观点认为，新兴范式应该是"北京共识"①。听起来很有历史感：霸权交接，新来者制定今后的规则。其实，这真有点误导之嫌。首先，"北京共识"究竟代表什么，它几乎就像发展的常识，如财政自主权、谨慎和战略参与的全球性实力那样仍然比较笼统和模糊。其次，它复制了华盛顿思维同样的谬误：要么分析问题"一刀切"，要么提出一种看起来很有想法的、但又脱离内容的模式。第三，掩盖了关于北京和中国政治的分歧和抗争。② 第四，它忽视了中国发展的不平衡，就像温家宝总理2007年所指出的那样：中国经济仍然存在不平衡、不稳定、不协调、不可持续等现象。③ 第五，更为现实的是，霸权更替可能会表现为多极化或非正统的非极性趋势。④

寻求一个总体的发展模式、一个关键方法，一如既往地急迫。一位泰国同行观察到，像一些充足经济、人类安全、佛教信仰以及国民幸福总值等"非正统的发展"概念流行于亚洲地区。学术界的人们需要一个总体框架，以更为有效地宣传、整合这些内容，进而将其深化为共同行动和政策倡导。目前，像不丹国民幸福指数的方法已得到重视。⑤

发展中国家"看东方"，学习东亚模式已有20多年。"全球化的下一阶段将最有可能出现一个亚洲面孔"早已是陈词滥调了。⑥ 然而，其实并没有"亚洲模式"，东亚社会的确是斗争的舞台，但除了一般意义以外，演绎的方

---

① Ramo, J. C., The Beijing Consensus, London: Foreign Policy Centre, 2004.

② Mittelman, J. H., "Globalization and Development: Learning From Debates in China", *Globalizations*, Vol. 3, No. 3, 2006, pp. 377 – 392.

③ Roach, S. S., The Next ASIA: Opportunities and Challenges for a New Globalization, Hoboken, NJ: John Wiley, 2009.

④ Haass, R., "U. S. Foreign Policy in a Nonpolar World", *Foreign Affairs*, Vol. 87, No. 3, 2008, pp. 44 – 56.

⑤ Priesner, S., 1999, Gross National Happiness: Bhutan's Vision of Development and its Challenges, Thimphu, Bhutan, www. bhutanstudies. org. bt.

⑥ Stephens, P., *Financial Times*, 3 March, 2006, p. 13.

向仍然不明确。在发展理念和政府角色方面，它们和发展中国家存在很大的差异。曾有观点认为，应该有一个单一的前进道路和发展模型对此进行指导。南方国家不只是在等待机会去模仿发达国家，而是在非殖民化的时代塑造自己的路径。这在 20 世纪 80 年代和 90 年代曾被提及，现在又再次成为主流的观点。现代多元性是一个新兴主题。同样，不同的资本主义采取具体的概念。在增长委员会报告①中，洛迪克（Rodrik）② 总结了相关变化："斯彭斯委员会认为，新的规则必须由发展中国家自身制定，而不是由华盛顿决定。"

重新摆向国家能力

在金融危机之后，监管模式被华尔街和华盛顿新的相对良好的智能方式所替代。与日本、德国和北欧这些倡导混合经济和协调市场的国家有所不同，它们看上去动态性和利润率较低，但更为稳定和可持续。像以前的安然丑闻一样，在 2008 至 2012 年间，最脆弱的欧洲公司和行业，大多是那些设有美国分支机构或与金融操作有紧密联系的。

大多数分析观点认为，美国资本主义实质上是放纵的资本主义，管制过分宽松，缺乏责任感和行为欺诈，贫富两极分化，削弱了总需求。与 20 世纪 90 年代不同，美国的经济疲软是结构性的，而不是金融调整能够修复的。美国金融过剩，实体经济基础薄弱。问题的关键在于数十年以来，美国经济在私营部门、新技术、制造业的投资长期不足。新兴国家的工业化，在某种程度上是对美国去工业化的反应。在发达国家，一个远离市场原教旨主义的新的平衡正在逐步形成。银行杠杆风险使得加强监管不可避免。"我想到了，所以我已经在增加监管。"③ 这显示，危机第二阶段的主权债务危机是美国以及

---

① 斯彭斯（Spence）委员会以其主席经济学家迈克尔·斯彭斯（Michael Spence）命名。

② Rodrik, D., "Is there a new Washington consensus?", *The Business Standard*, Mumbai, 12 June, 2008.

③ Autheors, J., "I think, therefore I am increasing regulation", *Financial Times*, 21 September, 2008, p. 18.

欧元区的一个关键问题。

新兴社会的崛起带来了政府角色时代。"金砖国家"是拥有庞大的公共部门的典型国家。印度以及东亚的日本、中国的教训是没有政府参与就没有成功的发展。发展经验都离不开政府角色。尽管世界银行声称亚洲奇迹是由于自由化和出口导向增长而成功的，但其物质基础仍然离不开政府角色。尽管托马斯·弗里德曼（Thomas Friedman）和其他人认为中国和印度的崛起是自由化和由此释放出的市场力量的胜利，但相关研究表明，这些国家在经济上取得的成就的基础仍得益于毛泽东和尼赫鲁。[1]

在发达国家，对当局的监管是有争议的，而在新兴国家、能源出口国和发展中国家，国家能力在起主导作用。综合诸多因素，这并不是一个国家资本主义的回归或凯恩斯主义重现。首先，"亚洲虎"国家协同东亚集团和西方跨国公司等市场力量，在东亚展开工业化，并和不可持续的、处于不断增长的贸易和经济不平衡的美国"去工业化"相关联。[2] 第二，政府角色回归发生在一个后福特主义和关于国家能力的框架内，这一国家能力必须能够灵活、负责地协同私营部门和社会力量，培育广泛的、具有创造性的经济体。第三，它意味着威权风格的"亚洲虎"国家不再是令人羡慕的，或可复制的。问题的关键在于这些国家和地区，能否实施民主化的发展与通常的变迁，如巴西、玻利维亚、厄瓜多尔、乌拉圭和台湾地区，或像在南非、马来西亚和其他地方所倡导的那样去做。

钟摆回到国家轴心，焦点集中在新老问题。国家所面临的问题包括：政策设计和实施能力、地方政府能力、问责制和发展不平衡问题，比如南非的服务交付和创造就业等问题；中国的腐败、生态危害和产品质量控制等问题；印度的基础设施建设、农村生计、社会不平等和教育等问题。这些问题在几

---

[1] Chang, H. J., Globalization, Economic Development and the Role of the State, London: Zed, 2003; Gittings, J., The Changing Face of China: From Mao to Market, Oxford: Oxford University Press, 2005; Guthrie, D., China and Globalization: The Social, Economic and Political Transformation of Chinese Society, New York: Routledge, 2006; Rodrik, D., "How Far Will International Economic Integration go?", Journal of Economic Perspectives, Vol. 14, No. 1, 2000, pp. 177 – 186.

[2] Nederveen Pieterse, J., "Global Rebalancing: Crisis and the East-South Turn", Development and Change, Vol. 42, No. 1, 2011, pp. 22 – 48.

年前被贡纳尔·米尔达尔（Gunnar Myrdal）总结为"软实力"，问题的更深层次背后是权力问题，以及增长和发展之间的关系。

一个经常性的问题是战略集团和传统利益对政府的俘获。国家是由社会阶层以及用于维护等级制度的国家权力构成。从新加坡到海湾国家都保持着等级制度，以维护种族层级分工。① 发展愿景往往隐含地假定有一个共享的包容性社会，但这绝不是既定的。就这个不断增长的迁移和文化多元主义的年代而言，这更多的是一种挑战。因此，像波斯湾地区那样集中使用移民劳工的社会，社会发展需要地区担负起责任和壮大公民文化。缺乏包容性，我们也许会有零星的增长，但没有获得发展。社会包容的理念是一个先决条件，如果没有它，那么更广泛的发展政策就无从谈起。就此而言，印度的种姓制度和社群主义，从根本上阻碍着发展思想和政策。中国的社会改革，不管怎么说还是需要公民的社会政治参与。需进一步的考虑是，国家性是一个自变量，而不是一个因变量；就对国家及其功能的理解而言，在法国和巴基斯坦这些不同类型的社会，或者是索马里的沿海和内陆地区这些同一社会中的不同区域，其实差别很大。

社会想象同样也有助于理解增长和发展之间的关系，换句话说，就是此起彼伏的关系。正在新兴的世界不是一个扁平世界，而是一个楔形世界，用佛罗里达②的话说，一些楔子（在创新、研发和生产率方面）已经在南方国家涌现，比如说新兴的全球跨国公司和新兴国家"新的优胜者"。③ 高屋建瓴（卓越的、有竞争力的）对经济增长固然至关重要，但平衡管理对发展尤为重要。④ 南方国家是梯度积累的，因此其权力也是渐变的。然而，重要的是记住迪帕克·纳亚尔（Deepak Nayyar）的话，"人类福祉的本质在于发展"，"衡量经济或

---

① Nederveen Pieterse, J., "Media and Global Divides: Representing the Rise of the Rest as Threat", *Global Media and Communication*, Vol. 5, No. 2, 2009, pp. 1–17.

② Florida, R., Who's Your City? New York: Basic Books, 2008.

③ Sirkin, H. L., J. W. Hemerling and A. K. Bhattacharya, 2008, Globality: Competing with Everyone from Everywhere for Everything, New York: Business Plus.

④ Nederveen Pieterse, J., Growth and Social Policies: Towards Inclusive Development, in Rudolf Traub-Merz, ed, Growth Through Redistribution? Income Inequality and Economic Recovery. Friedrich-Ebert-Stiftung, Shanghai Coordination Office for International Cooperation, 2012, pp. 1–11.

政府的绩效标准,既不是经济增长,也不是经济效率,更不是抽象的公平感,而是能否满足人们的基本需求和日益增长的愿望"。印度也有案例对此反证:"虽然印度农村的国民收入占有率远远低于其人口在全国人口中的占有率,但它的投票份额却是与人口数量恰好成正比的。在选举期间印度农村决定着共和国。"①

阿马蒂亚·森(Amartya Sen)不仅定义了作为自由的发展,还定义了人们享受真正自由的扩大过程,在这一过程中要求消除不自由的源头,还要求自由进入市场,等等。森认为,"自由不仅是发展的归宿,同时也是其主要手段"②。长时间的辩论聚焦于对发展和民主之间的关系的发展性研究,而通常认为发展先于民主,而不是相反。③ 森在研究中还对比了中国和印度的发展前景,认为其中印度具有民主国家优势。但这还并不明确。④ 问题不在于政治制度的特点,而在于政治体系的质量。

至少就北方国家和高收入的发展中国家而言,南北差距已经缩小。随着新工业化国家逐步成为世界经济的火车头,问题变得突出了:什么是新兴社会的不平等?问题的关键在于积累的本质。不平等是建立在成长的道路上还是远离增长道路?是极化增长还是面向包容性发展?经济增长是在夹缝中积累还是驶向广泛的发展?⑤

---

① Nayyar, D., "India's Unfinished Journey: Transforming Growth into Development", *Modern Asian Studies*, Vol. 40, No. 3, 2006, pp. 797 – 832.

② Sen, A., *Development as Freedom*, New York: Anchor Books, 2000.

③ Leftwich, A., *Democracy and Development*, Cambridge: Polity, 1996; Siaroff, A., "Premature Democracies, the Promotion of Development and Political-Cultural Factors", *Third World Quarterly*, Vol. 20, No. 2, 1999, pp. 405 – 419.

④ Corbridge, S., "Development as Freedom: The Spaces of Amartya Sen", *Progress in Development Studies*, Vol. 2, No. 3, 2002, pp. 183 – 217.

⑤ Nederveen Pieterse, J., "Media and Global Divides: Representing the Rise of the Rest as Threat", *Global Media and Communication*, Vol. 5, No. 2, 2009, pp. 1 – 17; Rehbein, B. ed., *Globalization and Inequality in Emerging Societies*, London: Palgrave Macmillan, 2011; Thornton, W. H. and Han Thornton, S., "The Price of Alignment: India in the New Asian Drama", *Journal of Developing Societies*, Vol. 22, No. 4, 2006, pp. 401 – 420.

20世纪70年代，世界银行的经济学家曾提倡增长和再分配政策，后来在80年代，被新自由主义的涓滴增长方法所边缘化。1980至2000年间，华盛顿共识所青睐的快速增长，得益于资本、密集的外国直接投资和出口导向。发展成为不可持续的增长目标，环境不可持续是由于生态遭到破坏；社会不可持续是因为社会分化；经济不可持续是源于对资本投入和出口的依赖；政治不可持续是因为它促进裙带资本主义和集权。联合国开发计划署启动了增长和再分配，并将它重新命名为人类的发展。就经济增长而言，如果我们认为人类发展不是作为一种手段，而是作为发展的终结，那么，对增长和分配进行折中的观点就站不住脚。

增长和发展委员会报告[①]反映了新兴工业化国家当前的增长路径。这份报告认为，增长的动力是私营部门的投资、创业活动和应对市场激励的创新。作为一个共识文件，报告证实了所有的意识形态特征，比如，熊彼特创新学习、全球经济评价因素、竞争的重要性、反政府以及发展型国家等视角。罗德里克[②]指出："这份报告试图避免市场原教旨主义和制度原教旨主义。它不仅仅单纯提供诸如'发挥市场功能'或'获得良好治理'，而是准确地强调每个国家必须制定自己的综合补救措施。外国经济学家和援助机构可以提供一些帮助，但根本药方还是取决于这个国家本身。"虽然它被看作是华盛顿共识的扩展，但它很少有华盛顿倾向。该报告认为公共部门在增长的管理和调节中扮演重要角色。公共部门的任务是在增长路径上建立链接，平衡就业机会，推进发展，确保具有包容性和可持续的增长。市场力量能够产生增长，但还需要公共部门来确保增长的质量。

质量和可持续增长已成为英美资本主义的阿喀琉斯之踵。发达国家正向高端服务经济过渡，社会致力于保持社会凝聚力和减少社会不平等，拥有庞大公共部门的社会市场经济，以及在教育、医疗、社会服务、技术和绿色创

---

① Commission on Growth and Development, The Growth Report: Strategies for Sustained Growth and Inclusive Development, Washington, DC: World Bank, 2010.

② Rodrik, D., "Is There a New Washington Consensus?", *The Business Standard*, Mumbai, 12 June, 2008.

新等方面实质性的公共投资,是采用更好的监管和更多社交方式的另一个理由。

发展多元化

发展理念作为"进步"这一单一前进的路径,可以被远远落后于我们的发展中国家所概括。① 用罗德里克②的话来说就是,经济学只有一种,但经济学方法有很多;制度和政策等可以采取多种形式。每种社会、每个发展水平、每个时间段都有自己的选择。

几十年来,撒哈拉以南的非洲国家第一次被业界以及私人股权投资者看作是商业主战场。2007年非洲发展指数报告指出,"这是30年来,非洲经济体首次与世界其他国家共同增长"。还有一些评估认为非洲是"新兴市场":"随着全球信贷危机……资本正在寻找新的地方成长……也将非洲视为新兴市场……在2007年,尼日利亚和加纳政府债务被七倍的超额认购"③。另一份报告显示,非洲"是新近最令人感兴趣的新兴市场核心地区"。2003年以来私人资本流动增长了三倍,2006年达到450亿美元。这个变化因素包括大宗商品市场处于繁荣时期、债务减免以及经济政策的改善。④ 大宗商品出口国所面临的挑战是如何把它们的出口收益转化为人力资本、基础设施,实现可持续的发展道路。大宗商品的繁荣不会总是持续。2008年的衰退已经使价格下降。有例为证,赞比亚铜矿带就曾经历过过山车般的全球需求波动。2002—2007年间,铜矿业有利可图,来自印度和中国的资本对铜矿业进行投资,但自2008年以来的全球经济衰退,使得铜价下降了一半以上。矿产

---

① Slater, D., Geopolitics and the Post-Colonial: Rethinking North-South Relations, Oxford: Blackwell, 2004.

② Rodrik, D., One Economics, Many Recipes, Princeton, NJ: Princeton University Press, 2007.

③ Mitchell, A., "The emerging market", *Wall Street Journal*, 23 October, 2007, p.13.

④ Chung, J., "Investors Dive into the Heart of Africa's Markets", *Financial Times*, 19 November, 2007, p.19; Russell, A., "Growth Data Fuel Hopes of New Business Era in Africa", *Financial Times*, 15 November, 2007.

需求的减少影响了其他11个非洲国家以及撒哈拉以南非洲地区的国民生产总值的增长。①

一个关注的重要焦点是新工业化国家与大宗商品出口国之间的关系，需要进一步的辩论是中国和印度在非洲和拉丁美洲扮演的角色。② 对中国的争论集中于对以下问题的关注：我们如何实现发展而不以牺牲较贫穷的国家为代价？

将出口收益转换到人力资本方面，对"金砖国家"而言也是一个挑战。观察人士指出："中国和印度以及俄罗斯和巴西之间存在根本差异，前者与西方竞争'智力资本'，寻求建立一流的大学，投资高附加值的技术密集型产业。俄罗斯和巴西都得益于大宗商品价格的高企，但它们并不打算将这笔'横财'投资于长期经济发展"③。总之，对大宗商品出口经济体的挑战在于实现工业化，而新工业化国家面临的挑战是如何在创新和服务方面升级。新工业化社会寻求发展诸如研发、教育、设计、营销和金融等服务业，它比早期阶段的产业化更倡导不同的技能、文化敏感性和优先升级。因此，整个东亚地区的知识和文化的技能，比如英语就变得至关重要。

国际发展合作

长期以来南北关系阐释了国际发展的内涵。21 世纪预示着怎样的国际发展合作趋势呢？一种可能是，越来越多的人意识到发展合作的有限性。产业发展并不像想象中的那样重要，相反，人们自认为重要的，部分是源于发达

---

① Burgis, T., "Copper's Fall Takes Shine off Zambia's Ambitions", *Financial Times*, 19 November, 2008, p. 6.

② Kaplinsky, R. and D. Messner, "Introduction: The Impact of Asian Drivers on the Developing World", *World Development*, Vol. 36, No. 2, 2008, pp. 197 – 209; Shaw, T. M., A. F. Cooper, and A. Antkiewicz, 2007, "Global and/or Regional Development at the Start of the 21st century? China, India and (South) Africa", *Third World Quarterly*, Vol. 28, No. 7, pp. 1255 – 1270.

③ Lloyd, J. and A. Turkeltaub, "India and China are the Only Real Brics in the Wall", *Financial Times*, 4 December, 2006, p. 13.

社会是发展问题传承者的默认假定。国际发展合作通常是在规范和道德层面上创造的。就像1997年英国国际发展部长在《消除世界贫困：21世纪的一个挑战》白皮书所说的那样："我们有义务去帮助那些饥寒交迫的人们。"在接下来2000年白皮书中，托尼·布莱尔将消除世界贫困定义为"我们这一代面临的最大的道德挑战"[1]。

这种道德态度体现了以下问题：首先，老话说得好，贸易不是援助。美国和欧洲的农业补贴和保护主义远远超过外国补助基金。因此，这有助于我们理解2005年欧盟对外总援助是80亿欧元，但在农业补贴方面达到490亿欧元，几乎消减了相应的所有外国援助的有利影响。[2] 第二，在世贸组织中，发达国家坚持它们的生产者特权以及知识产权政策等贸易规则，以保护它们的公司。第三，根本问题在于政策不连贯。它使得脱离宏观经济学谈论援助变得没有意义。从宏观经济学不同视角研究发展合作，会导致政策精神分裂症：一方面，遵循华盛顿体制；另一方面，促进项目和计划以抵消结构性调整的影响。后续则有两个步骤，要么依靠政策，要么市场清理。第四，"我们应该做什么"并不意味着"我们将要做什么"，道德劝诫可能会掩盖相应差异区分和政策精神分裂症。第五个问题是"逆向援助"，各方面的外国资助滋生精英阶层，并容易导致腐败。[3] 第六，2009年有记录的返回本国的移民汇款额达到3160亿美元，未登记的汇款金额应该更多，这远远超过了外国援助支出。因此，认识到国际迁移对发展的贡献以及实施政策舒缓跨国迁移，将比外国援助更有助于缩小全球不平等。在危机之后，北方国家移民已经放缓，并且不容易恢复，这会影响汇款。迁移流动越来越转向到高增长的新兴经济体和能源出口的国家。

---

[1] Slater, D. and B. Morag, "Aid and the Geopolitics of the Post-Colonial: Critical Reflections on new Labour's Overseas Development Strategy", *Development and Change*, Vol. 33, No. 2, 2002, pp. 335 – 360.

[2] Mahbubani, K., The New Asian Hemisphere, New York: Public Affairs, 2008.

[3] Petras, J. and H. Veltmeyer, "Age of Reverse Aid: Neo-liberalism as a Catalyst of Regression", *Development and Change*, Vol. 33, No. 2, 2002, pp. 281 – 294.

危机之后

2008年金融危机爆发之后，21世纪又将保持怎样的趋势呢？贾尔斯[①]认为，正在成形的是一种"三速全球经济"："新兴和发展中国家处于快车道，享受大约6%的增长率；美国、加拿大和澳大利亚都处在中间的车道，至多保持大约2%的增长率；大多数西欧国家处在慢车道，增长率远远低于1%，北欧国家相对较高。"

人们可能会认为，鉴于2008年危机，以及新兴国家的崛起，这些都拥有重要的公共部门，新自由主义作为一种意识形态已经过时，凯恩斯主义以某种形式又回来了，金融部门将会得到控制。然而，看一看美国的共和党初选或者《华尔街日报》社论版，就会发现其他内容。仅仅一个危机并不能改变艾伦·格林斯潘或卡尔·罗夫（Karl Rove）的想法。机构利益没有改变，意识形态仍起作用，政治方面错综复杂，市场不确定性占据上风[②]，这就是"颠簸不平的新常态"。危机总的教训是没有教训。经济学家、政策制定者和学者们对走出危机基本达成相同的观点。危机机制作为一个确定性范式，无需理睬那些直接受到市场损失的人们。

因此，在发展观念中通常还充斥着杂音。伊斯特利[③]重复着他的偏见："80年前的大萧条改变了我们对贫困的认识。全世界用了几十年时间使大家重新想起：如果给予人们自由，他们将更加繁荣。目前巨大的危机重新惊醒我们，使我们对依赖政府来解决贫困的担忧重新蔓延开来，而这将威胁要取消我们的许多收益。"

新兴国家的崛起，以及21世纪全球化的基调，具有以下重大涵义。首先，它表明在大大小小的问题方面，整体经济和权力平衡有一个转变。现

---

① Giles, C., "Pride Before a Fall", *Financial Times Guide to Davos*, 24 January, 2012, p. 7.
② Crouch, C., The Strange Non-Death of Neoliberalism, Cambridge: Polity, 2011.
③ Easterly, W., "The Poor Man's Burden", *Foreign Policy*, January-February, 2009, pp. 77–81. Florida, R., Who's Your City? New York: Basic Books, 2008.

在北京写字楼租金增速比纽约的还高。第二，难以驾驭的中产阶级和工人阶级的关系正在改变，区域关系同样也在变。第三，新一波的工业化促进商品出口型发展中国家的增长和繁荣，而其是否转化为富豪统治或发展取决于国内政治。2002年至2008年以来一直增高的大宗商品价格下降了。但由于主要新兴国家的增长依然强劲，对大宗商品的需求又重新提上来了。第四，新兴国家在国际事务和机构中拥有更大的影响力，如新兴经济体在IMF的大投票配额，但这是缓慢和渐进的。第五，对贸易、投资、信贷和援助发展等领域施加影响，从截然不同的历史经验和发展视角来看，这和西方非常不同，相比之下，新兴国家通常更加务实，并不受殖民遗留因素困扰。第六，公共部门的角色分量远大于新自由主义时期的范例和政策等方法。

现实已不需要西方改变观点。诚然，《华尔街日报》和传统基金会利用它们的经济自由指数来透视亚洲的崛起。《华尔街日报》评论员问道："经济自由是亚洲复兴的顶端吗？"他还指出，"增长强劲，但监管仍普遍"。因此，不应对亚洲产生抱怨，而应该指责那些刚刚把美国经济推向灾难边缘的公司信用的缺失。

2008年的危机还有更深层次的影响。首先，这次危机震中在美国和欧洲，而不是发展中国家。第二，它揭示了金融化的消极方面，以及金融监管的迫切需要。第三，发达国家的经济衰退和抗议运动，已经逐渐表明了更强烈的政府监管和再分配意识。这些状况也表明发达国家其实同样处于发展进程中。因此，发展经济学家透过对美国的分析，看到了政府干预仍然具有必要性。就看到了政府干预的必要。斯宾塞指出："为了社会凝聚力的利益，市场产出需要调整，以创造一个无论是现在还是跨期的、更为均衡的收入分配和福利。"第四，这种意识不会改变相关话语范畴，但的确会影响到政治领域和力量关系。危机已经引发关于资本主义、不平等和公平的新争论。"占领华尔街"运动改变了公共话语。第五，这场危机证实，美国领导世界经济的时代已经成为过去。从韩国到中东地区的金融机构，在收购西方和美元资产时，变得更加小心。在2008年初，新加坡主要的主权财富基金淡马锡控股公司投资美林遭受了巨大损失。中国削减收购美国国债看上去也是一个根本性调整。第六，这场危机也预示着新兴国家富豪统治的风险。

经济衰退使IMF会卷土重来，但内容并不相同。IMF的资本基础已经削弱，在金融动荡中，要想发挥作用的话，其资本证券必须包括吸收重要新兴经济体的参与。而这仅仅可能是建立在权力分享的基础上，这再次意味着华盛顿时代即使没有立即逝去，也是会逐步终结。且看它所依靠的是新兴国家资金，思考那些失败的过去，当谈到对发展中国家的微观管理时，尽管其经济正统仍然不变，但IMF都已经有点沉默了。对于欧元区的问题，当前IMF不再采取刺激的措施，而是采取老生常谈的陈旧方法了。

总之，新兴社会的崛起比危机更为长久。新时代预示着多极发展的时代到来，发展中国家扮演的角色分量加重。从发展研究来看，涉及以下几方面内容，简而言之，包括：新兴经济体主导增长模式的基础，是广泛的还是更为狭窄，它们是如何影响不平等的；新兴国家和发展中国家关系、新兴国家和发达的国家以及企业和机构之间关系，特别是新兴国家是否被跨国财阀政治所同化，或者是多元化发展是否表现为变革性、国内性、区域性和全球性。

世界秩序、全球化与"全球治理"*

[加拿大] 威廉·科尔曼　著　　周思成　译**

对于当前世界发生的变化以及这些变化对全球治理的影响，研究者们做出了各自不同而又并非毫不相关的理论解释。在本文中，我将着重分析两种最为显著的对全球秩序变化的理论分析。第一种理论分析是从对全球化的研究中产生的，它强调：社会空间中发生的变化是十分重要的，对理解正在形成的全球治理的性质起关键作用。另一种分析起源于批判性国际政治经济学（IPE），这一批判性国际政治经济学视角首先更重视资本主义和领土权力逻辑之间的关系，其次它更重视这一关系的演化是如何被一种霸权力量的兴起和最终衰落所驱动的，而不是像前一种分析那样，视社会空间的多变性为圭臬。在过去40年间，批判性国际政治经济学研究者们指出，美国霸权对当今世界秩序的影响力正在衰弱，这一衰落在某种程度上是通过查默斯·约翰逊①所描

---

* 2012年5月，在中国比较政治与经济研究中心举办的一次研讨会上，与会者对本文的初稿"World order, globalizations and "global governance""进行了有益的讨论，埃里克·赫莱纳阅读了文章稍后的修改稿并提出了意见，在此一并致谢。原文收录在《中国治理评论》2013年第1期。

** 作者简介：威廉·科尔曼（William. D. Coleman），加拿大滑铁卢大学巴尔西利国际关系学院教授。译者简介：周思成，中共中央编译局马列部翻译。

① Johnson, Chalmers, The Sorrows of Empire: Militarism, Secrecy, and the End of the Republic, New York: Metropolitan Books, 2004.

述的那种军事帝国主义表现出来的。

这两种理论视角对全球治理研究均做出了相当大的贡献：全球化理论强调社会空间广度随着时间而发生变化，从而提醒我们去注意那些社会行为的不同领域之间存在着的日益增多和跨星球的广泛联系，如经济、政治、文化、环境和军事等等。对这些联系的发生和过程进行研究，让我们注意到这些联系如何在不同程度上日益扩散到世界的不同地方，它们又是怎样变得对日常生活日益重要并且加速了社会的变化。而批判性国际政治经济学则为我们指出，霸权在塑造治理结构方面仍然发挥着重要作用；此外，它也迫使我们去系统地解释资本主义和领土权力逻辑之间的关系，这反过来又促使我们更加深刻地理解民族国家对全球治理的不断演化的影响。

在本文中，我们对上述两种理论立场都进行了检讨，并认为，就研究全球治理而言，它们各有优长。目前，这两个流派的学者往往因为意识形态根源的不同相互贬低对方。全球化的视角多偏向于自由主义理论，对民主和全球治理的关系有着特别的兴趣，但批判性国际政治经济学的背景则更加激进，更加倾向于采用经葛兰西主义改造后的马克思主义理路。通过让这两种意识形态立场进行平等对话，我们认为我们有可能对正在形成的全球治理实践所遇到的挑战和机遇，有更深刻的理解。

为了进一步阐述这一观点，我们首先要对批判性国际政治经济学理论中可能对于全球治理研究特别有帮助的成分进行一番审视。本文在这方面花的笔墨要多些，因为目前在全球治理研究中，这一理论的拥护者不多。我们认为，批判性国际政治经济学对世界秩序中发生的变化的思考，起因于美国世界霸主地位的衰微。我们对伴随着美国霸权的衰落而发生的资本主义与区域组织中的变化，以及各式各样的主体（如民族国家、世界城市及附属民众）给这些变化带来的挑战进行了分析。随后我们给出了一个与全球治理研究关系最为密切的全球化研究文献的综述。对这两种理论视角有所了解后，我们将转而探讨这两种理论视角能为全球治理的未来提供什么不同的前景。最后，我们的简单的结论是，在全球治理分析中若综合上述两种理论视角，将有所裨益。

一、霸权危机与世界秩序

在讨论美国霸权自20世纪70年代以来发生的变化时，我们将首先依靠乔万尼·阿瑞吉（Giovanni Arrighi）的著作，并援引其他批判性国际政治经济学观点来补充他的理论，这种做法是有益的。阿瑞吉认为，"世界霸权"是"一个国家在一个主权国家体系之上实施领导和统治的权力"。原则上，这一权力可能只包括对一个定型在某个时间点上的体系进行一般性管理。但从历史观点看，一个主权国家体系的政府总是实施某些可能改变体系的行为，从而从根本上改变该体系的运行模式。[①] 阿瑞吉还指出，"现代国家间体系"的特征是"资本主义和领土权力逻辑的对抗，以及这一矛盾通过那个时代的首要资本主义国家进行全球政治经济空间的重组而被反复化解"[②]。因而，在不断发展的世界秩序的不同阶段中，资本主义也被视为是某一个特殊的霸权国家，这个国家重构空间的区域组织来支持某个给定阶段的主导资本主义模式。

阿瑞吉和西尔弗将霸权领导力定义为一个处于支配地位的国家有能力使自身表现为或被感知为普遍利益的载体。[③] 就"国际体系"中的领导权而言，霸权意味着一个处于支配地位的国家，通过自身发展的优势，成为其他国家仿效的领袖，从而吸引这些国家追随由它选择的资本主义发展道路。[④] 因此，支配性权力领导着国家体系走向一个它选择的方向，并被认为是根据所有国家的普遍利益行事。"在这个意义上，领导权扩大了支配国的权力"，因此"界定着世界霸权的特征"[⑤]。

在某个霸权支配下，资本主义扩张增加了世界体系的总量和动能，最终

[①] Arrighi, Giovanni, The Long Twentieth Century: Money, Power, and the Origins of Our Times, London and New York: Verso, 1994.

[②] Ibid.

[③] Arrighi, G., Silver, B. J. et al, Chaos and Governance in the Modern World System, Minneapolis, MN: University of Minnesota Press, 1999.

[④] Ibid.

[⑤] Ibid.

导致特定单位（国家）间的角逐，这一角逐将超出霸权设定的制度的调节能力。同时，某种非区域性商业组织也试图通过投资进程（积累）向全世界扩张势力，同时也推进资本主义的发展。这些条件可能导致霸权危机的产生，国家间和企业间竞争愈加激烈、社会冲突的愈演愈烈和新的塑形力量的崛起是这一危机的标志。区域性组织和资本主义积累之间的矛盾变得如此剧烈，以至于积累的重心从商品和服务转向了开发金融资产，这一进程被称为"金融扩张"。但是，这一"金融化"过程仅能导致一个短时期的稳定，随后将产生"体系性混乱"——支配性权力设定的制度和组织安排的解体。最终，给定的世界秩序瓦解了，并通常从根本上进行重组，这一重组是在另一霸权的支配下完成的。阿瑞吉借用了詹姆斯·罗西瑙①关于"混沌"的概念来描述这一形势。

数个世纪以来，世界秩序的发展并不遵循某条单一的道路，这与某些马克思主义学者如沃伦斯坦所主张的相悖。而阿瑞吉则提出，世界秩序是遵循着数条不同的道路发展的，这些道路是特定的政府和商业组织的联合体所设定的。"在荷兰霸权时代，新兴的欧洲国家体系是由《威斯特伐利亚和约》正式确立的。在不列颠的霸权时代，以欧洲为中心的主权国家体系逐渐统治全球。在美国霸权时代，这一体系失去了其欧洲中心色彩，但其范围和深度则加强了。"② 阿瑞吉和西尔弗的结论是："世界体系的全球化在特定的治理模式、积累模式和社会凝聚模式上曾经历了数次突变，这是一个已经建立起来的霸权走向衰落，而新秩序趁势诞生并逐渐取得统治地位的过程。"③

为了理解美国霸权的特征，有必要简单地重提一下它的前任——英国霸权的核心特征。在与霸权的早期形态相比，阿瑞吉强调英国霸权统治的独特性。英国统治下的新世界秩序既是"世界帝国"又是一个"世界经济体"。

---

① Rosenau, James R., Turbulence in World Politics: a Theory of Change and Continuity, Princeton, NJ: Princeton University Press, 1990.

② Arrighi, G., Silver, B. J. et al, Chaos and Governance in the Modern World System, Minneapolis, MN: University of Minnesota Press, 1999.

③ Ibid.

这个独特的世界帝国最重要的新的特征,就是它的统治集团对普遍接受的支付手段("世界货币")实施广泛半垄断控制。这一控制保证了对统治集团的顺从,这一顺从不仅适用于英国散布全球的殖民地,而且适用于其他政治领域中的统治者和臣民。① 依靠这一经济权力,英国得以对一个政治—经济空间实施有效控制,而这一空间比它的前任们要大得多,是一个前所未有的全球性的广泛空间。

20世纪初产生的危机最终导致英国让出了其霸权,这一危机在第二次世界大战中达到顶峰。早在这一时期,在其指导创造一个新世界秩序以适应自身利益的时候,美国已经开始逐渐扮演霸权角色。英国秩序和新美国秩序之间存在很多差异,但阿瑞吉和西尔弗②强调指出了三个最主要的方面:首先,美国经济在世界经济中的比重远大于英国建立霸权时期的英国经济。因此,美国经济的独立性要更强一些。比起美国经济,英国借由自身的帝国体系更加直接地与世界体系联系在一起,它最初至少是依靠自己的"软实力"运行的。其次,美国的领土构造有别于英国。美国本国的领土比英国更加广阔,也可以说它实际上自成一个大陆。美国的人口也比英国多,并且自然资源丰富。美国的地理位置更有利于对世界两大洋实施战略控制。这些特点使得美国对于世界的直接影响力,比起英国通过它那个领土分散并依靠昂贵的海军和商船来维持的帝国所拥有的影响力要大得多。美式帝国主义和治理的不同路径从联合国的建立中反映了出来,这一设想最初是罗斯福提出的,他想要把"新政"推向全世界。③ 第三,在战争工业化的进程中,英国从来也不是先驱者,相反,美国在这方面已经确立了领导地位,并在"二战"结束后依靠自己的技术创新能力一跃成为世界军事的统治者。

---

① Arrighi, Giovanni, The Long Twentieth Century: Money, Power, and the Origins of our Times, London and New York: Verso, 1994.

② Arrighi, G., Silver, B. J. et al, Chaos and Governance in the Modern World System, Minneapolis, MN: University of Minnesota Press, 1999.

③ Arrighi, Giovanni Adam Smith in Beijing: Lineages of the Twenty First Century, London and New York: Verso, 2007.

作为一个霸权，美国较少强调自由贸易，而更多关注自由企业，由此确保跨国公司在全球的扩张畅通无阻。美国通过美联储和建立 IMF 来对全球货币施加更多的规制。20 世纪 50 和 60 年代，通过这些工具，美国对全球流动性实施了有效控制。① 这些特征导致了很大一部分并且愈来愈多的世界贸易在规模巨大且纵向合并的跨国公司内部进行，并由这些大公司实施管理。②

这一发展偏离了英国的发展模式，后者主要依靠的是参与贸易的小中型企业。在美国霸权时代，不仅是跨国公司的数量更多了，这些公司还日益作为独立于国家的主体活动，不再成为国家的工具。阿明补充说，在不列颠霸权时代，国家权力决定了一个国家在国际上的地位，而在美国霸权时代，公司的全球联合实力反过来决定民族国家拥有多少力量和权威。事实上，阿瑞吉和西尔弗强调，公司的发展和数量在某种程度上削弱了西方国家的权力，而在英国霸权时代，商业组织通常是加强国家权力的工具。③ 阿瑞吉最终认为："美国全球治理的规模、范围和效率，适用于这一目的的军事、金融和情报手段的集中程度，均远远在 19 世纪的英国霸权之上。"④

与布罗代尔⑤对资本主义发展的理论解释相一致，阿瑞吉和科克斯⑥均认为，一个世界秩序向另一个世界秩序转化开始的标志，是"金融扩张"。阿瑞吉和西尔弗⑦将这一开始定位在 20 世纪 70 年代早期，当时有一系列事件暗示

---

① Arrighi, Giovanni, The Long Twentieth Century: Money, Power, and the Origins of our Times, London and New York: Verso, 1994.

② Ibid.

③ Arrighi, G., Silver, B. J. et al, Chaos and Governance in the Modern World System, Minneapolis, MN: University of Minnesota Press, 1999.

④ Arrighi, Giovanni, The Long Twentieth Century: Money, Power, and the Origins of our Times, London and New York: Verso, 1994.

⑤ Braudel, Fernand, Afterthoughts on Material Civilization and Capitalism, Baltimore, MD: Johns Hopkins University Press, 1977.

⑥ Cox, Robert W. (with Timothy Sinclair), Approaches to World Order, Cambridge, UK: Cambridge University Press, 1996.

⑦ Arrighi, G., Silver, B. J. et al, Chaos and Governance in the Modern World System, Minneapolis, MN: University of Minnesota Press, 1999.

了美国霸权开始走向终结。科克斯认为①，在这一时期，金融交易愈来愈不以融资为目的，并日益成为独立于实体经济的一个自给自足的部门。全球范围内的生产和金融变成了权力关系的两个分离的领域，并对国家的决策施加愈来愈多的限制。②

阿瑞吉和西尔弗进一步指出，有一些现象从危机的角度来看十分特殊，并且预示着一个新的世界秩序可能正在形成。首先，军事和经济实力之间的分歧愈来愈大。从当前的危机中，我们已经看到全球军事实力进一步集中到了美国手中，这一实力常常由北约来行使，但是，全球金融资源已经转移到了新的中心，这些中心通常是投资和增长迅猛发展的地区。③ 然而，赫莱纳④警告说，全球金融市场仍然依靠美元作为交易媒介和价值储备手段，中国正在愈来愈清楚地认识到这一事实。由此，在全球金融领域，美国拥有着独特而且间接的"结构性权力"，这使得它能够对全球市场的产出施加间接影响。部分是由于美国在伊拉克和阿富汗的军事冒险主义，资本和工业正日益向东亚流动并在东亚内部特别是在中国流动，这暗示着全球经济中心的重新布局，并进一步增加了当前时代的不确定性。⑤ 其次，在同一时期，特别是中国在20世纪90年代重组国企之后，跨国商业组织的扩张有加速的趋势，同时也进一步削弱了美国的霸权。这些产生于亚洲特别是中国的变化，将会"通过一个一般性的（但绝非普遍性的）削弱国家权力的过程，继续影响着当前持续

---

① Cox, Robert W. (with Timothy Sinclair), Approaches to World Order, Cambridge, UK: Cambridge University Press, 1996.

② Amin, Samir, Obsolescent Capitalism: Contemporary Politics and Global Disorder, Trans. P. Camiller, London: Zed Books, 2003. 就这一点而言，美国作为霸权国家可能是个例外。这些变化可能加强了美国筹借外债的能力。

③ Arrighi, G., Silver, B. J. et al, Chaos and Governance in the Modern World System, Minneapolis, MN: University of Minnesota Press, 1999.

④ Helleiner, Eric, "The Politics of Global Finance: Does Money Make the World Go Round", The Trudeau Foundation Papers, Montreal, Pierre Elliott Trudeau Foundation, 2009, 1: pp. 46 – 66.

⑤ Arrighi, Giovanni Adam Smith in Beijing: Lineages of the Twenty-First Century, London and New York: Verso, 2007. 阿瑞吉经常征引亚当斯密来说明这样一个观点，即在工业革命前，中国在相当程度上支配着全球经济。

进行的制度性变迁"。

二、资本主义和领土权力逻辑之间的对峙

阿瑞吉和其他批判性国际政治经济学家们指出,在霸权危机时代,资本主义和领土权力逻辑愈来愈难以共存。在本章,我将对二者之间存在的紧张关系进行思考,以求在20世纪70年代开始的霸权变迁和80年代、尤其是90年代日益增多的关于全球治理和全球化的研究这两者之间建立联系。这些逻辑之间的联系对于国家的角色和全球治理有着十分重要的影响。

美国霸权确立于"二战"结束之后,同时,领土权力逻辑也加速摆脱英国霸权时代盛行的殖民主义的各种形式。美国推动了联合国的组建,随着联合国的组建,民族国家被确立为新领土逻辑的核心制度。美国总统富兰克林·德拉诺·罗斯福将去殖民化趋势和"发展"作为全球人类的更有秩序和更美好的未来。1943年1月,罗斯福、丘吉尔和法国抵抗运动代表以及摩洛哥苏丹在摩洛哥举行会议,会议期间罗斯福提到了一个非常不同的战后世界。[1] 一方面,他也设想一个由自由贸易管制和货币交易进行完善的全球经济体系;另一方面,让英国和法国大吃一惊的是,他提出应该分解已经建立的殖民帝国,以便为前殖民地地区的经济、社会和政治发展提供便利。[2] "去殖民化"和"发展"将会在美国霸权支配下的世界中扮演关键角色,并且将使得美国领导下的资本主义深入到全世界。

领土权力逻辑摆脱殖民主义走向民族国家的全球体系,这一进程并不简单。许多去殖民化的尝试充斥着暴力和冲突。由于冷战和美苏争先对去殖民化的结果施加影响——特别是当这些前殖民地国家分属资本主义或社会主义阵营时——这一进程进一步被政治化了。20世纪70年代初,向民族

---

[1] Pruessen, Ronald W., "A Globalization Moment: Franklin D. Roosevelt in Casablanca (January 1943) and the Decolonization/Development Impulse", in Empires and Autonomy: Moments in the History of Globalization, S Streeter, John Weaver and W. D. Coleman (eds.), Vancouver: UBC Press, 2009.

[2] Ibid.

国家的领土逻辑的转化已经接近完成。大部分的新国家都成为了联合国成员。那些属于美国阵营的民族国家则倾向于形形色色的资本主义。一些新生国家质疑美国的"发展"模式，比起美国对全球模式的设想，它们宁愿要更大的经济自治。其他国家则采取了社会主义经济，并与苏联保持了密切联系。

在对美国全球主义的经济模式的早期挑战中，1964 年举行的联合国贸易与发展会议（UNCTAD）值得注意，这一会议随后被确立为较贫穷国家在全球经济谈判中的发言人。它的出现也引起了以美国为首的富裕国家的反应，这些反应包括给经合组织确立一个更加正式的地位，该组织是主导工业国家的大本营和美国的铁杆支持者。这些对立组织的建立预示着：当美国霸权遭遇危机之时，经合组织以外的国家愈来愈多地试图在全球事务中起作用。

（一）资本主义

美国领导的世界经济开始遭遇危机的迹象，在 20 世纪 70 年代就显露出来了。美国放弃了自己在"二战"结束之后确立起的经济秩序中扮演的角色，当时美元是世界经济的调节器。美国宣布美元在金融市场上与黄金脱钩，并放弃资本管制，这一切都是为了应对美国经济日益严峻的危机。美国的决策也导致英国放弃了资本管制，这一举措很快便在 1990 年为世界其他富裕资本主义国家效法。英美国家的这些决策导致了"金融化"进程，即在这个时期，金融杠杆超过了资本或资产净值，金融市场高居传统工业和工业市场之上，成为占主导地位的市场。[1] 主要资本主义国家停止进行资本管制，为金融市场在全球范围内的相对迅速增长铺平了道路。

上述在资本流通领域发生的改变，反过来从根本上挑战了民族国家体系

---

[1] Arrighi, Giovanni Adam Smith in Beijing: Lineages of the Twenty First Century, London and New York: Verso, 2007.

的领土权力逻辑。在英国和美国，出现了一股日益增长的政治压力，要求朝着"新自由主义"的资本主义治理模式进行变革。通过强调比起民族国家，市场在公共品供给，特别是为人口提供社会福利方面效率更高，这些理论隐含着对领土权力逻辑的攻击。此外，对个人主义、对个人在变动的经济领域中粗暴地捍卫自身利益这样一种微妙的男权主义观点的强调，也为上述隐含的思想添油加醋。这一观点的支持者也假定：金融市场的迅速全球化削弱了民族国家的力量，是朝向世界经济所需要的那种"效率"迈进的关键一步。

当这些观点产生影响时，首先便导致在美国和英国发生了重要的政策转变，随后其他许多政府也步英美的后尘。同时，IMF 和世界银行本身就是受美国及其盟友控制的，也吸纳了这些理念。通过这些组织所施加的条件限制，新自由主义理念在那些较贫困的国家中也得以施行，这些国家都需要金融支援以应对变化中的经济秩序产生的经济困难。随着时间的推移，世界经济秩序，也就朝着属于经合组织的富裕资本主义国家的较少受管制、更加新自由主义的资本主义发展。同时，IMF 和世界银行也在所谓的第三世界国家中为这种形式的资本主义推波助澜，在那里，一些国家已经经历了社会主义的实验，或是仍然保有美国及其盟国在 1946 年确立的经济体系中的（对资本的）边界控制特征。在这一方面，新自由主义的资本主义权力逻辑日益广泛地渗透入世界经济之中。

这些资本主义发生的转变，在其发生之始，也伴随着现存领土权力逻辑——民族国家的核心中进行制度上的"更新"的强烈要求。在 20 世纪 90 年代初，菲利普·塞尔尼①就创造出了"竞争型国家"一词来描述当时正在发生的转变。完整的全球市场特别是全球金融市场的出现，意味着国家控制、稳定和管制国民经济的能力越来越弱。在美国霸权时代，这些能力对于领土权力逻辑至关重要，失去了这些能力，国家也就更难提供公共品，特别是提供生产性和分配性的公共品。没有了上述能力，在保持和支撑各种对于福利

---

① Cerny, Philip, "Globalization and the Changing Logic of Collective Action", in *International Organization*, 1995, 49 (4): pp. 595–625.

国家至关重要的社会和教育政策方面，国家也就举步维艰。

不过，上述能力的衰微并不意味着国家本身正走向衰亡。相反，通过追求公共品特别是社会福利服务的市场化，国家在支持资本积累方面起到了更加积极的作用。这样做有望使得本来在民族国家领土内部进行的经济活动，在国际舞台和国际市场中更加富于竞争性。因此，竞争型国家只需致力于将医疗和教育等公共品私有化，发展人力资本（使得劳动力有更多的技能、更多的接受教育和培训以适应全球竞争的需要），建设基础设施，支持关键的研发活动，提供基础公共服务从而为全球范围内流动的专业人员提供优质的生活水平，最后是使政策环境有利于全球投资。[①]

这些领土权力逻辑发生的转变，是为了更好地适应在全球范围内日益发展的资本主义的权力逻辑，这些转变变得更有效率，是因为某些国家的政治变化使得资本主义的地理扩张达到了顶峰。在 1978 年，中华人民共和国开始了将自己的经济融入资本主义世界体系的第一步。在随后的 23 年里，中国经济在全球资本主义经济中所占份额急速膨胀，最终使得它在 2001 年有资格加入世界贸易组织。同样的，社会主义阵营中国家也遭遇愈来愈多的经济困难，最终以 20 世纪 80 年代末和 90 年代初"铁幕"的崩溃而结束。东欧和俄罗斯的前共产主义国家结束了它们的社会主义实验，投向了资本主义的怀抱。资本主义地理版图的巨大扩张在 2011 年 12 月 6 日达到了顶峰，在这一天，世贸组织批准了俄罗斯联邦的加入申请。资本主义在世界范围内史无前例地全球化了。

（二）技术

向资本主义和领土权力逻辑的转变，得到了重要的技术创新的支持和推动。在金融化时代的早期，在 20 世纪 70 年代，世界正处于曼纽尔·卡斯特[②]

---

① Cerny, Philip, "Paradoxes of the Competition state: The Dynamics of Political Globalization", in *Government and Opposition*, 1997, 32 (2): pp. 251 – 174.

② Castells, Manuel, The Rise of the Network Society, 2nd edn, Oxford, UK: Blackwell, 2000.

所说的"信息技术革命"发生的前夜。微电子、计算机和电子通讯这三大技术领域的协同发展，通过1975年个人电脑的研发而达到顶峰。网络技术在20世纪60年代也独立地发展起来，当这一技术为个人电脑所采用时，"英特网"出现的关键要素就已经具备了。很快，自20世纪80年代起，废除了使用国际互联网施加的种种限制，随即出现了连续的几波革新，使得在个人、公司、国家和非国家主体之间建立人类经验中全新的联系成为可能。尽管这些技术最初只是在经合组织国家中广泛使用，但也逐渐地传播到了世界其他地方，特别是东亚和东南亚。

信息技术革命和资本主义之间存在着十分重要的协同作用：过去40年来全球市场，特别是全球金融市场的发展，严重地依赖全球同时性，但只有新技术才使后者成为可能。对于当代资本主义的核心机制——跨国公司而言，这些技术已经为在全球范围内重组商业组织、改变了一切生产程序铺平了道路。跨国公司数量和规模的增长是世界历史上没有先例的。例如，像埃克森美孚这样的大跨国公司，在全世界拥有石油和天然气矿藏的国家中均十分活跃。这些公司的全部财富要超过许多国家。就埃克森美孚的首席执行官和总裁而言，斯蒂芬·科勒（Stephen Coll）就写道：他"与美国结盟……但两者并非总是很融洽……他对法国总统或是德国总理更有亲近感……他拥有的是一个私人帝国"[①]。

（三）一个新兴的全球市民社会

伴随着新信息和通讯技术的发展，资本主义在全球的迅速扩张引起的政治反应，给领土权力逻辑带来了一系列改变，并导致了从政治上反对资本主义的组织的出现。较早的一个例子也许是环境保护运动。在20世纪70年代初，致力于环保的社会运动在世界范围内获得了愈来愈多的影响力，它们倡导在全球范围进行政治协作，以求对资源进行可持续的管理，善待动植物、

---

① 引自对科勒《私人帝国：埃克森美孚与美国权力》（纽约，企鹅丛书，2012年）一书的一篇评论，见《纽约书评》第59卷第10期第50页）。

海洋、湖泊、大气和"自然界"的其他方面。1972 年,联合国在瑞典斯德哥尔摩召开人类环境大会,这一会议首次集结了全世界政府的代表讨论"全球"环境现状。在随后的三十年间,环保运动几乎遍及每一个国家。关于环境保护的讨论不仅关涉到国家,而且愈来愈多的非政府组织、跨国公司和社会运动也加入了进来。后几届环保大会分别在 1987 年和 1992 年召开,其间民族国家缔结了几项加强环境保护全球协作的国际协定。

政治愈来愈深地介入环保问题,实际上有其深刻背景,那就是同时期中领土权力逻辑愈来愈顺应资本主义变迁的趋势。资本主义活动在世界范围内的扩张,包括大跨国公司的迅速增长,反过来使得活动家们开始强调:人类在一个共同的环境中是同呼吸共命运的。环保主义者们质疑不加限制的全球资本主义扩张带来的危险,他们强调生存在一个新的社会空间中的重要意义。在整个 20 世纪 80 年代直到今天,反对新资本主义和修正后的领土权力逻辑的人们采用了新技术来建立全球范围内活动的社会网络。这些运动有着极为不同的宗旨和成员,他们介入暴力或非暴力活动的程度,以及他们对结束美国霸权衰落之后的日益混乱的状态的设想也各不一样。①

在 20 世纪 80 年代和 90 年代还产生了这样一种担心,那就是资本主义扩张可能在全球范围内孕育一种追求物质的文化。② 很多人都表示,他们担心西方世界特别是美国创造的文化产品,可能会在新近被纳入资本主义体系的地区中彻底排挤原有的文化形式。同样的忧虑在更富裕的国家中也存在,他们担心文化被商品化,传统的习俗和艺术可能被取代。人们对于全球势力和局部势力之间的关系,曾经产生过争论。③ 由于环绕在民族国家周围的领土逻辑不断被弱化,对民族国家的认同也产生了微妙的差别。一些共同体试图回避

---

① Castells, Manuel, The Power of Identity, 2nd edn, Oxford, UK: Blackwell, 2003.

② Robertson, Roland, Globalization: Social Theory and Global Culture, London: Sage, 1992; Hannerz, Cultural Complexity: Studies in the Social Organization of Meaning, New York: Columbia University Press, 1992; Tomlinson, John, Globalization and Culture, Chicago: University of Chicago Press, 1999.

③ Tomlinson, John, Globalization and Culture, Chicago: University of Chicago Press, 1999.

那些可能发生的社会和文化领域的变迁。卡斯特[①]认为，他们构成了建立在与宗教原教旨主义和种族排外主义紧密相连的"抵抗认同感"的基础之上的集团。就在同一时期，与这些新的身份相联系的内战在世界范围内也愈来愈多。[②] 其他的集团形成了一种"事业认同感"，他们旨在建立一个与新兴资本主义全球秩序不同的新世界。卡斯特[③]认为，环境保护和妇女解放运动通常遵循这一路线。这些变化均表明，彻底的领土权力逻辑正在全球范围内兴起。

三、全球化理论

在这一章节，我将着重分析一种以不同方式来理解对治理产生影响的经济、政治和文化变迁的理论。这种理论与全球化的概念密切相关，它更加直接地强调社会空间的转化导致社会关系和社会交易越来越经常地在跨星球范围内进行。批判国际政治经济学理论的学者们强调资本主义与领土组织之间的对抗和由霸权更迭决定的领导权，转型理论则强调全球化本身，以及全球化是怎样在过去的5个世纪中不断演化的。这两种分析立场的差异是十分重要的，因为他们代表着对全球治理的不同理解。在阐述全球化理论中最有代表性的两位学者——戴维·赫尔德（David Held）和扬·阿特·肖尔特（Jan Aart Scholte）——的观点之后，我们再来讨论这些差异的重要性。

赫尔德是一个英国政治哲学家，与他的同事们一道为全球化给出了第一个定义，全球化是"一个或者说一系列包含了社会关系和社会交流的转变的进程——这些转变反映在它们的广度、深度、速度和影响方面——从而产生出洲际或者区域际的活动、互动和权力行使的流动和网络"。赫尔德等人将所谓"流动"理解为物质工具、人类、象征、记号和信息的运动。

---

① Castells, Manuel, The Power of Identity, 2nd edn, Oxford, UK: Blackwell, 2003.

② Appadurai, Arjun, Fear of Small Numbers: An Essay on the Geography of Anger, Durham, NC: Duke University Press, 2006; Sen, Amartya, Identity and Violence: The Illusion of Destiny, New York: W. W. Norton, 2006.

③ Castells, Manuel, The Power of Identity, 2nd edn, Oxford, UK: Blackwell, 2003.

赫尔德将"广度"理解为全球化进程给那些"空间—时间"进程带来的改变，这些进程通过在全世界结合或是扩张人类活动而改变人类的生活。其次，分析还应该考虑这些进程的深度，即它们在世界范围内渗透和改变人们的日常生活的程度。第三，研究者还应该评价这些联系的"速度"——它们以多快的速度产生和完成。将这些进程纳入考虑之后，研究者就能够从容地分析变化的第四个维度，也就是局部和全球范围内的变化，在多大程度上使得全球事件的影响局部化，从而局部发展在世界范围内的影响被扩大了。

赫尔德就是通过这四个特性来评价转变的深刻程度的。他和他的同事们区分了四种全球化的历史形式：前现代，现代早期（1500—1850），现代（1850—1945）和当代（1945—至今）。这些形式在程度上以及在广度、深度、速度和影响这四个特性的结合方面，都有所区别。他们提出，现代的形式是一种"密集的全球化"，也就是说，在这个世界中，"全球网络的广泛扩张同它的高强度、高速度和高影响趋势是不相上下的，这一进程贯穿了从经济到文化等生活的方方面面"[1]。简言之，赫尔德认为，人类和其他生物所生活的生活空间正向着前所未有的全球性深刻转变。

赫尔德认为，区别任何一个单个的当代全球化进程是没有意义的。"相应地，认为当代全球化产生于资本主义的扩张逻辑，或是大众文化的全球扩散，抑或是军事扩张，都是片面的和简单化的。"[2] 他更倾向于"政治、军事、经济、移民、文化和生态体系的扩张倾向"，产生了"这样一种复杂的因果逻辑的构型"[3]。他补充说，尽管如此，当代通讯技术也在变化中起到了重要作用。每一个因果逻辑都是以"20世纪末的通讯和交通革命为中介的，这一革命使得全球化在社会活动的各个层面更容易展开，并且通过发展出便利人、物和象征在世界范围内流动的基础设施极大地扩大了全球互动能力"[4]。

---

[1] Held, David, (with McGrew, A., Goldblatt, D., and Perraton, J.) Global Transformations: Politics, Economics and Culture, Stanford, CA: Stanford University Press, 1999.

[2] Ibid.

[3] Ibid.

[4] Ibid.

扬·阿特·肖尔特从转型学派的视角提供了另一种全球化定义。他认为，全球化就是"跨星球的扩散，尤其在当代表现为人类之间超地域联系的扩散"①。在他的论证过程中，"跨星球""跨世界"和"全球性"这些字眼是可以相互替代的。他对全球化的定义提醒我们注意社会空间发生的变化：地球，这整个世界，已经成为了一个独立的社会关系领域。这一定义凸显出上述社会关系的两大特征：跨星球性和超地域性。他该认为，人和人之间的全球性联系并不必然是新事物，它们已经经历了数百年的发展。当代的特性在于这些联系史无前例地将更多的人卷入进来，并且史无前例地成为人类生活中最为显著的要素。

将当代的状况和较早的时期区别开来，更重要的意义在于这一事实：许多这些全球性的联系是超地域的，它们给领土地理带来了实质性改变。"它们相对地与领土脱钩了，所谓领土指的是地球表面土地上标示出的空间范围，以及邻近的水域和地带。"② 有了当代的信息和通讯技术，全球的联系有了世界范围内的同时性（它们能在同一时间扩散到全世界）和即时性（它们能在瞬时间传遍世界的各个角落）。简言之，当跨区域的全球联系产生之后，"空间不再是固定在某个区域之中，地域距离在瞬时间即可消除，而地域界限也不再构成障碍"③。

在解释当今的全球化崛起时，肖尔特与赫尔德同样不认为资本主义发生的改变具有头等重要性。他曾表示："是生产领域（即资本主义发展的某些转变）、治理（即各种有效的调节机制）、身份（即宣示存在和隶属的不同方式）和知识（即某些理性主义意识的逻辑）的推动，才使当今世界范围内的联系不断加强。"④ 他不认为这四个因素中的任何一个，或是全球联系的加强（全球化）是原动力或是其他现象的原因。每个因素都应该被理解为互为因果。⑤ 他同时

---

① Scholte, J. A., Globalization: a Critical Introduction, 2nd edn, London: Palgrave Macmillan, 2005. 这一定义与肖尔特2000年出版的该书第一版中给出的定义仅稍有区别。
② Scholte, J. A., Globalization: a Critical Introduction, 2ndedn, London: Palgrave Macmillan, 2005.
③ Ibid.
④ Ibid.
⑤ Ibid.

还认为，资本主义本身并没有产生全球化。他将资本主义自身的变化视为是调节机制（治理）、知识形式的产物——理性主义模式"创造了世俗的、人本主义的、工具主义的精神状态，这是资本主义繁荣的源泉"①。

四、全球治理：不同的解释

上述两种理论立场虽然一个强调全球化的动态的新形式，而另一个强调导致领土重组的金融化和资本主义的形态转化以及霸权的衰落，它们却共同指向了一个动荡的世界。目前来看，它们都认为全球治理的现状是一片混乱，但从中长期来看，它们的期待是不同的。赫尔德、肖尔特和其他一些学者认为，在他们所理解的全球化基础上正发生着一种演变，据此，他们认为全球民主的多样形式是可能的。批判国际政治经济的乐观主义者们看到的是一个以区域集团为基础的新兴的多极化世界，而在该学派的悲观主义者们看来，则是一片混乱和一个不确定的未来。

（一）全球化理论和全球治理

晚近的美国学者詹姆斯·罗西瑙（James Rosenau）是从全球化角度思考全球治理问题的先驱，他提出了一个概念——"混沌"来描述世界秩序的不稳定状态，这一状态在20世纪70年代初露峥嵘，并在80年代及其后加速发展。他写到，"不确定性"是世界政治的首要特性。② 作为这种不确定的结果，他认为，世界正在经历一种"参数变化"③。混沌动力学渗透到了人类经验的每一个核心。在这一进程中，它们对传统观念提出了挑战，这些传统观念是被用来描绘领土、共同体、生产力、义务、工作、宗教、忠诚和许多被

---

① Scholte, J. A., Globalization: a Critical Introduction, 2nd edn, London: Palgrave Macmillan, 2005.
② Rosenau, James R., Turbulence in World Politics: A Theory of Change and Continuity, Princeton, NJ: Princeton University Press, 1990.
③ Ibid.

认为理所当然的其他要素的。① 他所罗列的这些参数变化中最显著的是世界经济的根本性变化。②

罗西瑙提出，这种紊乱状态或说是"混沌"的结果是：世界事务中以国家为中心的体系开始与一个更富于动态的、更分权化和多元化的系统共存。这两个系统的规范、结构和程序都是相互排斥的，这就使得世界体系国家高度复杂化。就相互关系而言，这些结构性变化削弱了长期以来对权威的毫不质疑的、顺从的接受。相应地，权威的行使越来越成问题。最后，在微观层面上，针对个体的分析技术日益清楚地指出，它们在世界政治中扮演着不同的重要角色。它们之间的联系越来越紧密。

从上述分析出发，罗西瑙指出，一个不可逆的进程正在发生，权威正在日益解体并被与不同的治理领域联系起来。结构，或说一个全球治理体系也就涵盖了愈来愈多的权力中心，这些中心遍布世界各个角落和共同体的各个层面。③ 当然，长期以来主导事件进程的、由国家组成的国家间体系以及它们各自的民族政府仍然存在。但是，与这一系统并驾齐驱的则是另一个多元化的系统，该系统囊括了其他不同性质的集体。这一多元化的体系产生了许多新的权威领域，这些权威领域有时相互协调，有时相互竞争，但始终都与以国家为中心的体系密不可分。

肖尔特当然也接受这一关于"混沌"的观点，但他对于全球治理有自己的理解，他认为罗西瑙所描述的以国家为中心的体系将会终结。他将治理方面的变化总结为"中央集权制"被"多中心主义"所取代。"中央集权制"指的是"在这种环境下，社会治理或多或少地等同于领土的和官僚政治的民族政府实施的调节……社会规范的一切形式、执行和监督都或多或少地直接

---

① Rosenan, James R., Along the Domestic-Foreign Frontier: Exploring Governance in a Turbulent World, Cambridge, UK: Cambridge University Press, 1997.

② Ibid.

③ Rosenau, James R., "Governance in a New Global Order", in D. Held and A. McGrew (eds.), Governing Globalization: Power, Authority, and Global governance, Cambridge, UK: Polity Press, 2002.

通过国家和国家间关系进行"①。相反,"多中心主义"意味着如下状态:治理日益成为多层次的和跨等级的。不像在"中央集权制"下,任何一个单独的层次(无论是市、省、民族、宏观区域还是全球)都不能统治其他层次。"相反,治理趋向于从多个地区同时发散开来,在这一过程中,权威的点和线并不总是清晰的。"②肖尔特紧接着研究了治理的多样化的新形式,多层级的公共治理(无论是市、省、民族、宏观区域还是全球)、私有化治理、(全球)市民社会。最终,他提出这样一种治理形式的分布将为制定协调和有效的政策带来重大的挑战。

为了详细说明这些观点,肖尔特强调,20世纪中期以来的加速全球化伴随着跨领土关系的发展,已经使得"威斯特伐利亚式的主权国家建构成为明日黄花。威斯特伐利亚式的主权国家实践取决于一个领土性的地理,在其中,所有社会交往都在一个固定的场所进行:或者是在领土权限之内,或者是在设计好的地点,在严加稽查的国界两边进行"③。相反,在跨领土性不断加强的新形势下,决策不可能固定在某一个领土空间内进行,在这个空间内国家可以实施绝对控制。肖尔特还指出:"一个大规模全球性的时代不会容许一个国家——即便是最得天独厚的国家——在自己的领土范围内施加至高的、全面的、无限的和绝对的统治。"④

在广阔地理范围的全球性和超区域性的条件下,"不论一个国家的政府拥有什么样的资源,主权国家主义的建构都无法实现"⑤。即便如此,国家还是可以利用技术发展来加强对生活的监视和干预能力,这些创新没有跟上全球化时代的经济、社会条件和流动性变化的脚步。

赫尔德和肖尔特(虽然是以不同方式)都预计——当前的混乱状态和

---

① Scholte, J. A., Globalization: a Critical Introduction, 2ndedn, London: Palgrave Macmillan, 2005.
② Ibid.
③ Ibid.
④ Ibid.
⑤ Ibid.

全球治理的非民主特性有可能通向一个更民主的未来。作为一个政治哲学家，赫尔德已经勾勒出了一种全球化民主理论的某些细节，这种理论他称之为"世界主义民主"，这也是他在1995年出版的那本颇具影响的著作的主题。在他后来的一系列著作中，他还继续研究了这样一个系统如何得以形成。例如，在2004年他出版了一本专著，在其中他通过描述可能通向"全球社会民主"的步骤，质疑了通过"华盛顿共识"确立起来的新自由主义正统学说。在2005年出版的一本书中，肖尔特则描述了一种全球化和"非民主"的情境。他指出，有许多全球化的进程起到了削弱民主的效果。但在该书的倒数第二章中，他还是描述了一系列可能有助于建设一个"更人道的全球化"的步骤。这些步骤将逐渐巩固人类安全、社会公平和民主。在他接下来的研究中，为了进一步巩固上述观点，他在全球范围内发起了一个由学者和活动家参与的合作研究计划，旨在探索"建立全球民主"的途径。①

（二）批判国际政治经济学和全球治理

虽然赫尔德和肖尔特都希望通过在全球范围内扩大民主制度和实践，来为全球治理带来某些秩序，批判国际政治经济学家们则聚焦于美国霸权衰落的意义，以及相对的——美国军事统治的持续。本节的讨论首先还是引述阿瑞吉的观点，随后则引申到其他学者的观点上去。完全可以说，这一部分学者并不认为一个民主制度的全球化将会实现，他们认为，这种前景只有在强大的美国霸权之下才可能成真。

在2009年逝世之前的最后一部重要著作中，阿瑞吉②对于建立以在21世纪最初几年中被称为"北京共识"的观念为主导的世界秩序还比较乐观。这

---

① 参见http://www.buildingglobaldemocracy.org/。
② Arrighi, Giovanni Adam Smith in Beijing: Lineages of the Twenty First Century, London and New York: Verso, 2007.

一可能的新世界秩序有两个特征让阿瑞吉特别心动。第一个特征是"本土化","再次承认发展要适合本土的需要;对发展的援助将依据各国不同的情况因地制宜,而不是粗暴地适用一套新自由主义的规则,这套规则是美国青睐的,并为IMF和世界银行所推行"①。第二个特征是"多边主义","再次承认国际合作在建设新世界秩序方面的重要性,这一新秩序是以经济独立为基础的,但是充分尊重各自的政治和文化差异,这与美国外交奉行的单边主义形成鲜明反差"②。

阿瑞吉指出,趋向这样一个世界秩序之所以非常可能,正是因为南方国家的剩余资本正日益离开北方国家特别是美国,转而支援南方国家的发展。他提出,这一趋势的要素在南美洲的委内瑞拉已经出现了,委内瑞拉利用高油价带来的大笔收入来帮助拉丁美洲国家摆脱美国、IMF和世界银行的控制。同时阿瑞吉还注意到,最近沙特阿拉伯和其他西亚国家也开始将各自的剩余转投到亚洲,特别是东南亚和中国。③

阿瑞吉补充说,通过来自中国的大量援助和指导来实现发展规划的本土化和建立一个新多边主义,只有在这样的条件下才可能成功,那就是中国在印度的支持下,开辟国际合作的新途径。这种新途径不能仅限于将南方国家从西方发展道路上解放出来。任何一种新的途径,都应该避免在英国和美国霸权下进行发展所遭受的生态和社会灾难。只有采取这样的途径,现代性的福利才可能泽及世界上的大多数人口。一旦中国和印度将各自的十分之一的经济纳入西方模式的支配下,将导致整个世界范围内的生态灾难。

为了朝这个目标迈进,阿瑞吉强调,世界必须避免再继续沿着美国权力(特别是军事权力)支配的路径继续前行,这样一个路径只会导致现状的更加恶化。最可能的也是最坏的一种前景,是美国为东亚和东南亚国家之间的战争提供资金和军事支持。因此,如果阿瑞吉今天仍然在世,他会对美国加强

---

① Arrighi, Giovanni Adam Smith in Beijing: Lineages of the Twenty First Century, London and New York: Verso, 2007.

② Ibid.

③ Ibid.

在南中国海和该地区的其他水域的军事力量而感到忧虑。在这一前景中，美国将变得更加富有和强大，而东亚和东南亚国家则会因为两败俱伤的冲突而极度衰弱。另外一个非常危险的前景是，美国通过一个自己主导的军事联盟来包围中国，这实际上是冷战的翻版，只是这次中心是在亚洲而不是欧洲。这种前景将在南亚、东亚和东南亚国家之间造成深刻的隔阂，甚至加剧了核灾难的风险。第三个也是最后一个危险的前景是，中国与以美国主导的、经过一番改造的世界秩序进行合作。

阿明和贝洛可能会赞同阿瑞吉所倡导的、在"北京共识"的基础上建立一个新的世界秩序。阿明①可能会赞同通过改革联合国以使其在阿瑞吉所倡导的本土化和改造后的多边主义的基础上运转，来向这一方向迈进。贝洛也赞成这种对联合国的潜力的看法②，科克斯可能会在一定程度上提出异议。他指出，我们应该充分注意到一个"隐蔽的世界"的出现，这一世界寄生于全球化之上，并且以新自由主义的资本主义秩序的社会结果为养料。③ 这一阴暗的世界包括涉及腐败和地下活动的各种不同势力和运动，如有组织犯罪、毒品交易、银行洗钱、军火买卖、准军事组织和雇佣军、宗教崇拜、性交易以及恐怖主义组织。④ 科克斯补充说：这一"隐蔽的世界是经由混乱产生的，又再度加强了隐蔽世界的力量"⑤。

在思考对全球治理有着重大意义的另一种未来方面，最新的视角来自批判政治经济地理学的研究者。彼得·泰勒⑥依据非常广泛的经验研究，将当前

---

① Amin, Samir, Beyond US Hegemony? Assessing the Prospects for a Multipolar World, Trans. P. Camiller, London: Zed Books, 2006.

② Bello, Walden, "Global Capitalism Versus Global Community", in Race & Class, 2003, 44 (4): pp. 63 – 76.

③ Cox, Robert W. (with Michael G. Schechter), The Political Economy of a Plural World: Critical Reflections on Power, Morals and Civilization, London: Routledge, 2002.

④ Ibid.

⑤ 对这一"隐蔽的世界"的更详细的讨论，参见 Castells, Manuel, The End of Millennium, 2nd edn, Oxford, UK: Blackwell, 2000b。

⑥ Taylor, Peter J., World City Network: A Global Urban Analysis, London: Routledge, 2004.

的形势解释为一个通向新的"元地理学"的过渡阶段,在这一阶段中,物质基础从民族国家转移到了"全球联系的城市"。泰勒不主张一个自上而下的垂直的国家结构,而是认为世界正朝着一个以城市为基础的水平联系的网络变化。泰勒不完全赞同萨斯基娅·萨森(Saskia Sassen)的观点①,后者认为,一小撮关键节点,如东京、纽约和伦敦,属于"全球化都市"。相反,他认为,在当代资本主义的条件下,所有城市已经全球化了。"电脑空间的经验本质上并不是等级性质的,它是在数不清的网络中运行的,尤其是通过一个世界范围内不均衡的财富分配进行的。在这一意义上,所有的城市都是全球化的:它们在一个流动的当代空间中运行,这使得它们的活动能够伸展到全球,只要环境要求发生这些联系。"② 泰勒并不认为只有一小撮节点才是"全球都市",他更关注"数量更大的城市之间的联系网络,这一网络是为全球资本服务的"③。他将这一情形描述为一种以连锁网络模式为原型的"世界城市网络"。

布伦纳(Brenner)以泰勒的立场为出发点,也进行了一番研究,他同样强调城市——作为资本主义全球扩张所需要的部分基础设施的载体——其重要性正日益显著。在充当起这一基础设施角色的过程中,城市形式自身也发生了变化,"通过它们在连接地区、区域、国家和全球经济上发挥的作用,今天的城市已经变成了一个更加庞大和多元的城市区域……"④。在这一变动的角色方面,城市的总体经济实力变得日益独立于国际关系的领土结构。城市不再是一个自我封闭的、以民族国家为基础的资本主义扩张进程中从属于国家的组成部分。相反,在资本主义发展的晚近阶段,城市是全球都市网络中

---

① Saskia Sassen, The Global City: New York, London, Tokyo, Princeton: Princeton University Press, 2001.

② Taylor, Peter J., (with B. Derudder, M. Hoyler and P. Ni), "New Regional Geographies of the World as Practised by Leading Advanced Producer Service Firms in 2010", GaWC Research Bulletin, 392, December 21, 2011.

③ Ibid.

④ Brenner, Neil, "Beyond State-Centrism? Space, Territoriality, and Geographical Scale in Globalization Studies", in Theory and Society, 1999, 28 (1): pp. 39 – 78.

的关键节点,也可以说,它们是新的全球经济的发动机。①

布伦纳主张,民族国家的重要性依然存在,但是在支撑资本主义的全球扩张方面,一系列亚国家和超国家的结构已经很大程度上取代了民族国家原有的作用,这些结构包括"从全球城市地区、工业区和领土国家制度到跨国经济集团、超国家的调节机构和全球治理机制"的一系列事物。② 他将这一新形势描述为一个"多形态的、多层次的制度综合体,它包括一系列多样的、部分重叠的制度形式和调节机制,这些形式和机制彼此之间既不完全一致和连续,其范围也不尽相同"③。

(三) 全球治理:一个探讨

关于全球治理的文献,虽然产生于全球化理论,但已经大大地超出了全球化理论这个名词本身所能涵盖的范围。当人们彼此之间的全球性联系不断增强,当他们变得更加不受国界束缚(也就是说不再受国家的直接控制),当他们在日常生活中更加紧密地融为一体,当他们更加迅速地团结在一起并行动时,全球化的研究者们提出了这样一个问题:这样一个世界将要如何治理?这些变化是如此的深刻,以至于在他们看来,全球治理变得更加复杂了,民族国家也仅仅成为了构建世界秩序时众多的主体中的一种。更重要的是,他们的结论是,在全球范围内建立秩序和处理问题时,民族国家已经不能够在传统的多边框架内处理好这些问题。这些学者承认,当今全球化进程要广泛、深刻和迅速得多,在较富裕的国家中,它对个人生活的影响要大于较贫穷的国家。不论是赫尔德的"世界主义民主"理论,还是肖尔特对"构建全球民主"的执着,都严肃地正视了这种不平等现象。在过去的 20 年中,他们也一

---

① Brenner, Neil, "Beyond State-Centrism? Space, Territoriality, and Geographical Scale in Globalization Studies", in Theory and Society, 1999, 28 (1): pp. 39 – 78.

② Brenner, Neil, New State Spaces: Urban Governance and the Rescaling of Statehood, Oxford: Oxford University Press, 2004.

③ Ibid.

直在考虑,如何应对这种不平等。然而,决定他们思路的根本立场,仍然深深地植根于世界上较富裕的那一部分国家之中。

类似阿瑞吉的批判国际政治经济学家则不同。与其强调是多种多样的原因造成了世界秩序的变化,他们是从这样一个立场出发的,即社会变迁背后的原动力来自资本主义及其演化。他们看到,资本主义的逻辑已经深刻地影响了人类对地域进行组织的方式,他们指出,在经济和政治上拥有强大影响的实体,首先是城市,随后是民族国家,在从这些变化中指引和获取财富方面有着重大的影响。当他们对过去40年的世界秩序进行审视时,他们发现,美国霸权的衰落过程正产生出一个危机。他们认为,许多被认为是"全球化"的现象,实际上是资本主义权力逻辑和领土逻辑的关系发生变化所致。在对这些变化进行观察时,他们强调的政治权力,正从美国及其在经合组织和北约内部的盟友转移到东亚和东南亚的民族国家。他们也看到,大型跨国公司在推动资本主义权力逻辑发生变化方面扮演着关键的角色。

这些学者显然也认识到了环境破坏、饥荒、贫穷、金融和其他问题,这些问题的解决需要国家间的合作,但在他们看来,这个世界仍然比全球化理论设想的那样更加集中化。肖尔特认为"中央集权制度"已经终结,而罗西瑙认为与国家治理并行的多元治理的新区域已经出现,对这些观点,他们会表示质疑。鉴于亲美的富裕国家在民主问题上的伪善态度,他们也会怀疑所谓"世界主义民主"的真实性。他们会问:全球治理及其以全球化分析为基础的知识怎么能忽视正在走向衰落的美国霸权所拥有的绝对军事实力呢?[①] 在《北大西洋公约》的政治地位和美国的这种军事实力尚未遭到挑战的时候,全世界的国家如何能够考虑进行全球治理呢?以自身的历史视角为出发点,批判性国际政治经济学家们了解到,霸权衰落的时代往往是对世界人民最为危险的时代。当阿瑞吉对世界秩序进行思考之时,他将希望寄托在世界上处于当代全球化的核心区域之外的许多国家能够充分认识到这一点。他并没有将

[①] Coleman, William D., "Globalization, Imperialism, Militarism: Implications for Justice, Equality, Dignity", in *Marxism and Reality*, Issue 4, 2011, pp. 83–92 (In Chinese).

我们通常理解的"全球治理"看作是在一个霸权和经济危机的时代可行的一种世界前景。

除了认为国家仍然是当代世界秩序的中心这样一个结论外,在研究当代资本主义的权力逻辑刺激下区域组织上发生的变化的时候,像泰勒和布伦纳这样一些学者的确认识到了这样一个重要问题:相对于国家,城市扮演的角色日益紧要。以萨森(全球都市)和卡斯特(网络社会)以及国际政治经济学理论为基础,他们提出全球都市正日益与其隶属的国家脱离关系,而愈来愈重视在一个由技术驱动的网络中与其他全球都市之间的关系。这些全球都市协力为当代资本主义和跨国公司的运营提供技术条件、知识和物质基础,它们形成了一个更加制度化的全球网络。这些变化至少产生出了这样一个问题:这些网络,这些日益全球化的城市是否能形成一个新的领土权力逻辑的基础?它们并未取代民族国家,而是引导民族国家与它们用来支持和治理资本积累的其他制度一起产生作用。关于世界秩序和领土权力逻辑的讨论现在决不能忽视这些全球都市网络。

五、结论

通过使全球化和批判性国际政治经济学这两大阵营学者的研究成果和思路进行对话,我们或许能够对全球治理有一个更加全面的认识。批判性国际政治经济学的思路为我们理解全球治理中国家职能的多样性和持续性提供了重要的帮助。他们将领土权力逻辑与资本主义权力逻辑联系起来,这就为理解社会空间是如何变得更加全球化——或者用赫尔德的话说——更加广泛做出了重要贡献。他们强调霸权危机和金融化,提醒我们注意到全球化正在"加速"进行,并且解释了为什么在扩充全球化空间时,金融的角色是如此关键。此外,在全球化研究文献中,伴随着美国的霸权危机而来的经济权力和政治权力之间的失衡通常被忽视了。美国军国主义是以遍布全球的800多个国外军事基地构成的网络为基础的,这使得美国能够在塑造社会空间方面发挥独特的影响,正是全球化扩大了这些社会空间,而这些社会空间也日益成为全球治理的核心。①

以全球化为基础的研究取向则通过将信息通讯技术对社会生活的其他方面产生的影响联系起来，使我们对社会空间的结构的理解更加全面，这是批判性国际政治经济学理论没有给予充分注视的。在这里重要的是全球化产生的文化领域的变化。科克斯②从国际政治经济学的视角对这一问题进行了研究，他近来更加强调"文明化"的概念，但这一概念尚未被完全引入国际政治经济学对全球治理的思考。全球化的思想家们对这一问题进行了更深入的探讨，他们强调局部地区是如何通过被接纳为新的全球空间的一部分而获得深刻转化的。汤林森③系统地研究了世界上较富裕国家中的这一问题。埃斯柯瓦尔（Escobar）和桑托斯（Santos）则研究了包括本地人民在内的次一级集团所发挥的作用，并展示它们是如何被改造为全球化的一部分的，这些变化通常是他们称之为倾向于反对霸权的全球化的运动的结果。④ 这些运动不仅对资本主义的扩张构成了挑战，而且还对有利于资本主义扩张和渗透的文化、政治、环境压力构成了挑战。

最后，有两种重要的组织逻辑尚未被完全纳入对全球治理的理论研究。对于全球都市及其组成的网络的物质和经济基础已经有了愈来愈深入的研究。这些网络化的城市不再纯粹是国家的组成部分及其领土，而是在全球范围内活动的独立的社会和经济主体。这一说法也适用于那些致力于"反霸权的全球化"的社会运动。全球治理的研究当然将这些运动视为治理的参与者。被忽视的是这些运动所包含的另一种领土逻辑以及它们对以国家为重要主体的治理结构造成的挑战。全球治理的理论应该致力于更好地理解这些网络，只有这样才能够更好地理解治理的成功与失败。

---

① Coleman, William D., "Globalization, Imperialism, Militarism: Implications for Justice, Equality, Dignity", in *Marxism and Reality*, Issue 4, 2011, pp. 83–92 (In Chinese).

② Cox, Robert W. (with Michael G. Schechter), The Political Economy of a Plural World: Critical Reflections on Power, Morals and Civilization, London: Routledge, 2002.

③ Tomlinson, John, Globalization and Culture, Chicago: University of Chicago Press, 1999.

④ Escobar, Arturo, Territories of Difference: Place, Movements, Life, Redes, Durham, NC: Duke University Press, 2008; Santos, Boaventura de Sousa, "The World Social Forum and the Global Left", in *Politics and Society*, 2008, 36 (2): pp. 247–70.

第二部分 | 实践探索

二十国集团与国际金融体系改革[*]

[俄]米哈伊尔·杰里亚金 著 赵 隆 译[**]

一、现代人类危机

当前出现的经济问题仅仅是人类系统性危机的另一种体现。人类与自然的关系已经发生了根本性的改变。从一方面看,我们都处于维持风险的定律之下,也就是在一个封闭的系统中,减少个体风险会增加系统整体风险,最终导致系统的崩溃。

我们在美国股票市场上看到了这样的情况:公司债券一级市场中的金融衍生品系统为投资者创造了比发行公司更低的风险。个体风险的最小化使潜在风险在系统层面体现,最终导致系统瓦解。同样,这种风险定律在完全不同的领域也得到体现:从儿童教育①到医疗保障②。人类的属性注定了我们无

---

[*] "G20 and International Financial System Reform",原文收录在《国际展望》,2011 (4):132 – 141。

[**] 作者简介:米哈伊尔·杰里亚金(Михаил Делягин)俄罗斯著名政治经济评论家,全球化问题研究所所长、经济学博士。译者简介:赵隆,法学博士,上海国际问题研究院全球治理研究所所长助理。主要研究领域为全球治理理论、北极问题、俄罗斯问题等。

① 保护男童安全已经给整个年龄层带来消极情绪。

② 救助患病儿童破坏了发达国家的基因库。

法阻止风险灾难性和破坏性地爆发。

另一方面，自全球化进程起始以来，意识塑造已经成为一种最有利可图的公共性的商业活动。这意味着人类的主要任务不是改变周边环境，而是塑造个人意识。这种变化在人类发展的历史中是前所未有的，人类的意识逐步成为一个紧张且混乱的相互作用的客体。世界可知性的减弱加剧了人们对神秘主义而非科学的需求，教育变成一种社会管控的工具。人类开始进入返古化的过程当中，这种非人性化的进程逐步滑向"新中世纪主义"方向。从单纯的经济角度分析，这种现象可以解释为：各种层面的社会关系的相互适应——从家庭到国家、从工业化时代技术向后工业化时代技术的转变。这种转变在其第一阶段呈现出信息化的特征，将来可能会延伸至生物领域。在讨论经济问题时，我们不能忽视这种远比经济关注的范围更加广泛和深远的系统性的转变。

二、全球垄断主义的危机

全球垄断主义衰竭是新一轮世界大萧条的根本原因，也是生产过剩危机爆发的根源。对全球垄断主义来说并不存在外部的竞争源头，其主导性地位只会被技术突破带来的竞争所撼动。然而，技术进步一方面受到全球垄断主义的制约，包括知识产权的制约，同时也缺乏客观消亡的威胁，因为创建新技术准则从本质看是不经济的，人类把改变世界的努力转化为自己对世界认识的转变。所以，这种疾病式的衰竭还将持续，并且导致更为深刻的社会结构变化。当然，我们只需要观察这种变化在金融领域的具体表现。

金融危机所带来的影响的深度因为对其爆发根本原因的忽视而被低估，这个原因就是苏联消亡后建立全球发展模式的衰竭。西方在"冷战"中战胜苏联之后，出于为本国全球性跨国集团利益的考虑，自私地封锁了世界，剥夺了超过半数世界人民正常发展的可能性。[①] 从这种社会变化的广度、深度和

---

① 为了避免他们与跨国集团竞争。

破坏性来看，一方面它保证了发达国家建立欧洲传统资本主义社会的资源，另一方面则从技术、知识和金融领域保证了全球化的发展。对于发达国家来说，这种变化使他们有可能建立第二个"孔基斯塔"。

西方通过全球性广告式的宣传，将这部分人民对日常生活的最低标准等同于发达国家的较高层次的物质需求。从20世纪90年代末期开始，这种行为明显地导致了全球性的紧张局势，催生了恐怖主义和几乎洗刷西方文明的移民潮。但是，在这种剥夺大部分人类发展权利的做法实行之前，发达国家的需求已经被限制，并产生了生产过剩危机。这种危机首先爆发于信息和控制技术领域，而并非传统商品领域。

危机发生的另一个原因是：在发展中国家以外的发达国家中，因技术更新导致中产阶级的消亡和由此带来的间接性的需求萎缩。①

扩大对欠发达世界的信贷规模这种看似本能性的应对危机的方法，引发了1997—1999年的债务危机，并在2000—2001年以"回旋镖"的方式回击美国。美国通过以下两种战略使自己②摆脱萧条：

首先，输出不稳定因素。美国通过这种手段打击竞争者，并促使对美国有资金和知识力量需求的国家进入美国的"避风港"。日益增加的不稳定因素成为美国增长军费开支的理由，从而代替以刺激经济和技术为主的市场的手段，军事凯恩斯主义在里根政府时期的效果显著。这种战略虽然于1999年在南斯拉夫成功实现对欧元的打压，但在之后的伊拉克战争中则走到了尽头。当前中东北非地区的局势表明，实行输出不稳定因素的战略对美国经济发展起到了相反的"混乱输出"效应。但美国甚至未尝试控制由其战略造成的不稳定地区，从而成为全球政治军事危机的催化剂。根据"小布什主义"的替代者奥巴马的主张，要求美国最大限度地利用他人的力量达到目的，包括消耗北约盟国的资源。同时，不对非西方社会进行美国化，而是将它们淹没在

---

① 后工业化时代高端制造技术的传播是中产阶级被摧毁的首要原因，其次是制造业向中国和东南亚地区的转移。

② 包括以美国为核心的世界经济。

自身的混乱中，从而以最小的力量控制这些地区的资源。正是这种以混乱代替稳定的政策，使美国选择支持梅德韦杰夫，而并非普京。

但是，在金融领域这种战略的实施被证实不足以维持世界对美元的应有需求量。美国在处于对日本核泄漏事故的高度恐惧时期警告日本，禁止其大量抛售美国有价债券，这不仅会导致短期国债比例增加，也是一种危险的限制流动性手段。由此带来的后果是，标准普尔公司（Standart & Poors）将美国国债的评级展望下调至"负面"，改变了自1941年4月以来近70年美国的信用地位。

第二项经济发展战略是从2000年开始不断扩增的次级抵押贷款市场。这种战略所造成的金融泡沫显现于2006年，但美国的多层金融基础结构避免了瞬间的崩溃，在经历长期的痛苦后，于2008年9月公开爆发。

当前，西方并未尝试提高自身的竞争力，而仅仅将世界推向已经逝去的20世纪90年代和21世纪初的状态，在关于全球化的讨论和人道主义干预的幌子下，对包括东欧地区在内的全世界实行实质性的新殖民主义。美国有限的行动能力甚至无法以牺牲部分当前利益为代价调整自身战略，其自杀性的自私意识将全新的世界发展的参与者——欧盟、中国和或许其领导人具备足够智慧的俄罗斯推向了世界发展的前沿，并由此终结美式和平（Pax Americana）。当前人类的一体化进程类似于20世纪初，已经超出了自身的可控范围。必须减弱这种进程的深度，并通过简化的方式重建部分的可控性。

在实践中，这种可控性建立在全球化向区域化的转变：建成相应的较大范围的宏观区域，并在区域之间展开激烈的文化、政治、经济和科技竞争。此类宏观区域的建立可以限制绝对权力，阻止全球垄断主义的出现，垄断主义对其他宏观区域的冲击渗透也将受到限制。正是因为如此，这种做法不被全球统治阶级和自身利益至上的美国领导人所接受，相较于让这些宏观区域在可控的全球垄断和全球市场中脱颖而出，他们更希望把潜在的区域推入混乱状态。然而，人们可以假设这种平衡在某时会建立在政治和经济领域的多元货币①的两极体系之上②。

但是，现今发展的根本问题并非美国的自私性战略，也不是流动性短缺问题、债务危机或产权人对高级经理人的失控（从严格意义上来讲，就是废除私有权和古典意义上的资本主义），而是美国和世界经济缺乏增长点。美国金融系统复苏不会减轻由全球垄断主义带来的生产过剩危机，不会创造一个新的经济"发动机"作为替代品。这意味着走出危机后的全球经济并非向着重建，而是向着长时间的、严重的萧条方向发展。

三、国际金融系统改革的需求

稳定国际金融体系的紧迫任务是限制投机行为和改变现有金融政策的原则：资金应当服务于国内经济发展的需要，而非全球③市场的需求。不过，这需要大多数国家重新获得财政自主权，这对全球的投机者和发达国家来说是不可接受的。美国和其他发达国家的政策不会针对现存的全球金融体系进行改革，因为它们是现有体系的主要受益者，对该体系作出任何根本性的优化都会给它们带来直接的物质损失。

1997年金融危机时提出的部分未得到实践的做法虽不能完全消除当前危机，但可缓解并建立共同的应对危机的机制。这其中包括：（1）保障投机性资金流向的透明度④；（2）将针对投机性资金外流征税的这种极端措施⑤作为正常手段，成为国际社会公认的经济调节工具，在具体情况和相应条件下由本国政府负责实施；（3）按照在世界经济中所占的不同比重，促使各国参与全球金融机制⑥的政策制定，这意味着减少美国并增加中国的影响，目前此种

---

① 每个货币区拥有自己的储备货币。
② 呈现出美国与中国的对立，而欧盟、日本、印度甚至可能包括俄罗斯作为总体的平衡器，类似于70年代至80年代的不结盟运动。
③ 主要是投机性。
④ 从长远看，包括建立针对所有跨国集团的全球性的观察和协调机构。
⑤ 在1997—1999年间智利和马来西亚曾使用相同的方法拯救经济。
⑥ 首先是IMF和世界银行。

努力还远远不够；（4）确保 IMF 和世界银行工作的透明度，尤其是 IMF 日益增长的影响力和拥有对货币战争或一国经济情况恶化的责任判定权，最终公开并讨论其相关文件①；（5）促使二十国集团更为合理化，使其成为全球性的协调机构。将所有国内生产总值不低于相应标准的国家全部纳入为成员国②，重要的是建立对所有成员国具有强制效应的决议形成程序。

四、二十国集团：平台而非架构、论坛而非机制

不可忽视的是，二十国集团的成立起源于应对 1997—1999 年的金融危机。此后，它成为发达国家和相对成功的发展中国家开展权钱交易的场所，在 2008 年作为"最后的稻草"被世界抓住。因其创建目的的差异无法解决当前世界金融体系的问题，该组织演变为国际争论中心的可能性甚至大于全球治理的模式。

当今世界，包括二十国集团内部的主要矛盾在中美关系当中，即使世界不会重新分裂为两个集团③，这种关系的稳定性也取决于对以下六种关系的处理：

（1）赤字与盈余的对立。拥有庞大的经常性账户和贸易赤字的国家全力推动关于国际失衡问题的讨论，并努力建构相应的行政约束机制。与它们对立的是因此将受到直接或间接损失的外贸盈余国家。美国和中国是主要的争论者，但德国作为一个出口大国，对美国的要求比中国更为严厉，提出拒绝一切出现经常性账户赤字水平的可能性。日本和沙特作为外贸盈余国也同样支持此种做法。

（2）贬值竞赛。美国指责中国蓄意低估人民币，中国则认为美国通过发行美元来操纵市场，二十国集团其他成员国无意进入货币战的中心。印度对

---

① 包括制定过程中的文件。
② 目前仅在西班牙问题上得到解决。
③ 包含固定的"游戏规则"。

人民币的弱势表示担忧，德国则担心美联储不负责任的行为，削弱欧元和强化美元地位，任何国家都不愿受到损失。因此，二十国集团原则上不会考虑以信息攻势①为借口将欧元贬值的这种货币战争手段，并以其来缓解南欧国家的危机。

（3）财政政策：从紧还是宽松？英国和美国最初支持通过扩大预算支出甚至达到预算赤字以刺激经济的做法，德国表示反对。目前，英国被迫加入了从紧阵营，而美国在实行宽松的预算政策后，试图通过相对从紧的政策予以弥补。其结果可能出现一种矛盾的情况。IMF作为自由主义教条的坚定支持者，主张不惜一切代价减少政府开支，同时又会成为对这种做法的正确性表示怀疑的国际辩论中唯一的参与者。

（4）文化的分割。七国集团（G7）是由西方国家和日本所组成，它们大多数（加拿大除外）都曾以各种形式拥有过殖民地，有些国家甚至保留至今。在二十国集团中，它们与具备一定影响力的曾经的被殖民国成为"邻居"，这其中包括中国、印度、南非、印度尼西亚和巴西。二十国集团有可能会陷入历史文化、种族归属或杂乱的个体关系中并最终瓦解，虽然表面上这些国家以七国集团和金砖国家（BRICS）予以区分。此类分歧在应对气候变化和减少碳排放问题上更为明显，在联合国层面的磋商失败后，分歧延续至二十国集团内部。中国、印度和巴西认为，西方发达工业化国家在发展中所消耗的能源和排放的温室气体远远多于发展中国家，但它们却习惯于指责中国。

（5）神圣规则。运作方式是二十国集团的核心问题：需要达成强制性协议还是参照八国集团（G8）"俱乐部"的模式？在该问题上的深层分歧导致各国无法建立统一的"俱乐部"式的平台，也没有机会商讨共同的责任。在这个问题上，中美这两个主权至上的大国反对强制性协议，而已向布鲁塞尔让渡部分主权的欧盟国家则倾向制定共同的全球性的责任。

（6）二十国集团和其他国家。在二十国集团框架以外还游离着170多个

---

① 由欧洲人自己发起。

国家。类似于"IMF 和世界银行①的存在可以弥补这种不平衡"的谎言已到达崩溃的边缘，因为二十国集团成员国本身在这些组织中拥有重要影响力。但是，其他各国的意见无法得到表达也看似合理：弱国的影响力应当弱小，这也是建立世界性的调节器和未来建立全球性政府的必要准则。

因此，二十国集团受制于这些矛盾，也导致了该组织的有效性缺失。它需要被使用但不应被寄予厚望。

五、悖论的解决方案：一个没有债务的世界

到底什么才是走出危机的方法？什么才是将投机型经济转为生产型经济的救命药方？我们必须通过重新回顾历史找寻答案，是什么导致西方的生产型经济成为投机型的。

美国不但走出了 1979 — 1982 年间的滞胀，经济增长停滞伴随价格上涨，同时通过大量的信贷扩张的方法在经济竞争中战胜苏联，从而保证了美国经济的强劲复苏。扩大信贷这种工具改变了"游戏规则"：如果此前债务人必须偿还所欠债务和利息，现在只需偿还利息部分。作为贷款核心的债务本金成为再贷款的抵押物，也就是将这笔债务的期限再次延长。

过度宽松的信贷政策为本已处于深层结构危机中的美国经济注入巨大的活力，而正处于权力更迭中呆滞的苏联领导人只能憧憬类似的发展。最终，在全面集约化发展的基础上，美国消灭了战略对手——苏联式的社会主义，也巩固了自己在近 20 年时间内毫无争议的全球霸主地位。但是，美国的经济主体是不断增加的"金融泡沫"，并且积累了使之无法持续发展的巨额债务，这意味着持续近 30 年的美国统领世界时期建立的资源生产和运行的有效机制的终结。

清算的时刻已至，但近 10 年累积的债务不存在理论上偿还的可能性。全球金融系统正在处于这种完全的不确定性当中：债务不仅无法偿还也无法继

---

① 包括欧盟对于其成员国。

续增加。信贷的金字塔正在崩溃，几年时间内会将部分无良的银行家和监管者埋葬，为全球金融体系带来无法预测的社会和政治灾难。战略分析家的精力都集中关注如何将危机转嫁给自己的竞争对手，但这种类似于劳改营当中的生存准则，后于他人的灭亡，无法保证在现代市场经济环境下的有效性。唯一的合理解决被人们称之为"全球性动荡"或"史无前例的不确定性"的方案是拒绝债务并完全核销现有债务。从根本上来看，如果债务无法被偿还，只能将其核销。

有趣的是，俄罗斯的自由派在西方的压力下已经完全消除了债务①，此种超前的范式向所有发达国家作出了表率。虽然在短期内这种方式很难被借用，因为无论何种债务，甚至坏账也是一种有效的政治施压工具，至少可以获得除资金以外的多种让步。然而，当大部分债务成为坏账的时候，获得这类让步也和偿还债务一样变得不可能。从"1美元债务是借债人的问题，10亿美元债务则是债权人的问题"这个幽默中可以看出，此类做法已成为一种正常行为，债务的主要部分将被划入"有毒资产"或者被核销。可悲的是，这种灾难性的行为无法改变这个以自身资源所建立的系统：债务可以被核销，但仅仅是出于增加新的无法偿还债务的考虑。逃离这种"死胡同"只能依靠制定根本性的全新的经济运行原则。

目前来看，这些原则的轮廓依然模糊，但首先必须认清现实并核销一切坏账。当第一次世界大战期间布尔什维克主义者们谈论没有兼并和赔款的世界时看似可笑，统治精英在这个想法成为所有抗争中国家人民的口号之前也曾嗤之以鼻，虽然最终它并未得到实现，但是已经改变了世界发展的方向。核销坏账并建立没有债务的世界可以被看做是这种想法的激进式的替代品。必须承认的是：现有债务的主要部分是投机性而非投资性的，它们只能被核销而无法偿还，从而使这些债务人摆脱负担。这种负担不但压迫债务人，也限制了世界经济的整体发展。银行系统将不可避免地遭受重大损失，但国家和世界性金融机构可通过共同努力，改变现行的规定以防止其破产。核销债

---

① 俄罗斯也因此在2001年成为对不发达地区的最大援助国。

务可以作为金本位制度实行的基础，也符合当前大多数讨论的为"空中金融城堡"增加客观基础。

当前，从理论上来看还无法达到此种效果，因为这种做法会限制信贷，而目前经济竞争力直接取决于信贷扩张，自愿地去破坏它无疑是经济自杀行为。但是，继续扩大信贷的可能性已经不复存在。世界经济面临着从投机型到生产型的痛苦转型，核销投机性债务、实行金本位制度并确立新的全球储备货币是痛苦相对较小的转型方式。以个体意识为指导，滞后地执行客观规律，只会导致其灾难性的自动爆发，带来的破坏力也将大大超过预想程度。

促使发达国家中产阶级的加速枯竭最有可能成为减轻债务的方法，但这种做法可能会导致经济的非市场化或需求不足与正常交易的融合困境。同时，应当更多地强调利用资金换取技术对社会生活结构性调整的作用。当前，相较于容易获得的资金，对技术的追求已经成为国家成功和影响力增长的标志。从另一方面看，没有中产阶级的民主制度会成为一种负面教材。广泛传播较为廉价的高端制造技术可以作为有别于新中世纪主义的选择，但目前来看，有能力推动此类传播的主体和机制还不明显，原则上说中国也有可能成为这个主体。

重塑金融结构，推动开发性金融的发展[*]
——论新开发银行

［英］拉吉夫·比斯瓦斯 著　　顾海燕 译[**]

2014年7月，金砖国家决定创建新开发银行，并提供500亿美元的启动资金。这一决定说明，虽然新兴市场占全球GDP的份额不断增长，但在布雷顿森林体系的治理结构中却没有随之形成相应的变化，从而使发展中国家的不满情绪日益增加。如果新开发银行的计划能够顺利实施，金砖国家在全球开发性金融中的影响将会进一步扩大。

一、金砖国家对布雷顿森林体系结构不满

2014年7月，金砖国家决定共同创建新开发银行，并持有其总资本的55%。这是发展中国家对布雷顿森林体系中投票权份额不满情绪的表现，因为这一投票权一直由欧美国家掌控。1944年的布雷顿森林会议创建了IMF和

---

[*] 本文为英国伦敦政治经济学院2015年第2期工作论文"Reshaping the financial architecture for development finance: the new development banks"，译文有删节。

[**] 作者简介：拉吉夫·比斯瓦斯（Rajiv Biswas），国际经济顾问公司环球透视亚太首席经济学家。译者简介：顾海燕，中央编译局世界发展战略研究部调研员。

国际复兴开发银行。尽管这两个机构共有 44 个创始成员国，然而欧美国家却在其机构治理和投票结构中占据主导地位。20 世纪五六十年代，随着殖民主义的衰落，前欧洲殖民地国家相继获得独立，IMF 和世界银行成员国的数量由 44 个增加到 188 个。而且，发展中国家在全球 GDP 中所占的份额也已显著提高。在布雷顿森林体系建立以来的 70 年间，世界经济已经发生了翻天覆地的变化，但自 1944 年以来，IMF 和世界银行的治理结构却鲜有改进。

尽管发展中国家一直在竭力敦促布雷顿森林体系的改革，使其能够反映发展中国家在世界经济中占有的较大比重，然而投票权份额分配的改革步伐却极为缓慢。金砖国家投票权份额的分配每况愈下，尤其是中国。比如，在 IMF 中，投票权份额的 16.75% 由美国控制，而位居世界第二大经济体地位的中国，其投票权份额仅占 3.81%。2013 年，法国以名义美元计算的 GDP 总量大约为中国的三分之一，而其投票权份额却占 4.29%，仍略高于中国。目前，金砖国家在 IMF 中的投票权总份额为 11.04%，然而它们在世界 GDP 中所占的份额却是 21.3%。

表 1　金砖国家在 IMF 的投票权份额（2014 年 8 月）
与全球 GDP 份额对比（GDP 份额以名义美元计算）

国别	投票权份额%	世界 GDP 份额%
中国	3.81	12.4
印度	2.34	2.6
俄罗斯	2.39	2.8
巴西	1.72	3.0
南非	0.78	0.5
合计	11.04	21.3

来源：IMF，《环球透视》。

近几十年来，中国和印度的经济一直在快速增长，并已超越欧美国家。预计在未来 20 年中，这种发展态势仍将持续，如果不对布雷顿森林体系的治理和投票结构进行实质性改革，金砖国家在 IMF 的投票权份额与它们在世界 GDP 总量中所占的份额相比的不匹配只会加剧。

根据环球透视（IHS）对世界 GDP 总量的长期预测，到 2025 年，中国将成为世界第一大经济体，其 GDP 将占世界 GDP 总量的 19.9%，印度预计将占 5.5%。届时，仅亚洲金砖国家的 GDP 总量就将超过世界 GDP 总量的 25%。然而，目前中印两国在 IMF 的投票权份额相加仅有 6.15%。因此，除非在 IMF 中实施更快速的投票权改革，亚洲金砖国家在全球经济中的实力与它们在 IMF 中的治理作用相比，会出现更大的非对称现象。

从发展中国家的角度来说，另外一个具有争议性的问题是布雷顿森林体系的治理方式。布雷顿森林体系的治理方式按照美国与欧洲之间的协议运行，IMF 总裁由欧洲人担任，世界银行行长由美国人担任。自 IMF 和世界银行成立以来，这个惯例一直没有改变过。在过去的 70 年中，从未有发展中国家或多边机构的公民担任这两个机构的领导。2012 年，奥巴马总统提名韩裔美国人担任世界银行行长，意在弥补这种不公平的现象。

但是，这并没有从根本上纠正金砖国家在全球经济中的实力与它们在布雷顿森林体系投票权份额之间的严重失衡。发展中国家普遍关注 IMF 投票权份额及其治理改革推迟一事。2015 年 2 月 9 日至 10 日，在伊斯坦布尔召开的二十国集团财长和央行行长会议（G20）对此作出了回应。该会议发布的联合公报着重强调了这一重要议题：

我们深感失望的是，2010 年达成共识的 IMF 投票权份额及治理的改革、第 15 次投票权份额的全面评估以及新的份额计算公式改革又一次延期。考虑到以上改革对于提高 IMF 的可信性、合法性和有效性非常重要，我们重申，尽快落实这些改革方案仍然是我们最为关切的问题。

二、重塑金融结构

由于发展中国家重塑布雷顿森林体系治理结构的努力基本上成为泡影，自 2012 年起，金砖国家便开始探讨创建自己的开发银行，在 2013 年的金砖国家南非峰会上，相关计划的决议正式得以批准。随后，金砖国家制定了详细的计划提交2014年7月的福塔雷萨第6次金砖国家峰会，并当即在会议上作出成立"新开发银行"的正式决定。新开发银行的授权资本为1000亿美元，认缴资本500亿美元，并同时签署1000亿美元的应急储备安排协议。

2014年7月15日，巴西、俄罗斯、印度、中国和南非就创建新开发银行和应急储备基金签署了政府间协议。新开发银行的初始认缴资本将由5个创始成员国分摊。

新开发银行主要为基础设施建设和可持续发展项目提供融资支持，而应急储备基金将建立一个对外账户支持系统，以期帮助发展中国家管控国际收支危机。

新开发银行的服务包括提供贷款、股权参与、保证金和其他相关金融工具。金砖成员国也希望新开发银行在与国际组织、公共或个人组织开展合作，尤其是与国际金融机构及其他国家开发银行的合作方面有自由裁量权。

《福塔雷萨宣言》提出，新开发银行将加强金砖国家间的合作，从而成为全球发展进程中多边和地区金融机构的有益补充。该宣言进一步尖锐地指出，金砖国家成员对2010年IMF改革方案的一再拖延表示"失望和严重关切"，要求IMF提高其结构治理的现代化水平，以反映新兴市场和发展中国家的现实状况。

之所以会创建新开发银行，其核心理念是金砖国家决定重塑国际金融结构，以反映金砖国家日益增长的经济实力（尽管它们坚称其目的是开展与多边和地区金融机构的合作）。因此，新开发银行的创建形成了一个动力机制，有助于在布雷顿森林体系框架之外实现金砖国家的目标，同时为金砖国家和其他发展中国家根据自身在全球经济比重中的增长而扩大认缴资本规模提供相当大的灵活性。而事实上，在布雷顿森林体系的治理结构中，这些举措几乎无法实施。

三、新开发银行的资本规模

虽然新开发银行的启动资金是由金砖五国平均分摊提供的,但在1000亿美元的应急储备基金中,中国出资410亿美元。和其他国家相比,中国拥有较大的出资份额。中国拥有3.8万亿美元的外汇储备,其雄厚的金融实力将是新开发银行和应急储备基金的重要依托,也是新开发银行和应急储备基金补充大量资本的潜在资源。新开发银行总部设在上海,这也反映出中国在其中所承担的重大责任。

随着新开发银行邀请更多的发展中国家加入,新成员国将认购更多的资本。因此,新开发银行的启动资金将不一定局限于金砖国家的500亿美元。如果新开发银行能够从金砖国家以外的主权国家吸引到大量的认购资本,那么其所能够提供的发展资金总额将会大幅度增加。相比之下,截止到2014年6月,世界银行的认购资本总额为2330亿美元,其中,实缴资本为144亿美元,股东权益合计为390亿美元。

世界银行的优势之一是其良好的信用评级。这反映出该行良好的财务状况及其多样化的成员国的经济实力。标准普尔公司在2014年4月发布的报告中,对世界银行的外币评级是3A级;穆迪公司在2014年1月的报告中,给予其3A长期发行人的信用评级。国际多家评级机构对世界银行做出很高的信用评级,加上其健全的财务管理和良好的资产流动性,从而为该行的项目进入国际资本市场创造了极为优越的条件。

相比之下,就国际资本市场而言,由于新开发银行的股东国数量较少,且与世界银行主要股东相比,这些成员国的主权信用评级偏低,从而可能给新开发银行造成不利的财务评级地位。此外,在新开发银行的金融治理和贷款档案中尚未建立信用跟踪记录,这使其在国际金融市场中的信用评级不太有利,从而推高了借贷成本。

但从另一个角度来看,新开发银行可能会因为能够得到金砖国家国有银行提供的资金而获益,特别是中国的国有银行,从而有能力为新开发银行提供庞大的潜在资金来源。

最近，哥伦比亚大学发展经济学专业著名教授斯蒂芬妮·格里菲斯-琼斯（Stephany Griffith-Jones）预测，考虑到1000亿美元的启动资金，新开发银行每年可提供高达340亿美元的贷款，这与世界银行目前的年度贷款额大致相当。

新开发银行实际年度贷款水平取决于多种复杂因素，但关键因素在于新开发银行的治理结构。因为这一治理结构确实可以保证，中国和印度的未来经济增长将为新开发银行追加稳定的认缴资本。正如环球透视长期预测分析的那样，如果到2025年，中国和印度的经济总量确实达到世界GDP总量的25%，那么新开发银行的资本总额以及给发展中国家提供的年度贷款，将会有非常显著的提高。

四、中国的平行计划

此间，中国还为亚洲发展中国家扩大基础设施建设融资提供了其他相关计划。2014年10月，亚洲21个国家同意新建一个亚洲基础设施投资银行（AIIB），其中，中国将为该行提供50%的启动资金。同时，为了加强与亚洲各国之间的联系，在2014年11月的北京亚太经合组织（APEC）峰会上，习近平主席又宣布设立新丝绸之路基金，其中，中国将为该基金提供400亿美元的资金。

截止到2014年底，中国的外汇储备大约为3.8万亿美元，从而使其在大型新兴市场中拥有独特的地位，有能力为新开发银行等重大开发性金融计划提供资金支持。考虑到这些计划可以加强与其他发展中国家的政治经济联系，中国已逐步开始在全球开发性金融活动中行使更重要的领导职能。除2014年7月成立新开发银行外，中国还牵头创建了亚洲基础设施投资银行（AIIB）。2014年10月24日，亚洲21个国家签署了相关谅解备忘录。目前，亚洲基础设施投资银行已拥有法定资本1000亿美元，初始认缴资本大约500亿美元。其中，中国明确表示愿意提供多达50%的启动资金，该行总部将设在北京。

由于与世界银行、亚洲开发银行等存在着潜在的竞争关系，亚洲基础设施投资银行的创建，已经在相关领域引起关注。亚太地区一些主要国家一直对此保持观望态度。然而，对亚洲许多发展中国家来说，亚洲基础设施投资银行提供的额外基础设施融资来源好比是雪中送炭。因此，中国的计划受到了它们的广泛欢迎。

在世界开发性金融体系中，与新开发银行一样，亚洲基础设施投资银行为中国和其他发展中国家重塑全球金融结构建立了一种机制。通过承诺为新丝绸之路基金提供400亿美元资金，为亚洲基础设施互联互通建设提供融资支持，中国正在加倍努力扩大其在国际开发性金融方面的影响。在2014年11月亚太经合组织峰会上，中国宣布了这一消息。

对中国人而言，通过新开发银行、亚洲基础设施投资银行和丝路基金，它们实现了许多战略目标。

首先，在布雷顿森林体系的管辖和指导范围及其贷款限制和片面治理机制之外，为发展中国家提供了开发性金融资源。

其次，中国将是这些新机构资金的重要来源。从地缘政治的角度出发，中国可以在发展中国家的范围内扩大自己的影响。即使在以上机构会员中的定位，中国也只是把自己当作领头羊，而非操纵所有决策的控股股东。

第三，这些新的发展机构将会是平衡西方政治影响力的重要力量，可以使中国在全球开发性金融中拥有更多的话语权。随着中国成为世界最大的经济体，这种力量无论在政治上还是经济上都会变得非常重要。这是因为，作为世界银行和IMF的成员，中国在全球经济中的应有地位被掩盖了。

五、面临的挑战

新开发银行、亚洲基础设施投资银行和丝路基金在发展道路上会面临许多巨大的困难，其中最主要的是要如何打造高效的治理方式以及世界一流的审慎监管结构，从而避免这些新机构陷入过度政治化的陷阱。然而，若具备正确的机构设计理念，金砖国家新开发银行将会成为全世界发展中国家一个重要的贷款方，从而将满足发展中国家经济发展和基础设施建设的融资需求。金砖国家新开发银行、亚洲基础设施投资银行、丝路基金等机构的同时创建，为重构全球金融体系、推动开发性金融发挥了非常重要的作用。

新多边金融机构的治理方式在全球引发了特别的关注，这在很大程度上反映了国际社会对发展中国家腐败等相关问题的看法，也表明金砖国家还未被国际系列标准所认可。在透明国际清廉指数的调查中，列入排名的有175个国家和地区。2014年，金砖国家中排名最高的是南非，位列第67名，巴西位列第69名，印度位列第85名，中国位列第100名，俄罗斯位列第136名。在全球排名中，丹麦位居第1名，朝鲜和索马里排在最后，并列第174名。

对于新开发银行、亚洲基础设施投资银行和丝路基金的创始成员国来说，一个重要的挑战在于建立健全治理结构和决策体系，从而使贷款决策高度完善和透明，独立于政治影响之外。

金融机构的治理在国际社会中已经拥有成熟的运作方式，金砖国家央行和其他发展中国家的央行一样，也是通过对本国银行系统的管理和监督工作来获得大量相关经验准则。对于新开发银行以及其他正在创建的机构来说，金砖国家有足够的能力和知识来打造最佳的运作标准。

在重塑全球金融结构的过程中，金砖国家和其他发展中国家面临的另一个重要挑战来自于大量外汇储备的限制，这是大多数发展中国家始终要面对的问题。新开发银行、亚洲基础设施投资银行和丝路基金要承担促进全球开发性金融快速转型的使命。换句话说，发展中国家不可能作为一个整体，在预防和解决国际短期危机的过程中发挥重要作用。在面对不稳定的国际资本流动时，即便是那些最大的发展中国家，也将面临巨大的挑战。

在近期发生的经济危机中，俄罗斯和印度均经历了外汇储备限制的考验。2013年，印度的经济危机导致卢比持续下跌，迫使印度储备银行连续数月干预本国的外汇市场，耗尽了外汇储备以平复货币贬值。始于2014年的俄罗斯经济危机至今仍在持续。2014年，俄罗斯央行发生的资本外流估计有1280亿美元。据估计，俄罗斯央行耗资800亿美元的外汇储备进行干预，以平稳2014年卢布的大幅贬值。据估测，其外汇储备总额从2013年底的5100亿美元，缩减到 2014 年 12 月中旬的 4160 亿美元。

另一方面，如果中国设法推行完全的自由兑换货币，确立人民币为全球储备货币，那么其干预和稳定全球经济危机的能力会显著增强，但是，这仍是一个长期目标。

六、结论

发展中国家对布雷顿森林体系金融结构的不满，特别是对投票权份额分配的不满，由来已久，这正在导致以中国为领导的全球开发性金融的革命。

在过去的 20 年里，中国经济的快速崛起使之成为世界第二大经济体。在这个过程中，中国获得了金融支柱的能力，能够采取大量新的举措来承担推动开发性金融的使命，使发展中国家能够领导这样的变革。

由于在 IMF 和世界银行体系中无法发挥领导决策作用，中国理当转而领导创建由发展中国家治理的、新的多边开发性金融机构。尽管其他发展中国家也在提供资金，但只有中国正在利用其庞大的外汇储备形成的金融实力为这些机构提供资金保障。

新开发银行、亚洲基础设施投资银行和丝路基金组合在一起，确保了可用于经济中期发展的多边融资总额显著增长，在未来的 10 年及以后，将给予发展中国家参与全球开发性金融治理更多的话语权。

但是在目前，由于受大多数大型发展中国家外汇储备的限制，金砖国家和其他发展中国家预防和解决金融危机的能力仍然有限。也许，只有中国除外。

全球金融危机和金融稳定委员会：硬化国际金融软法？*

[美] 道格拉斯·瑞伊 [美] 迈克尔·泰勒 著 管 斌 杨 阳 译**

一、引言

尽管金融监管的国际合作不足问题绝不是当前全球金融危机的中心问题，我们总可以听到要把强化国家金融监管机构间合作作为应对措施之一的建议之声。因此，比如，二十国集团（G20）伦敦峰会在2009年4月2日的最后联合公报中做出的一项承诺——建立国家之间的高度一致性和系统协作，以及一个全球金融体系所需要的国际高度认可的高标准金融框架。这次伦敦峰会只是回应了在2009年年初几个月公布的一系列正式或准正式部分的报告，这些报

---

* 原作 The Global Financial Crisis and the Financial Stability Board: Hardening the Soft Law of International Financial Regulation? 刊载于香港大学法律学院国际金融法亚洲研究所（AIIFL）工作文件第六辑（2009年6月）。

** 作者简介：道格拉斯·瑞伊（Douglas W. Rae），国际金融法亚洲研究所理事，杜克大学与香港大学国际法亚美研究所中心主任，新南威尔士大学客座研究员；迈克尔·泰勒（Michael Taylor），巴林中央银行顾问，IMF高级经济师，雷丁大学国际资本市场协会中心金融监管教授。译者简介：管斌，华中科技大学金融法研究中心执行主任，副教授，经济法学博士；杨阳，华中科技大学法学院2012级法学硕士研究生。

告包含了对增强现存的有关国际金融监管标准制定的政策网络的一些建议。

随着国际金融标准制定机构成为这次峰会内容的核心，政策网络（policy networks）已经成为国际合作新形式的核心，在过去的30年里，以国家为依托的监管机构已经习惯了去适应全球金融体系的现实状况。这些机构包括巴塞尔银行监管委员会（BCBS，以下简称巴塞尔委员会）、国际证监会组织（IOSCO）、国际会计准则理事会（IASB）、国际保险监督官协会（IAIS）以及金融集团联合论坛。金融监管机构一直在寻求能够达成国际共识的最低标准的软法形式，通过榜样的力量以及其他一些道德劝告形式——包括服从这些国际标准的主权信用评级——的积极影响来达到软法的效力。随着全球金融危机愈演愈烈，我们当前最为重要的政策问题之一，就是这些措施是否能够实现对跨国金融机构的有效监管。

二十国集团峰会的响应已经将金融稳定委员会（FSB）放在了增强国际监管合作的中心位置。金融稳定委员会的前身金融稳定论坛（FSF），是1999年由七国集团（G7）财政部长和中央银行行长组成的为提高国际金融体系稳定而成立的合作组织，主要通过增强信息交流以及加强金融市场监管的国际合作来实现。作为对1997—1998年亚洲金融危机时就已经被指出的国际合作机制不足的回应，它旨在使所有国家政府共同来对全球的金融稳定负责，特别是一些国际金融中心、国际金融机构、特定金融行业的国际监管组织以及中央银行专家委员会。现在的金融稳定委员会的成员也得到了相应扩张，除原有成员外，增加了二十国集团的所有成员国、西班牙以及欧洲委员会。正如我们在本文中即将提到的，金融稳定委员会也被授予前所未有的巨大的使命。本文涉及扩大后的金融稳定委员会的监管效力以及当前软法制度增强后可能代替具有更大强制执行力的硬法制度的程度。接下来，在第二部分我们将看到主要以国际金融标准和机构为基础的国际金融监管结构概览。以此为基础，第三部分我们将谈谈对于当前软法体系的缺陷，扩大后的金融稳定委员会是如何来应对的。这里指出的两个主要应对是加强跨境金融机构监管合作，包括增强执行上的合作，以及危机处理协作和跨境金融机构破产后责任分担协议。第四部分集中讨论世界贸易组织（WTO）和IMF（IMF）基于条约或硬法的监管结构，最后推断出当前这种结构可能不适合于国际金融监管。然而，WTO 争端解决协议可以为跨境金融机构破产的责任分担争端提供一个可能的范式。欧共体也提供了一个替代性的硬法结构，但是这个结构遭遇了与国际软法机制所遭遇的相同问题，从这个难题可以看出，作为一个可能的范式，它在适用上有不确定性。在第五部分我们可以推断，在更多制度性支持下，金融稳定委员会是否可以不用一个完全基于条约或硬法的解决办法来完成金融监管。然而，即使这些协议可能增强正在进行的跨境金融组织监管，并且可以导致全球监管标准的普遍提高，它也不可能给有关提高国际合作的第二个主要问题——即改进危机处理协议以及责任分担协议——的解决带来任何改善。对于后者，只有硬法制度，才可能对各方施加有约束力的仲裁，产生实际效果，但是发展这一途径的政治愿望，在 2009 年二十国集团伦敦峰会上表现得并不明显。

二、国际金融监管：危机前的软法框架

自 1974 年巴塞尔银行监管委员会①建立，提高金融稳定这一坚定的目标逐渐确立，它可以被视为是一个国际金融标准体系。这个体系有以下四个基本特点：（1）相关经济体代表在建立一个健全金融监管体系的关键因素上达成国际共识的进展；（2）由具有相关专业知识和经验的国际技术机构（也被国际关系专家称为政策网络）提出了一个健全的原则与实践的构想；（3）运用市场规律和市场准入通道为健全的监管体系，更好的公司治理以及其他健全金融体系要素的采用提供激励措施；（4）通过多边机构如 IMF 和多边发展银行（MDBs，即世界银行和区域开发银行）来提高并健全原则和实践在各国的采用和实施。

总的来说，这个体系合并了一系列国际机构和组织，可视为有四个层次。一是一个主要通过政治程序建立的结构。二是国际标准制定，主要是技术性问题。三是这些标准的实施，原则上是一个国内程序，但是包括通过各种国际、地区以及双边资源的技术援助。四是集中于标准实施的监控。然而，重

---

① 最初称之为巴塞尔银行监管实践。

要的是，在当前结构下，增强金融体系的政策的最终责任取决于每一个有关经济体的政府和金融机关。

(一) 国际金融标准和标准制定机构

尽管国际标准有一段很长的历史，可以追溯到1970年的巴塞尔协定，但是在20世纪90年代它的地位发生了一个重要转变。标准过去是在一个相当窄的范围内的国家之间双边条约的问题，现在成为了一个新的国际监管框架的基础，目的在于使之成为通用标准，包括那些间接适用这些标准的国家。在1996年里昂峰会上七国集团指示国际金融机构和国际金融组织——特别是IMF、世界银行和巴塞尔委员会——为金融监管制定标准，这些标准适用于发达、发展中、新兴和转轨经济体，这也是为那些影响波及全球的国内危机寻找解决方案。因此，许多机构和组织一直在一个越来越广泛的范围内制定各种标准。

在20世纪末，关于国际金融架构的讨论终于得到了结论，那就是建立一个新的机构，即金融稳定论坛。金融稳定论坛的建立是为了协调国际金融标准体系，并提高这些标准的采用。除了金融稳定论坛外，一些已经成立的国际金融机构，如IMF，世界银行和国际清算银行，也参与到标准的制定、实施和监管中来。其他一些正式的国际组织，如世界经济合作与发展组织（OECD）在标准制定的过程中也起到了重要的作用。然而，世界贸易组织没有正式地被包含进来，是目前框架中的一个潜在缺陷。最终，这些国际金融组织制定出了一系列的标准。

从政治层面上来说，在当前金融危机之前，七国集团带头创立一个可行的框架，随后也被十国集团加以细化。在此次金融危机以前，这个框架在很大程度上是有效的。然而，自从2008年末金融危机全面爆发后，合作方向开始逐渐转向二十国集团。

1. 协调

金融稳定委员会和国际清算银行在标准制定的过程中主要起基础性的协

调作用。正如前面提到的，金融稳定论坛是在1999年2月由七国集团授权主办的，有以下三个目标：（1）提高国际金融稳定；（2）改进市场运行功能；（3）通过增强信息交流和金融市场监管的国际合作来减少系统风险。

金融稳定论坛，最初包括五种不同类型的成员：国家政府、国际金融机构、其他国际组织、国际金融组织和中央银行专家委员会。除此之外，金融稳定委员会还建立了若干特别工作小组来研究特定问题。这些包括：高杠杆交易机构、资本流动、离岸金融中心、标准的实施、激励采纳标准的实施、存款保险以及电子金融。

除金融稳定委员会之外，国际清算银行也在协调过程中扮演着重要的角色。它为金融稳定委员会提供秘书处，此外也为巴塞尔委员会、国际支付结算体系委员会（CPSS）、全球金融系统委员会（CGFS）、十国集团和国际保险监督协会设立秘书处。

2. 健全金融体系的关键标准

金融稳定委员会在十二个关键标准领域达成一致，包括总共十五个标准，作为国际金融监管最低标准的基础。它们被分为宏观经济政策与数据透明度、制度与市场基础设施以及金融监管这三个主要类别，每一个类别都包含一些不同的部分（例如，在金融监管下的银行业、证券业和保险业）。这样每一类关键标准都将被评估和实施，同时被一系列有关的原则、实践和指导方针所支持。

3. 标准制定的过程

正如前面所提到的，标准的制定要通过一系列不同的机构完成。这些机构可以大致上被分为国际金融机构、其他正式国际组织和国际金融组织。国际金融组织拥有一系列不同形式，包括监管机构、中央银行、专业小组、市场协会、专家小组和法律小组。

尽管在许多国际标准中应当有透明度这一点被强调，但是标准制定的过程却缺乏透明度。在选择制定标准的优先问题上从没有公开的标准，比如决定标准的范围和对关键标准的确立，又或者是选择合适的标准制定组织。但是，在危机前的标准制定实践却显现出沿着一定的模式，这种模式主要有下面的几种基本特点[①]：(1) 被潜在的标准制定方游说去授权发展各种领域的标准；(2) 在七国集团、金融稳定论坛或其他机构的支持下开始标准制定的进程；(3) 国际上有关标准的争议逐渐涌现，对标准加以讨论的意识也开始觉醒；(4) 在起草过程中的多边技术合作；(5) 标准制定组织的权力机关的支持；(6) 评估标准的实施和监管；(7) 指南的最终形式和辅助资料；(8) 其他机构如七国集团或金融稳定论坛的参照。修订版（一些领域最近完成，其他领域还在进行中）中也出现了以上相似的规律。

(二) 实施和监管

危机前的国际标准体系中的一个重要因素涉及有关标准实施的监管。在最初的国内程序中，危机前的标准实施得到了一系列的辅助机制。监管主要发生在国际层面上，通过一些国际金融机构，特别是 IMF 和世界银行。监管主要发生在国际层面上，是通过国际货币基金组织和世界银行等国际金融机构来进行。这其中，IMF 的年度"第四条款磋商"以及"标准与准则遵守情况报告（ROSCs）"和"金融部门评估规划（FSAPs）"[②] 扮演了重要的角色。经济合作与发展组织（OECD）和反洗钱金融行动特别工作组（FATF）也参与到了监管工作中，并且反洗钱金融行动特别工作组还在反洗钱和反恐融资活动中扮演了相当有影响力的角色。在局部层面上，区域发展银行大多通过它们各自的项目和审查来鼓励标准的采用。此外，区域经济协会也将有一定的作用，在某些情况下，例如欧盟甚至有非常重要的作用。在双边层面上，一些国家，特别是美国，十分热衷于支持某些标准的实施——例如，那些有关反洗钱金融行动特别工作组的标准。最后，在市场范围内，那些评级机构对标准实施的监管有一定的兴趣，尽管没有达到政策制定者希望的程度。

[①] 不论是在最初还是在修正版中。
[②] 随后与世界银行共同管理 OECD 之外与之有联系的国家。

尽管这个体系在亚洲金融危机后显现出一定的进展，主要集中于提高新兴市场金融体系的监管以及增强国际合作方面，由于一系列的原因，在预防当前全球金融危机上，它仍显示出一定的不足。因此，人们开始意识到需要改革。

三、软法进程中的缺陷和金融稳定委员会的新举措

全球金融危机在很大程度上是源自国家监管体系不足，同时又与当前制定国际标准的软法框架的不力息息相关。国家的监管不足在美国被具体认为是由于对抵押经纪人的监管不足，甚至是没有，这些人应当为许多不良资产的产生负责，美联储在整个市场中延迟它的监管权力机关的履行直到2008年；对信贷违约掉期市场的不足监管，体现在"商品期货现代化法案2000"的不足；以及对一些系统重要性公司的监管不足。特别是对那些没有联邦特许的保险公司。由于这些不足，国际合作没有丝毫进展。

（一）协调监管和危机解决

不管怎么说，政策制定者已经投入了相当大的精力到危机后的监管合作之中，并计划了监管标准一致性的长远目标。在英国的财政服务当局的报告中，前英国金融服务管理局主席特纳勋爵（Lord Adair Turner）提出了下列建议：

银行监管的国际合作应当通过以下两点增强：
1. 为庞大复杂以及跨境的金融机构建立监管团制度并保证有效运作。
2. 监管机关、中央银行和财政部对于危机预警和应急计划的发展。

换句话说，当前跨境金融组织协作监管的框架不仅需要表现在加强通过监管团正在进行的监管上，此外，还需要在银行或其他金融机构破产的情况下，增加更多具体的危机解决安排，以及解决潜在、预先的跨境银行或金融组织的债务分担的协议。

一份最近的三十国集团的报告为加强合作在四个特别问题上提供了更广

泛的建议：

国家监管权力机关和财政部长强烈鼓励采用并加强国际监管合作的现存机制。需要加强的焦点问题应当是：（1）更及时和公开的信息分享，以及更明确的国内和东道国责任，包括危机解决的分担，使大型的国际银行机构更好地协调监管；（2）超越协调规则的制定和标准的制定来评估和修改在采用和实施这些标准时国家之间的实质性差别；（3）关于离岸金融中心，在需要的地方，缩小监管差距，提高监管标准；（4）发展方法来应对系统风险关注的共同考虑和对监管政策的周期性影响。适当的代理机构应当加强他们在成员国之中的行动来促进国际标准的采用和实施。

在前三个问题上，三十国集团也表示认同——合作监管，消除实施中的差别，并缩小监管上的差距——这些与前英国金融服务管理局主席特纳勋爵的第一项建议有关。第四项建议前英国金融服务管理局主席特纳勋爵没有提出，尽管他意识到在欧盟层面上系统风险评估有更多合作的需要。尽管在随后三十国集团报告的建议中其承认了在国家层面上有效的银行解决措施的重要性，除了监管疏忽的辅助问题，它没有强调在危机解决上更好的国际合作的重要性。

这里强调的这种差别会表现在主要机构的失败的影响由美国开始转移到其他国家，而不是反过来。关于雷曼兄弟的破产，前英国金融服务管理局主席特纳勋爵这样说道：

雷曼兄弟的失败证明财政上的决策和中央银行对一个重要银行挽救的支持最终取决于母国政府当局将目光集中于国家的考虑而非全球的考虑。它也说明独立法人和国内特别破产程序对债权人有重要影响。

换句话说，银行或其他金融机构在破产过程中，常常会面临诸如管辖权冲突等问题。而提前订立好关于如何处理一个重要银行或其他金融机构破产的协议，可以在某些方面上减轻这个问题。原则上，关于什么人什么时候去申请破产的基本法规当然会有一定的帮助。然而，同时，关于债务分担纯粹的无偿协议不会有效。有充分的理由证实在处理跨境机构破产时大溃退的战略将占支配地位；正如查尔斯·古德哈特曾经说过，"无论是否是故意的，一个全球性的金融体系在某一国的某一银行出现亏损,将迅速的波及另一国的存款人或财政主管机关"。

(二) 金融稳定委员会的新举措

这个在二十国集团伦敦峰会上授予金融稳定委员会的指令反映了对更高的国际合作的需求。它不仅反映了对改进现有的跨境银行组织监管的目标,还反映了对改善危机处理安排的渴望。金融稳定委员会的新指令是:

(1) 评估金融体系脆弱性,并予以指出和监控;
(2) 促进对各国监管机构之间的合作和信息交换;
(3) 对各国监管政策和监管标准提供建议;
(4) 建议符合监管标准的最佳实践;
(5) 承担国际标准制定主体工作的评估来确保它们的工作的及时性和协调性,并着重于优先解决重点问题,弥补差距;
(6) 为监管团的建立制定指导方针并提供支持;
(7) 为跨境危机处理制定应急预案,特别是对那些系统性重要的公司;
(8) 与IMF合作进行早期预警演习机制。

作为成员国的义务,金融稳定委员会成员应当致力于:

(1) 维护金融稳定;
(2) 保持财政部门的公开与透明;
(3) 实施国际金融标准,其中包括十二个关键国际标准和规范;
(4) 同意经受同行评议,运用除IMF或世界银行公开报告金融部门评估规划以外的报告。

此后也出现了对现存实践的违反,因为参与IMF/WB的金融部门评估规划程序还只是一个纯粹自愿的选择,美国作为成员,迄今为止还没有经历这一评估。

作为对它新目标的支持,金融稳定委员会将建立脆弱性评估委员会、监管和管理合作委员会,包括监管团和跨境危机处理以及标准实施委员会这三个常设委员会。这些改革的根本意图就是改善现存的软法框架,并建立一个非自愿的强制实施机制。

就软法和同行评议在实践中如何操作而言,一些国际标准制定者的经验是可以借鉴的。不论是国际证监会的多边监理合作备忘录,还是金融行动特别工作组,都是以软法和同行评议程序强制执行成员义务的结合为基础的。这些机构都为金融稳定委员会的实践工作提供了可行的指南。

1. 反洗钱金融行动特别工作组(FATF)

反洗钱金融行动特别工作组是1989年为协调反洗钱国际行动而成立的,现在是国际反洗钱和反恐融资标准的基本制定者。除了标准制定外,反洗钱金融行动特别工作组还承担多边监管和同行评议的工作,这个主要是通过它的相互评估计划来实现的。在这个体系下,每一个会员国都要接受反洗钱金融行动特别工作组的现场检查,此项检查由法律小组、金融小组以及来自其他成员国政府的执法专家组成。反洗钱金融行动特别工作组通过一系列不同程度的措施来强制实施此项检查。

2. 国际证监会的多边监理合作备忘录(IOSCO—MMoU)

不同于反洗钱金融行动特别工作组的相互评估计划,国际证监会负责证券监管领域的标准制定时,它不是通过评估的一般程序来监控标准的实施的,这些工作通常是留给国际金融标准体系下的"金融部门评估规划"来完成的。

然而,在某些领域,国际证监会创造了一项特别的革新的方法——以自律监管体系模式的软法机制为基础——来实现标准的采用、实施和监管:国际证监会的多边监理合作备忘录(IOSCO—MMoU)。作为一个自律监管体系,国际证监会的多边监理合作备忘录包含三个主要层次:通过事先承诺的预先设立标准实施,通过同行评议监控并执行。在第一个层次上,多边监理合作备忘录包含一系列特别义务——签署国不论是同意还是致力于此都要为义务的承诺和实施提供政府和法律上的必要支持。合作备忘录也适用于证券监管机构,但仅限于依据国际证监会的评估,以及潜在的符合必要条件的签约国

（地区）。因此潜在的签约国（地区）必须申请加入，并且必须接受组织对其成员资格的审查，如同在传统的自律性组织中。在第二个层次上，同行评议要在实际实施的情况下进行，没有按照义务实施则要服从组织的调查和可能的强制措施，最严重则可被除名，类似于自律性组织。

当管辖权和违约行为等某一问题出现时，国际证监会的多边监理合作备忘录为金融稳定委员会提供了一个有趣的例子——一个可能的软法自律监管模式。

尽管这些例子说明当前国际标准实施的监管可能通过金融稳定委员会的程序得到加强，但是，这个体系从根本上来说还是一个软法体系：金融稳定委员会不是条约的产物，尽管实质上的道义劝说和同行压力可能被施加于每一个成员的身上，但它们不受任何承诺约束而必须遵守国际标准或使自己服从于外部评估。此外，金融稳定委员会缺乏强制它的成员遵守协议的权力，如有关大型跨国金融公司破产问题。后者可以说是此次全球金融危机的一大教训。正如前英国金融服务管理局主席特纳勋爵引用到的他的报告中的，当危机发生时，国家中央银行应当提供作为最后贷款人的支持，而政府应当提供财政支持。当破产确已发生，破产程序是全国性的，并且它不利于债权人索赔。这个问题对一个全球性的金融体系来说是根本的问题，它不会由于金融稳定委员会的指令改变而改变，因为金融稳定委员会只有建议、鼓励和警告的权力，就像 Walter Bagehot 所说的英国国会制度下君主的权力。

四、硬化国际金融监管软法

对于金融软法可能的发展趋势，第一种是以条约为基础的硬法解决方案，这是一种自然趋势，它以正式的国际组织为基础，就像第二次世界大战之后的状况。在这方面，第一种选择可能是通过条约来建立一个制定并监管标准实施的国际组织。这将需要国家监管机构监管规则的一致性问题，因为大多数国内金融监管不是通过立法来进行，而是通过规则的发布和监管机关的强制执行来实现。因此，它是一个高度不确定性的解决方案，甚至在欧盟背景下,这样一种方法在20世纪80年代就被禁止。欧盟关于监管一致性的最初实验证明,以硬法为基础达到金融监管的完全一致性显然是不可能的。取而代之的是,在欧盟法院的法国杜松子酒案(Cassis de Dijon)案后,一个替代性的方法被采用,这就是只设定最低标准协议,而关于那些标准的采用以及提高最低标准的实施的裁量权则留给国内政府。因此,在这个部分,我们考虑了各种硬化国际监管软法的方法。其中最直接的选择就是着眼于现存的国际机构,比如世界贸易组织或者IMF,来为国际监管标准制定的条约性硬法制度提供基础。但是我们认为,这种选择并不适合制定国际金融监管标准的目标——不仅因为他们现存的管理不能很好地适应国际金融监管,也因为我们讨论到的他们自身制度的局限性。我们回过头再来看看我们可以从欧盟经历中得到的教训,也就是以条约硬法制度下最低标准为基础的监管一致性的试验。然而,正如我们所谈论的,欧盟很难通过某一种方法使所有成员都采用并实施该项金融标准。最后,我们考虑是否可以通过一个新的国际条约,来建立一个全球金融监管机构。我们的结论是不可以。

(一) WTO模式

当前经济体中的硬法性机构我们通常首先想到的是世界贸易组织。成立于1995年的世界贸易组织,在某种程度上被认为是由国际贸易组织(ITO)发展而来的,后者的想法产生于"二战"末,却未能真正建立起来。然而,事实上,世界贸易组织取代国际贸易组织和关税与贸易总协定(GATT)后发展得更好。关贸总协定实质上是一个协商多边贸易限制自由化的协议,因此WTO以一系列的协议为依据来建立机构和总原则,类似于一个伞形骨架,包含各个单独协议如关于货物(关贸总协定GATT)、服务(服务贸易总协定GATS)、知识产权(与贸易有关的知识产权协议TRIPs)等以及一系列其他特殊领域如政府采购等。更为重要的是,这个框架还包含一个争端解决机制,就如同一个贸易政策审查机制。

总的来说,WTO结构有三个主要部分:(1)贸易自由化谈判的制度性框架条款；（2）成员的硬法性承诺；（3）一个正式的争端解决机制。WTO本身有非常有限的权力和直接的监管职能，它有责任来强制监督每一个成员国的承诺。

除了以上所总结的各种因素外，涉及东道国与母国金融服务业的问题主要通过双边、区域性及国际谈判来解决，后者主要集中于WTO。特别是，1995年1月1日，马拉喀什会议上正式决定建立世界贸易组织，附随生效的还有关贸总协定和服务贸易总协定。关于服务贸易的主要法定部分有：（1）服务贸易总协定；（2）金融服务附件；（3）关于金融服务的第二附件；（4）金融服务承诺的谅解；（5）服务贸易总协定第二议定书和服务贸易总协定的第五议定书；（6）决议；（7）关于争端解决的规则与程序的谅解（DSU）。

在这些协议中，以下部分包含了一系列关于贸易和金融服务的基本义务：最惠国待遇（MFN）、透明度原则以及后面将谈到的国内监管。服务贸易总协定覆盖了所有种类的服务，包括金融服务。此外，"金融服务附件"和"金融服务第二附件"，作为服务贸易总协定的一部分，直接适用于金融服务。"关于金融服务承诺的谅解"，作为最后决议书的一部分，为适用它的成员国规定了金融自由化的更高要求。所谓的金融服务协议及其具体承诺，与乌拉圭回合谈判上开始的金融服务承诺以及在1995年的临时协议形成对比，它不是暂时的，而是长期的，直到WTO成员国通过协商达成一项新的协议。服务贸易总协定的第五议定书在1999年3月1日生效，与此同时，一些特别承诺和最惠国免税额目录附加到第五议定书中，代替原来在1995年临时协议或乌拉圭回合谈判中的部分。这些承诺构成了日后金融服务协商的基础。

WTO为国内金融服务的国际参与提供了一个国际框架。然而，不同于商品贸易领域，在金融服务领域，成员国的承诺是独有的而非总括性的。因此，每一个独立成员国都有一定的自由裁量权，但在大多领域有相当大的限制。这个框架对金融服务业的国际竞争来说是很重要的，然而，由于它着重于双边自由贸易的争端解决，在解决金融稳定性和金融监管问题上，它可能不是一个理想的架构。

(二) IMF 模式

第二个主要的国际机构就是 IMF。成立于第二次世界大战末，IMF 与 WTO 有很大的差别，它基于一个完全不同的法律框架运行。从本质上来说，IMF 着重于维护货币稳定以及国际收支平衡，这个目标甚至在 20 世纪 70 年代一次主要的改革后也从未改变。

《国际货币基金协定》第 1 条，关于基金的目标是：（1）通过一个常设机构来促进国际货币合作，为国际货币问题的磋商和协作提供方法；（2）通过促进国际贸易的扩大和平衡发展，把促进和保持成员国的就业、生产资源的发展、实际收入的高水平，作为经济政策的首要目标；（3）稳定国际汇率，在成员国之间保持有秩序的汇价安排，避免竞争性的汇价贬值；（4）协助成员国建立经常性交易的多边支付制度，消除妨碍世界贸易的外汇管制；（5）在有适当保证的条件下，IMF 向成员国临时提供普通资金，使其有信心利用此机会纠正国际收支的失调，而不采取危害本国或国际繁荣的措施；（6）缩短成员国国际收支不平衡的时间，减轻不平衡的程度。值得注意的是，这些目标无论如何在 1977 年都没有修改。但是，一项附加的序文加入了第 4 条第一部分：鉴于国际货币制度的主要目的是提供一个便利的国与国之间商品、劳务和资本交流和保持经济健康增长的体制，鉴于主要目标是继续发展保持金融和经济稳定所必要的秩序的基本条件，各成员国保证同基金和其他会员国进行合作，以保证有秩序的外汇安排，并促进一个稳定的汇率制度。

正是如此，IMF 的目标是保持货币稳定和有效的宏观经济政策。不同于 WTO 体系，IMF 主要是一个负责监管的组织，因此它既没有一个贸易自由化的硬法性架构的支持，也没有一个双边争端解决机制。

总的来说，IMF 的成员国的承诺分为两类：第 4 条款和第 8 条款，而成员国可以选择接受其中某种承诺以及某种程度的监管。

在第 4 条第 1 款下，每一个成员国承诺：（1）努力以自己的经济和金融政策来达到促进有秩序的经济增长这个目标，既有合理的价格稳定，又适当照顾自身的境况；(2) 努力通过创造有秩序的基本的经济和金融条件和不会产生反常混乱的货币制度去促进稳定；(3) 避免操纵汇率或国际货币制度来妨碍国际收支有效的调整或取得对其他成员国不公平的竞争优势；(4) 奉行同本节所规定的保证不相矛盾的外汇政策。

在第 8 条，成员国承诺：(1) 各成员国未经该组织核准，不得限制经常性交易的支付，相反交易合同可以不强制履行；(2) 禁止差别待遇，除非得到授权或允许，不得采取歧视性的差别汇率措施和复汇率制度；(3) 经常性账户可自由兑换；(4) 提供信息；(5) 现存国际协议的磋商。

这些承诺受到 IMF 的监督。具体来说，在第 4 条，IMF 应当：(1) 监督国际货币制度，以保证其有效实行，应监督各成员国是否遵守本条第一节规定的义务。(2) 对各成员国的汇率政策行使严密的监督，并应制定具体原则，以在汇率政策上指导所有成员国。这些原则应该尊重各成员国国内的社会和政治政策，在执行这些原则时，IMF 应该对各成员国的境况给予应有的注意。

为支持监管，在第 4 条，各成员国应该向基金提供为进行这种监管所必需的资料，在 IMF 提出要求时，应就成员国的汇率政策问题同 IMF 进行磋商。此外，在第 8 条，IMF 可以要求成员国提供这些资料，只要它认为必要，包括一系列具体的国内数据。另外，IMF 充当货币和金融问题的信息收集和共享中心，从而促进研究准备来帮助成员国发展那些促进其目标的政策。

依据此操作，这个体系通过定期的第 4 条款磋商来实现，通常是每个成员国每年一次。

虽然 IMF 普遍的成员体系表明它可以提供一个制度性的国际金融监管体系，但是迄今为止，它一直没有兴趣实现这一功能。从某种程度上来说，它不愿意成为国际金融监管的有效制度性基础也反映出《国际货币基金协定》需要重新订立的事实，以及它的监管范围要从它目前关注的货币稳定和国际收支平衡问题上转移的事实。就近十年来说，IMF 已经卷入国际金融稳定的问题中，这从很大程度上来说已经成为了货币稳定和国际收支平衡问题的附属品，而不是直接有关于金融稳定的产物。亚洲金融危机对 IMF 的工作有重大意义，因为它们显示出不充分的银行监管体系给政府预算带来巨大的债务；因此，金融稳定对财政制度来说很重要，进而对货币和收支平衡管理来说也是很重要的。IMF 从本质上来说是维护金融稳定的，这有点类似于大多数中央银行对于金融稳定的管理，套用托马索·帕多阿·斯基奥帕（Tommaso Padoa Schioppa）的话来说，"IMF 或多或少有着这些中央银行的遗传基因"。

（三）欧盟的方法

在过去的 50 年里，欧盟采用了自己的方案来代替 WTO 或 IMF，这为国际监管合作的硬法性框架提供一个可能模式。欧盟内的经济一体化比任何其他区域都要成熟，这个目标自 1950 年以来经历了很长一段时间才达成，特别是在金融服务业各个内部市场的一体化。一体化的进程已经改变了欧洲金融市场，欧洲贸易零售业的专业性中介结构市场已经破碎，如今已经没有了区域性竞争。这是强大的国家社会经济学准则的结果，改革和监管很难推翻，尽管引入欧元可能吸引更多的竞争者到国家零售业金融市场中。

欧盟的协议规定了成员国内商品、服务、人①和资本的自由转移。理论上，投资没有了跨国的限制。然而，这些最初的构想直到 20 世纪 80 年代中期才有了实际意义，欧盟经济一体化的第二阶段着眼于最低限度协调。现在欧盟一体化的水平达到这样的规模，部分可以归功于欧盟法院的法律支持，此外，市场已经变得相当协调，因此，覆盖大多数市场的国家立法现在可以反映欧盟区域内的初步发展。成员国必须坚持这些原则，以便于欧盟范围内的决策和立法可以直接作用于每一个成员国，而国家政府应当对不实施欧盟立法而对他们的公民造成的损害承担责任。在其他的区域性环境中不存在类似的义务。从更专业的层面上来说，欧盟的经验显示出合作和政治一体化如何激励有效彻底的原则和实践的采用。欧盟体系给欧盟所有成员国提供了一个统一的区域性的金融监管许可，因此欧盟内可以制定金融的最低标准，而

---

① 自然人和法人。

不出现竞争。

欧盟有关金融市场的立法框架力求在分散的监管和法律体系中寻求一种平衡，以便于区域积极承认国家法律和监管制度。完全的规则一致性在许多方面证明是不可能的，欧洲委员会1985年的白皮书在发展的第二阶段的基础部分中首次用法则描绘出了它的基本轮廓，这导致了欧洲单一法案的产生。它规定了一个以共识和普遍最低标准为基础的共同内部市场，使得欧盟的指令是可适用的，并通过成员国国内立法生效。按照普遍的最低标准，成员国承认彼此的法律、规章和政权结构，使商品、服务可以自由贸易，而不需要事先统一。这个体系也运用区域性的要求来限制竞争性的放松管制，以及商业同行的控制套利。

在欧洲，近年来国家金融监管的不断加强取决于政府的需求以及欧盟一致性的压力，在《马斯特里赫特条约》下，欧洲国家很自然地会实施放松管制和谨慎再管制的政策，以便于在市场开放发展的过程中，推进资本的自由流通。在不受国界或活动的限制的开放内部市场中，欧盟的金融服务架构，为金融中介、证券监管、会计、公司法和金融机构投资的监管提供了最低标准。然而，一致性使这种架构不再完整，因为它增加而不是取代了现存的国内法。

今天的单一金融市场表现在"通行证指令"上，一个授权机构可以广泛地直接或通过一个外国分支机构向海外提供服务，而不需要在它的目标市场维持一个长久的存在。这个通行证旨在提高竞争，并允许中介机构选择如何将它们的商品和服务运送到内部市场的任何一个角落。金融服务领域的通行证指令使金融监管机构明确它们的申请、它们的各项活动或细分市场、初始和继续授权的条件、在本土和目标国监管责任的划分以及如何处理与非欧盟国家的事务。更进一步来说，资本的自由流通使"欧盟货币联盟"在1994年通过《马斯特里赫特条约》的生效变得更为容易。这为国家落实早前的金融服务指令以及引导除爱尔兰和英国以外的成员国采取与它们传统市场惯例无关的法律提供了动力。1999年欧元的引入对市场本质的激活有了更加深远的催化作用。随着统一货币的引入，欧盟成员被迫再一次提高监管一体化的程度,这个过程正在进行中,代表了发展的第三阶段。

1. Lamfalussy 程序

欧洲经济一体化的第三阶段以 Alexandre de Lamfalussy 为主席的"贤人委员会"的工作为基础。该委员会以欧洲金融监管的分析为基础,推荐采取一种新的体系,现在通常被称为"Lamfalussy 程序"。这个程序有一个四级结构。第一层是以欧盟指令和条例为基础的主体法律,在国家层面上落实。然而,主体法律是在相对普遍的层次上建立原则和标准。具体细节要留到第二层次的实施措施中,这些实施措施将在一个新的金融监管体系中被采用:银行业,包括欧洲银行业委员会(EBC)和欧洲银行监管委员会(CEBS,总部在伦敦);证券业,包括欧洲证券业委员会(ESC)和欧洲证券监管委员会(CESR,总部在巴黎);保险业,包括欧洲保险和职业养老金委员会(EIOPC)和欧洲保险和职业养老金监管委员会(CEIOPS,总部在法兰克福)。在每一部分,前一个委员会是一个更高层次的委员会,由欧洲委员会主持,包含来自各个成员国的财政部部长,而后一个委员会包含来自各个成员国相关监管机关的首脑。

除了主体法律和贯彻措施外,Lamfalussy 程序还包含转化和实施这两部分(第三层次),以及监管和强制措施(第四层次)。第三、四层次的基本责任在各个监管委员会,这些监管委员会也负责起草第二部分的强制措施,并由各个政策咨询委员会提交批准。监管通过同行评议来完成,并通过 Lamfalussy 程序强制实施,尽管强制措施也可以通过欧洲委员会或受损害方诉诸欧洲法院得到执行。

2. Larosière 的建议书

为应对当前的全球金融危机,欧盟建立了一个工作小组,由 Jacques de Larosière 主持来审查现存的监管规则,并提出改革建议。在这份发布于 2009 年 2 月的报告中,提出了两项重要建议,它们的实施标志着欧盟经济一体化的法制发展的第四阶段。

一是建议成立一个由欧洲中央银行（ECB）主管的欧洲系统风险委员会（ESRC），由欧盟中央银行理事会、欧洲银行业监管委员会、欧洲保险和职业养老金监管委员会、欧洲证券业监管委员会及其主席共同组成。欧洲系统风险委员会主要负责欧盟金融的宏观审慎监管，并与IMF、金融稳定委员会和二十国集团保持一致。

二是建立欧洲金融监管系统（ESFS），并将Lamfalussy程序的第三层次①转变为三个新的欧盟机构：欧洲银行监管局、欧洲证券监管局、欧洲保险监管局。这三个机构的主要任务，除了现存Lamfalussy程序第三部分的职责外，还将包括：（1）国内监管机构之间有法律约束力的仲裁；（2）采取有约束力的监管标准；（3）采取可适用于各个机构的有约束力的技术决策；（4）各监管机构之间的监管与合作；（5）具体欧盟范围内机构的监管与批准（如信用评级机构和邮政基础设施）；（6）与欧洲系统风险委员会的有约束力的合作来确保充分的审慎监管；（7）在危机情况下，作为一个强大的协调机构。

欧盟在这些有限的制度性改革中的困境表明在27个成员国中推行一致性的监管标准尝试来创造一个可以紧密的普遍性成员关系是相当困难的。尽管在过去的30年中，欧盟在制定监管标准上取得了重大进展，但是大部分改革都不具有普遍性。

（四）硬法，正式的国际制度性选择：全球金融监管机构

最后的可能方法是通过一个新的国际条约建立一个新的机构，来监管大型的、重要的、系统性的跨国银行和金融机构。这样做主要的理由是我们需要更好的监管机制来协调监管以减少全球资本市场监管套利。此外，这一选择的拥护者声称，比起基于国家的监管机构，它可以更好地独立于政治压力之外。

---

① 欧洲银行业监管委员会CEBS，欧洲保险与职业养老金监督官委员会CEIOPS，欧洲证券业监管委员会CESR。

然而，一个全球金融监管机构会出现超越国家权力的现象。让美国或任何其他国家，将国内金融监管的权力转交给一个国际机构是不切实际的。金融市场的监管是重要的国家权力。甚至欧盟成员国也不愿意接受一个独立的国际监管机构。在任何情况下，国家金融监管总会出现这样的特殊性，即实施比任何国际机构更有效的金融监管。在法律制度上也存在严重分歧的问题，这将影响到我们假想的这个国际监管机构的执行力。

此外，正如这个选择的反对者指出，拯救银行的唯一资金来自各个国家，最终是每个国家的纳税人。只要这是存在的，政治家就不会同意将银行监管的责任给一个超国家机构，因为一旦失败，他们必须承担责任。鉴于出资拯救银行是一个壁垒森严的国家的权力，一个全球金融监管机构不会去处理我们所确认的国际协作中第二根本的问题——危机处理和责任分担，因为它自身不会有资金来致力于拯救银行。

五、结语

在第一次世界大战前的国际金融发展初期，不仅没有国际金融监管机构，甚至连国内金融监管也非常少。第二次世界大战末，各国急切需要进行国际贸易，但国际金融却没有发展起来，而布雷顿森林体系也没能为金融提供一个以国际机构为主体的具体的硬法体系，因为它是基于金融只是一国内部的并只服从于国内监管的前提下设计的。直到 20 世纪 70 年代，布雷顿森林体系一直运行良好，金融这时候开始再次国际化。鉴于金融国际化的风险不断增大，国家中央银行和监管机构成立了一个由国际清算银行主持的非正式委员会。由于在 20 世纪 70 年代到 80 年代金融国际化程度越来越深，监管逐渐扩张到除银行业以外的一系列其他领域，包括证券业和会计。随着 20 世纪 80 年代债务危机和其他跨国金融问题的产生，这些非正式委员会达成共识，共同建立一个政策网络化的软法方案，主要是通过国内立法和监管体系来进行，即 1988 年巴塞尔资本协议的软法方案，此后也逐渐成为了首要的和最广泛的软法模式。

到了20世纪90年代，金融全球化程度加深，金融危机也随之越来越全球化，特别是在新兴市场中。随着墨西哥和亚洲金融危机的爆发，许多人呼吁，需要一个新的国际金融体系来迎合全球金融的需要。此后，一个新的非正式的组织——金融稳定论坛成立，形成了一个全新的软法体系。第一次在国际层面上，一个初级监管的国际标准制定出来，并且主要通过IMF/WB的金融评估规划（FSAP）/关于遵守标准和守则报告（ROSC）程序使得标准和标准制定组织从一个纯粹的协议性体系转变为一个具有有限国际审查制度的体系。

尽管这个体系从根本上来说不是当前金融危机爆发的原因，但它也已经暴露出其不足以应对国际金融现状和伴随它而来的风险的缺陷。鉴于此，本文试图寻求各种不同的方法。

布雷顿森林体系处理的问题是最基本的：总的来说就是金融是否应当国际化。虽然布雷顿森林体系的答案是否定的，在全球金融危机的环境下，尽管有些疑虑，预防和解决问题发生的机制仍得到加强，国际上还是达成了继续金融全球化的共识。

关于这一点，各种讨论大多沿着国际管理法的模式，产生了从着重于建立正式国际组织的传统的硬法性条约方法到不同步的国内监管方法等一系列解决方案。然而，后者在全球金融的环境下被证实是无效的，即便在布雷顿森林体系中也不实行国内监管，而前者在目前从国际金融监管机构的定期建议看来，一个传统的国际法或机构方案并不可行，甚至在欧盟的背景下也是如此：国家主权的争议继续使金融监管的全球化前路渺茫。展望未来，总的来说，将金融监管融入WTO的框架中去并没有任何意义，不仅因为WTO体系已经负担过重，还因为着眼于协商式的自由化制度和争端解决机制，这在金融监管中不会总是有用的。但是，与此同时，如果IMF的IMF协定修改，为IMF提供关于金融监管的特别授权和相关工具，也许会为我们带来新的机遇。然而，现在还不确定修改协定是否是一条可行的方法——尽管有各种原因来修改协定，这在实际上可能是必要的，但从政治上看并不简单，甚至在当前金融危机的环境下也是艰难的。

从另一方面来看，纯粹的软法合作性安排，如巴塞尔委员会和1988年的巴塞尔资本协议，存在至1999年，被证明在阻止和解决国际危机如亚洲金融危机上是没有成效的。随着20世纪90年代的金融危机产生，在某种程度上，通过金融稳定论坛和FSAP/ROSC监管机制，监管合作发展到了一个更高水平。然而，再一次地，一个硬化的软法方案——合作机制和有限的外部监管承诺——被证明在预防或解决一个真正的全球金融危机上是不足的。

因此我们转向寻求一个中间方案。下一步是建立一个关于现存网络模式的硬法或国际组织方案。尽管这个方案在欧盟已按照Larosière的报告进行，即由各成员国国内机构组成的欧盟机构负责区域性金融监管，但由国内程序强制执行。这个方法至今在国际层面上尚未展开，甚至在欧盟内也仍不可行。

取而代之的是，在国际层面上，二十国集团采取的方法是通过将金融稳定论坛发展为金融稳定委员会来更大程度地硬化危机前的体系，此后成员义务更加广泛，并加强了同行评议和外部监管机制。尽管它的有关技术细节问题已经出现，它开始表现出追随金融行动特别工作组以及它的同行评议和外部监控体系的经验。更加明确地说，这个方法已经在银行保密、税务披露、信息共享和执行合作等领域被采用。不幸的是，虽然这可能是当前情况下最有效的折中方案，它也被认为在很大程度上是在Lamfulussy程序中欧盟采取的模式——然而在一个真正单一的欧洲金融市场的环境下这被认为是不够满意的，因为危机已大规模爆发。与此同时，国际证监会的多边监理合作备忘录的经验为金融稳定委员会的发展提供了一个可能非常有用的模式，即作为一个与世界上其他的金融监管机构相似的纯粹的国际自律组织。通过这种方法，在金融稳定委员会的协调下，标准制定将继续取决于单个标准制定组织，如巴塞尔委员会、国际证监会等。在这个框架下，金融稳定委员会将成为一个成员性组织，对其成员或准成员国有监管要求，并通过同行评议[①]对其进行监管。在这个结构下，对于不同监管级别，成员资格级别也将不同。

总之，就协调和预防功能来看，即使没有成为一个硬法性机构，金融稳

---

① 类似于IOSCO—MMoU和金融行动特别工作组的相互评议体系。

定委员会也可能运行得相当好,但是如何处理跨国金融机构破产仍是一个难题。金融稳定委员会将促进其成员之间的交流,但这个体系缺乏向它的成员施加有约束力的义务的权力,否则可以使其成员国更心甘情愿地接受跨国银行破产的费用分担。约束仲裁机制等一些形式可能是解决上述问题①的最好方法,但是在责任分担和争端解决安排上没有一个更正式和有约束力的方案,若是没有一个正式的条约或国际组织,国际金融机构破产引起的问题将不能通过当前国际金融监管的方法得到充分解决。在许多情况下,这正是全球金融危机产生的主要原因,没有适当地解决这些问题必定被认为重大的风险将在国际金融的环境中继续存在,也表明一个不言而喻的结论——金融和金融机构在事实上将不再国际化。不幸的是,鉴于 IMF 关于主权债务重组机制的建议书的失败经验,跨国金融机构的破产解决机制的环境也会越来越复杂,前景并不光明。

---

① 并且这也是事实上欧盟所追求的。

全球金融体系、金融化和当代资本主义[*]

[英] 约翰娜·蒙哥马利 著　　车艳秋　房广顺 译[**]

最近的次贷危机和随后的全球信贷紧缩使人们开始重新探讨金融在当代资本主义中的至关重要的地位。自布雷顿森林体系在20世纪70年代中期解体以来，人们一直试图找出恰当的词语定义当代资本主义。例如，用"后福特主义"定义生产上的变革，即采用柔性制造技术和第三方外包的手段在全球范围内组织生产。用"新经济"来定义并展现电信新技术改变商业规则并推动股票市场参与信贷和利润分配的过程。人们还用多种词汇描述20世纪70年代之后的时期，其中"全球化"的称谓广为流传。但是，全球化包含的内容如此繁杂，最终会因为"上千种的标准而消亡"。每一次的新的定义都会导致人们重新诠释金融在新的经济政治结构中的新角色。本文在对全球金融体系的国际政治经济学文献的研究基础上，评价了两种不同的批判框架，借以

---

[*] 英刊《当代政治》第14卷第3期刊登了约翰娜·蒙哥马利题为《缩小批判分歧：全球金融、金融化和当代资本主义》的文章 "Bridging the Critical Divide: Global Finance, Financialisation and Contemporary Capitalism"，介绍了两种不同的分析当代资本主义金融的框架。发表在《国外理论动态》2012年第2期。

[**] 作者简介：约翰娜·蒙哥马利（Johnna Montgomerie），英国伦敦大学经济学专业讲师，政治学博士。译者简介：车艳秋，教授，辽宁大学公共基础学院副院长；房广顺，法学博士，教授，现任辽宁大学马克思主义学院院长。

分析金融对当代资本主义重要意义,以及金融市场的地缘政治动力。根据国际政治经济文献,金融之所以重要,是因为金融是全球政治经济的核心力量之一。金融的力量往往被视为全球政治经济时代变迁的一个重要特征。如何在后布雷顿森林体系时代定义全球金融体系的作用,如何应对加剧的不平等和不稳定,构成了国家治理和全球治理层面的新挑战。另一类是研究金融化的文献,它分析了当代资本主义的动力,认为个人、企业和宏观经济与金融市场建立了新的联系,并越来越受到金融市场的影响。金融化文献有力地诠释了金融对当代社会、政治和经济生活的不断"嵌入"。

一、当代金融的转变

当代金融市场似乎是一个复杂的、令人迷惑的世界。各种各样的金融产品和资产在数量不断增加的市场中进行交换。掉期期权、夹层融资、套利等外来词汇以及令人迷惑的缩略词使永远处于创新中的金融显得更加复杂。我们抛开各种金融词汇和超长的市场清单,首先简要介绍金融的主要层面。这样,金融就不被视为交换市场的集合或商品的集合,而是嵌入在社会现实中的过程和互动关系的集合。

为了简明起见,我们将分别探讨现代金融的四个层面:货币、信贷、投资和投机。这并不代表金融的各个层面是独立运作的市场关系,相反,这四个层面是互相依赖、高度统一的。

金融的一个层面是货币。用国家货币进行交易,是全球贸易体系的基础,因为在全球市场中,商品的买卖必须通过各国货币进行。除了进行直接贸易的初级市场,还有投机于货币价值波动的二级市场。在金融资本流动自由化的时代,如何制定国家货币管理政策对政府和央行构成特殊挑战。政策的选择——如"浮动"汇率或"钉住"汇率、"强"通货还是"弱"通货——将影响全球贸易和经济增长的速度和路径。

金融的另一层面是信贷。信贷是全球资本主义体系的灌溉系统,信贷循环流动,或促进增长,或使各个经济领域因信贷泛滥或信贷匮乏而遭受灾难。

国家通过出售政府债券创造信贷，就像公司通过出售公司股票获得借款一样。大多数国家的信贷主要源自政府债券，因此即使最强大的国家也必须考虑到债券持有者的利益，否则国家将失去信贷的主要来源。银行是信贷市场的主体；银行向政府、公司、个人和其他银行发放贷款，从而创造信贷，并通过对违约可能性的风险评估确定贷款是否发放、是否授予债券市场理论前沿准入权及确定贷款利率水平。信贷关系越来越受到信用评级机构的影响。信用评级机构是决定国家、公司和个人能否获得信贷及确定信贷价格的重要主体。

金融的另一层面是投资。股票市场，即股票的买卖，是投资金融业的核心。股票市场是连接公司和金融的纽带。股票市场的主要金融主体是商业银行或投资银行，它们承销上市公司的新股发行和首次公开募股（IPO）。其他金融主体还包括养老基金、共同基金等机构投资者。近些年来，调控手段的重大转变、新技术的出现以及资金向机构投资者集中等因素导致股票市场发生了根本性的变化。公司因此承受着提高利润、提高股价以回报股东的压力。政府也承受着吸引和保持金融投资的压力。外方建厂等外国直接投资（FDI）通常被认为是长期投资的最佳形式，特别对发展中国家而言。还有股票市场和房地产市场的间接投资，这些投资往往是短期的、具有投机性质的。为吸引外国直接投资，国家制定税收减免政策，并在基础设施完备、运输网络发达的地区设立经济特区。为吸引间接投资，各国放开资本账户，取消资本管制。

金融的最后一个层面是投机。投机就是对金融工具的利用。金融工具的价格由多种因素决定，如实物商品、股票、债券、资产、利率、汇率或市场综合指数。金融市场的核心是确定、计算和出售风险的能力。金融的投机特性主要表现在金融衍生市场。从本质上说，投机就是合约各方在其他市场的价格波动上投注，合同和游戏本身分离，这在本质上与体育比赛博彩并无区别。金融衍生市场有着很长的历史，例如荷兰郁金香泡沫，但自从计算机交易平台出现后，从事金融衍生产品交易的交易者数量和市场数量呈指数增长。专业投资机构——主要是对冲基金，还有银行的专业交易专柜——可以针对市场中的相对小幅的价格变动大量下注，从中获利。次贷危机部分凸显了金融衍生交易的矛盾和谬误。虽然这些金融产品的最初设计目的是为了分散整个金融体系的风险,但实际上金融衍生产品交易导致系统风险达到了前所未有的水平,一个或两个部门的不检点行为使全球金融系统面临着风险。

全球金融体系的研究包括金融的所有层面:货币、信贷、投资、投机。跨境间接交易,如借贷、货币交易、金融服务及资本流动,都与外国直接投资相关。贸易一体化和依存度逐渐增强,已经成为新自由主义时代全球贸易的突出特征。从国际政治经济学文献的角度看,金融之所以重要,是因为其影响着地缘政治的格局。而且,金融创新给国家治理和全球治理带来了新的挑战。例如,新近放开的金融资本流动导致了金融危机,给发展中国家造成了新的障碍。国家如何应对金融层面的新挑战,是研究者们应该特别关注的问题。分析国内金融市场,就要立足于市场和主体构成的全球金融网络。政府必须适应新的规则和惯例,同时还要应对不平等和不稳定不断加剧的挑战。

金融化文献主要评价了当代金融在信贷和投资层面的新变化。新的金融创新已经从根本上改变了金融市场的规则,并对公司和家庭产生了深远影响。银行业的新规则对零售信贷和批发信贷市场产生了影响。银行不再是简单地支付存款利息、收取贷款利息的储户和借方之间的中介。当代银行业务的基础不再是"充当中介"、收储放贷,而是"去中介化",在债券市场和股票市场上进行直接交易。此外,在"证券化"的过程中,银行利用结构性金融产品降低准备金,利用金融衍生产品创造资产,在公开市场上重新出售。许多主要的美英和欧洲银行成为全球性企业集团,设立了批发业务、零售业务和商务部门及专业化的资产管理和资本投资机构。在向好的经济环境下,大型商业银行发放越来越多的贷款,支持高度杠杆化交易,引发了并购和杠杆化收购的狂潮。

在金融的投资层面,金融化文献分析了过去 15 年来股票市场的巨大转变。美英经济中的"股权崇拜"思想得到了强化,金融市场主体、公司和家庭重新定位了各自的战略。股票市场的势力越来越强大,导致上市公司的管理政策目标从长期的红利目标向短期的、以股票价格变动为基础的利润目标转变。公司战略发生了迅猛转变:20 世纪 90 年代早期,公司通过理性化行为产生"价值创造流";10 年之后,盛行的逻辑是"价值结晶点"。股票市场的转变影响了家庭和个人，新的零售信贷手段把家庭储蓄大规模地导入住房贷款领域和专业投资机构，家庭和个人也被拖入金融市场扩张的进程。美英就业养老计划的结构有了重大改变，影响了金融化的进程。借款规模的增大与金融衍生产品和结构化金融业的零售信贷业务创新直接相关。美英房地产市场中的抵押贷款和无抵押贷款的规模和范围都扩大了，不仅导致了房地产泡沫的持续膨胀，也在广义上改变了美英宏观经济增长的路径。

二、地缘政治和当代金融

金钱就是力量。"如今，金钱统治一切，政策为金钱服务。"理解金钱在塑造地缘政治格局中的作用，是对全球金融进行国际政治经济学分析的基础。在广义的历史时代变迁背景中，金融被看作是影响全球力量关系和全球经济的因素之一。基于此，人们往往把金融市场的变革归因于已经发生的事件。时代框架还关注美国的全球霸主地位，关注美国金融业提升国家经济实力和影响地缘政治关系的方式。该框架明确承认美国国内金融形势对全世界的直接影响，强调全球经济运行中内在的权力关系和不平等，使金融政治化。诚然，布雷顿森林体系解体导致了严重后果，这是国际政治经济学界通过辩论得出的主流观点。但是，当布雷顿森林体系时代在我们的视野中渐行渐远时，时代框架未能结合新变化而与时俱进。重复这种辩论意味着继续维持全球金融研究的原有范畴：国家货币、资本流动、国际收支和外国直接投资——四者都对国家经济政策构成挑战。新的金融创新被不断纳入到这些范畴中，辩论仍将持续。

时代框架将布雷顿森林体系建立的原因归结为两次世界大战之间的全球局势动荡和经济崩溃，经济崩溃在大萧条时达到顶点。布雷顿森林体系的首要任务是对全球金融资本流动进行监管，以避免系统性危机的发生、维持全球经济稳定。布雷顿森林体系的理论基础是凯恩斯主义，旨在通过黄金—美元标准和主要货币之间的固定汇率制，实现货币市场的稳定。美国利用其全球霸主地位维持美元和黄金之间的兑换，为布雷顿森林体系提供担保。此外还有全球范围内协调行动的资本控制机制,作为布雷顿森林体系的辅助。一些重要机构通过多边机制协调全球经济治理。例如,IMF 为面临国际收支困境的国家提供短期贷款,并在系统性金融危机发生时发挥最后贷款人的作用;国际复兴开发银行,即后来的世界银行,协调国际间的投资流动。居于霸主地位的美国和其他工业大国作出了监管货币市场和信贷市场的政治性承诺,制度性国际组织作为辅助,共同开创了战后资本主义扩张的"黄金时期"。一个总体的分析框架已经形成,并在时间上跨越了三个阶段:在共同的意识形态和政治原则下度过危机,迈入新时代;长期的稳定;下一次危机的爆发。因此,金融是在特定的历史时期背景下被定义的。

  从时代视角分析当前的金融市场和金融规则,有助于我们从宏观上评价凯恩斯主义在监管全球金融资本流动问题上的是非功过。布雷顿森林体系解体的核心问题是在控制全球金融资本流动方面的结构性问题和政治问题。在"钉住汇率"价值上的过分投机以及美、德、日之间日益扩大的分歧,使固定汇率制走向衰落。此外,布雷顿森林体系理论前沿的"三者不可兼得"的内在缺陷——汇率稳定、资本流动性和国家政策自主三者之间的不可兼容性——给政府造成了无法克服的困难。欧元市场的兴起和美元的衰落使维持美元与黄金之间的兑换越来越困难。但全球金融再次兴起不是简单的私人金融市场规避管制的结果。金融市场的扩张导致布雷顿森林体系解体,而美国和英国是金融市场扩张的主要推手。在这种背景下,先进工业国家攫取金融市场扩张成果的冲动,和全球金融资本流动一起给国家的经济政策制定带来了巨大压力。

  当美国政府在 1973 年停止兑换美元和黄金时,战后时代实际上已经结束。当先进的工业国家采用浮动汇率制、放弃资本管制时,布雷顿森林体系解体。这个历史事件被看作是全球力量关系新格局形成的历史转折点。美国退出布雷顿森林体系之后经历了持续的经济危机,这些现象最初被看作是美国全球金融影响力衰落的标志,甚至是广义上的美国全球霸权衰落的标志。当前金融市场的间歇性繁荣和衰落更是引发了人们对美国霸权或强化或衰落的猜测。

  美国经济复苏的核心是金融驱动下的经济扩张。美国经济复苏已经导致人们重新从美国霸权的角度探讨布雷顿森林体系解体的意义，或者更确切地说，美国金融如何推动全球金融不断衍生新的力量。

有人指出，在布雷顿森林体系结构之外的"嵌入式""自由化"全球金融复苏并没有以任何方式直接地撼动美国的全球金融实力——在美国主导的布雷顿森林体系解体的同时，美国也为未来奠定了金融基础，其金融影响力更以市场为基础、更具结构性。从这点看来，研究美国在全球金融中所处的地位，其研究重心不应该是布雷顿森林体系及其消亡，而应是全球私人金融业的持续扩张和嵌入在该体系中的结构性权力关系。

美国金融市场的自由化和重大金融创新已经从根本上改变了金融在全球体系中的相对力量。此外，美元仍是全球交易的主导货币，美国政府仍然享受着独一无二的特权——向其他国家出售美元债务，把政府预算赤字外部化。

金融化主要解释了当代资本主义动力。其大部分证据来自美国和英国，少数其他数据来自德国和法国。金融化首先认可布雷顿森林体系是金融市场自由化的起源，但对此没有进行深入的探讨。金融化倾向于把目前金融积累和金融创新①的规模和范围作为变革的主要动力进行研究，区别于把当代资本主义放在长期的历史背景中进行研究的方式。金融化发轫于20世纪90年代中期的"新经济"，持续至当前的全球信贷紧缩，共经历了10年左右的时间。金融化被看作是这10年的独特产物。金融化的"新"体现在各个层面：无论个人、企业还是宏观经济，都与金融市场建立了新的联系，并越来越受到金融市场的影响。

在这段短短的时间内，金融化以不同方式变异。从20世纪90年代中期到2000年，"新经济"经历了信息技术兴起、因特网繁荣、资本市场的短暂兴奋期和最后的互联网危机。从2001年到2007年，相对良性的经济环境使金融市场继续扩张。詹姆斯·克罗蒂（2008）称此时期为"完美的平和期"：宽松的货币政策、低名义利率、美国为支持伊拉克战争和阿富汗战争实行的扩张性财政政策、过剩的流动性、历史最低水平的贷款拖欠率、低通货膨胀、

---

① 二者是金融变革的主要动力。

全球股价的上升,所有这些良性条件都达到了顶点,使金融机构能够轻易地推行高风险战略,获得历史上最为丰厚的利润。这种大好时光最终以美国次贷危机和全球信贷紧缩结束,毫无疑问将大大改变金融化的未来面貌。

在一些早期的研究票据资本主义和金融主导的经济增长的文献中,可以看到作为一种目标出现的金融化。这两个研究角度和国际政治经济学的时代分析框架有些相像之处。在法国调节学派看来,资本市场重要性上升是福特主义之后政治经济关系重新走向统一的证据。金融市场/股票市场的联系变得愈来愈重要,这实质上是制度形式和社会调节机制的重组过程,影响着宏观经济运行、生产力趋势、收入分配和资本积累。博伊[1]提出了金融主导的增长机制的条件假设。实现某种程度上的政治和制度的统一就是将公司对未来的永远乐观的预期与劳动市场的灵活性、价格稳定、高科技部门发展、股票市场和信贷市场的繁荣结合起来,这样才能保持消费的快速增长。弗鲁德等[2]认为资本主义有两种主要形式:"生产性资本主义",类似于福特主义;还有当前的"票据资本主义",这里的票据指的是债券、股票等各种金融文件。弗鲁德用票据资本主义诠释资本市场变革对宏观经济制度配置的影响。当资本市场不再充当家庭储户和投资公司之间的中介,而是积极地影响公司和家庭的行为时,票据资本主义已经产生。

金融化抛弃了金融市场变革的全球维度,完全忽视了美英两国的全球金融中心在全球经济中占据的特殊地位。也许,单独分析美英两国,把其作为以股权为基础的典型经济加以分析,能帮助人们更深层次地理解金融化,但正如国际政治经济学文献所指出的,作为全球金融中心,美英金融市场的发展态势对整个世界有着深刻的影响。在分析金融市场变革时,如果忽视金融市场的地缘政治动力,只将美国和英国作为国家内部的金融体系来分析,就只能得出非常狭隘的结论。

---

[1] Boyer R. The Political in the Era of Globalization and Finance: Focus on Some Regulation School Research [J]. *International Journal of Urban and Regional Research*, 2000, 24 (2): 274 – 322.

[2] Froud, J., Johal, S. and Williams, K., Financialisation and the Coupon Pool, *Capital and Class*, 2002, 78 (Autumn): 119 –151.

德法以银行为基础的金融体系以债券市场和信贷市场为中心,突出表现为大型银行和工业企业之间的长期关系和交叉持股。而美英以市场为基础的体系以股票市场为核心,导致股权分散和短期行为。当欧洲的公司和银行利用其在股票市场的新特权攫取利润时,欧洲模式实际上已经被外来的思想和所有权攻破。经过改良的美英金融化模式已经部分地渗透到几个最大的欧洲经济体中,这已经是共识。

另一个经常被忽略的问题是:地区性差异,主要是政府和社会方面的差异,对金融化有着怎样的影响?伦敦城市大学经济学教授阿纳斯塔西娅·内斯维泰洛瓦(Anastasia Nesvetailova)[1]认为欧洲的金融化突出表现在新加入欧盟的中欧国家。大型西欧银行掀起的并购浪潮已经从根本上改变了这些国家的社会生活,并使金融泡沫膨胀。

三、当代金融与社会的关系——嵌入还是抽离?

国际政治经济学界的时代分析框架从地缘政治角度研究全球金融力量及地缘政治与美国霸权的联系。此外还有一种形式的时代分析框架,认为新自由主义时代的全球金融是从布雷顿森林体系中"抽离"的过程,并分析了金融市场自由化如何通过先进工业化国家的新规范和新操作不断推进。约翰·鲁吉[2]在1982年发表了一篇影响深远的文章,把布雷顿森林体系描述成"嵌入式的自由妥协",即在多边主义的国际背景和完全就业的国内背景下,以政治共识推动自由的金融秩序,以实现国际收支平衡。鲁吉采用了卡尔·波兰尼[3]对"嵌入"和"抽离"的经济政策的定义,把后布雷顿森林体系时期的

---

[1] Nesvetailova, A., Fragile Finance: Debt, Speculation and Crisis in the Age of Global Credit, Basingstoke: Palgrave Macmillan, 2007.

[2] Ruggie, J. G., International Regimes, Transactions, and Change: Embedded Liberalism in the Postwar Economic Order. *International Organization*, 1982, 36 (2): 379–415.

[3] Polanyi, K., The Great Transformation: the Political and Economic Origins of Our Time, Boston, MA: Beacon, 1944.

全球经济看作是以牺牲国家稳定为代价的持续的金融资本流动自由化。当鲁吉借用波拉尼的"抽离"概念，阐述不断变化的准则、规范、规则、程序如何决定了特定历史时期的国际机制时，"抽离"这个概念本身就具备了分析价值。波拉尼的经济活动"嵌入"社会生活的观点为解释资本主义的历史发展提供了丰富的渠道。但是，执拗地把全球金融诠释为"抽离"导致了分析上的二元论，金融常常被视为与国家和生产性经济对立的、独立的经济活动领域。

孤立分析金融的方法始于"国家还是市场"的辩论。自布雷顿森林体系解体以来，理论前沿国家势力的明显削弱引发了人们对全球金融影响国家行使主权的持久讨论。金融资本流动自由化刚刚显现，就被研究者视为国家制定经济政策的挑战。新金融技术对国家经济战略构成挑战。不论全球资本流动是"抽离"，还是越来越自由化，都需要在国家层面和全球层面制定新的政策战略。有研究者援引国家在金融市场自由化中的核心地位作为例证，驳斥在"国家还是市场"辩论中支持市场的一方。政府利用政策自主权吸引资本流入，或授权中央银行创造有利于国际投资的制度环境。

"国家还是市场"的辩论导致全球金融被诠释为政府可以推动、利用或调控的经济力量。因此结论是，金融在空间（市场）上是独立的，金融市场的活动具有高技术、精英推动的特点。金融是不具姓名的行为主体对国家施加影响的过程。金融被人格化，具有明确的需求或利益要求。不可否认，"国家还是市场"的辩论揭示了国家和金融市场之间的复杂的政治和经济联系。但是，国家的政策目标和金融目标①之间有着令人尴尬的吻合。在分析国家行为时，金融市场往往被用来解释国家的政策制定过程。金融市场或金融主体的行为往往被看作是混乱的、受到物质条件限制的，而不是审慎的、深思熟虑的。在金融市场与实体经济持续分离的大背景下，全球金融研究的二元论倾向依然存在。

金融市场的全球性与生产的相对国家性，导致了实体经济与金融系统性

---

① 无论如何定义金融目标。

脱节的观点。"脱节"这个词被知识分子用来表现生产性资本和金融市场的分离。脱节理论强调金融市场活动的投机性。全球市场中的金融工具不断推陈出新，这个过程被视为公司、银行、政府的赌博行为制度化。金融市场的投机活动本身就是寄生性的，它不仅与实体经济分离，而且破坏实体经济。"金融与生产的脱节使生产更易受到金融投机活动的影响，其后果是无法估量的。对生产而言，不受管制的全球金融起到的主要作用是破坏。"通过金融市场赌博获得的利润，是全球金融与生产的分离及金融"非生产性"的例证。全球金融市场实际上已不需要借助实体经济扩张。

在全球金融与生产"脱节"的批判框架中，过度金融投机的内在不稳定性是核心。该框架强调了放弃凯恩斯主义调控理论引发的新的治理问题。凯恩斯主义的调控理论是布雷顿森林体系的理论基础。虽然布雷顿森林体系存在着"三者无法兼顾"的缺陷，造成了经济政策上的诸多问题，但后布雷顿森林体系时代发生了多次金融危机，政府在制定经济政策方面临着新的困境。在20年的金融市场自由化过程中，危机频现：1981年的墨西哥金融危机、第三世界债务危机，1987年英国黑色星期一，1995年美国长期资本管理公司危机；随后东亚在1997年、俄罗斯在1999年、巴西在2000年分别出现金融危机；再后来有2000年美国互联网泡沫，2001年土耳其金融危机，2002年阿根廷金融危机，2007年美国的次贷危机和随后的全球信贷紧缩。这些证据令人信服地表明全球金融的兴起引发了这些危机。国家治理目标和全球治理目标面临着重大挑战："金融资本开始对实体经济发号施令……其结构性动力已经形成，但国际社会还没有在控制目标和控制手段上达成有效的共识。"金融泡沫在实体经济之外膨胀，但其影响却不局限于金融内部。

把"抽离"和"脱节"理论相结合虽然具有一定的价值，但用其来分析后布雷顿森林体系时代的全球金融只能得出狭隘的结论。金融与日常市场行为的分离只是问题的一个方面。金融市场扩张通过多种途径影响着公司和家庭的日常运作。此外，金融市场在危机频繁爆发的背景下仍然可以继续扩张，这表明了金融的灵活性和其在动荡中的"疯狂生命力"。抽离和脱节理论忽视了构成金融"逻辑"的社会现实。和布雷顿森林体系时代相比，全球金融通过各种政治手段和社会手段更为深入地"嵌入"到社会经济实践中。只有理解了这个问题，才能更充分地解释金融对当代资本主义的重要意义。

关于金融在当代资本主义中的影响力的问题，金融化文献提供了完全不同的解释。金融嵌入到社会文化活动中，从中获取力量。国际政治经济学文献在构建我们所处的新自由主义时代时，不同于布雷顿森林体系的全球金融管制，把金融作为独立的领域进行分析。这种简化虽有可取之处，但是鉴于现实中金融逻辑对国家战略、大公司管理和日常生活的高度渗透，几乎无法证明金融从社会政治制度中"抽离"或与生产性经济"脱节"的假定。金融化文献对市场运行的系统性"知识"进行了分析，认为这些知识本身具有话语权。因此金融本身虽然存在着诸多矛盾和缺陷，但仍能继续存在。此外金融化还解释了金融市场的逻辑如何成功地渗透到日常生活的方方面面。因此，金融市场的语言和操作没有遵循金融化的逻辑和规则；相反，这些语言和操作塑造着金融化的逻辑和规则。

实际上，金融化是由一系列的故事组成的，这些故事向大众传播希望，并使金融市场中的短视的、矛盾的行为变得入情入理。从"新经济"开始，我们看到了宣传性言语的力量，这种力量能够创造新知识和新做法，从而在世界上建立起规则。新经济上升时期的宣传语言是热情的、凯歌高奏的；当新经济走下坡路时，在谣言和多变的形势中，宣传的语调变得令人怀疑。媒体在宣传新经济中发挥了重大作用，新经济又帮助金融获得新的话语权。创造与金融危机有关的新知识和新语言，是现代金融市场的最重要的创新。讲故事，就是集合历史上各种行之有效的有关威胁和不确定性的宣传语言，把文化过程转变成利润生成的过程。拥有了判断、计算和出售风险的技术就拥有了重要的话语权；控制风险和分散风险的宣传甚至成了美国"恐怖主义战争"的重要组成部分。金融化由多种多样的技术和知识构成，使金融化得以不断推进、不断适应新的环境。

国际政治经济学文献对一系列经济危机的分析只是案例分析，完全忽略了金融的适应能力。每出现一次金融危机，就会出现重大的金融创新和政策调整，这只强化了"金融危机不可避免的"逻辑。只关注金融危机，就无法解释金融在繁盛时期如何运行、金融市场和金融过程如何自我创新。

除了上述的语言动力之外，金融化还有新技术和新管理策略层面的运行动力。唐纳德·麦肯齐对此进行了广泛的研究，例如，计算技术，如毕苏期权定价模式，怎样创造了一种可行的市场结构并改变了市场活动。新的技术平台，如标准普尔500指数，实时传递着市场的价格波动；新的计算技术和经济模型与新的金融创新结合，使金融市场成为可能。

资本市场的影响力部分是通过这些新知识和新技术传递的。上市公司管理层宣布股东价值，公司承受着进入资本市场的压力。但经验数据无法证明管理层承诺的可靠性，就像有效市场假说经不起推敲一样。对大多数公司来说，管理的本质、产品市场中的竞争，意味着实现股东价值增加，往往只能通过宏观经济中的股市变动而不是公司的战略调整来实现。但尽管经验数据前后矛盾，股东价值的逻辑依然存在，因为股东价值的定义本身就是空洞的、可变的。如果把金融作为独立的领域看待，就无法充分解释全球金融流动自由化的种种承诺之间的相似性，以及金融自由化无法兑现承诺的原因。金融化为金融生命力的研究开辟了有效的渠道。对金融化的深入研究将丰富国际政治经济学的研究方向，使研究者关注金融市场和金融主体如何规避监管措施[①]及如何自我创新的问题。

最后，相关的金融化文献还分析了家庭如何密切地参与到金融市场扩张的进程中。金融的大众化趋势，借助新的零售银行技术，使家庭储蓄大规模地流向投资机构和住房借款领域。自20世纪90年代中期以来，美英两国的官方储蓄率似乎降低了，但实际上是家庭储蓄流向了为数众多的养老基金和共同基金计划。美英就业养老金计划从固定收益制变为固定缴费制，这种结构上的重大改变影响了金融化的发展过程。股市立刻受到影响，并出现了一个新的阶层——在对冲基金、私募股权基金等机构工作的金融中介精英阶层。这些分析把机构投资者的势力扩大与公共政策、家庭日常储蓄行为联系起来，而这种重要的联系往往被国际政治经济学文献所忽略。

---

① 每一次金融危机过后都会出现新的监管措施。

在金融化社会中,人们生活在各种各样不同版本的故事中。经纪人或经济过程由话语构成;话语描述了经纪人和经济过程,并对它们施加影响。面对着不同版本的风险描述,个人不得不像企业家那样接受风险,以便在金融化社会中生存:"针对华尔街制定的规则现在适用于整个经济。"罗恩·艾肯特[1]分析了纽约股票交易所从推行个人投资到建立个人投资日常机构的过程。美国和英国家庭在矛盾的、具有竞争关系的逻辑中生存:既是"投资者",也是"消费者"。这两种身份导致了矛盾的逻辑:向养老基金和共同基金缴款,为未来储蓄;同时大笔借款,购买房、车及消费品。信贷紧缩出现,萧条呼之欲来,这些矛盾冲突给金融化带来了更多的社会压力和文化压力。

四、金融版图的扩张

把金融市场作为当代全球资本主义的核心进行研究,就会提出下列问题:金融是如何扩展到新领域的?哪些条件推动或排斥金融融入这些构建在文化上的新领域?那些拥有新的金融知识和金融技术的群体对他人有着深入的影响,因为那些不具备新知识和新技术的人承担着金融化的后果。正如普赖克和杜盖伊[2]所言:金融市场一点也不"与政治无关"。市场已经成为政治在各个社会中运行的重要渠道。拥有积累特权的社会主体如何增进其政治和经济影响力,也是金融化应广泛探讨的问题。

国际政治经济学文献将政治和权力关系放在研究的中心,着重研究金融的全球动力。全球金融市场和金融主体的权力和影响力是以地缘政治为背景的。不同国家有着不同的政治和制度,这导致全球金融通过新兴市场和先进的世界金融中心之间的不平等关系在全球范围内扩张。这明显体现在发达工业化国家和发展中国家的地缘政治和经济关系中。因为经济体系脆弱,发展

---

[1] Aitken, R., "A Direct Personal Stake": Cultural Economy, Mass Investment and the New York Stock Exchange, *Review of International Political Economy*, 2005:12 (2):334–363.

[2] Pryke, M. and du Gay, P., Take an issue: cultural economy and finance, *Economy and Society*, 2007, 36 (3):339–354.

中国家在国际信贷市场和债券市场的风险溢价升高，即发展中国家借款时必须支付更高的利息。因此，发展中国家在借款和获得国际投资上面临着严重挑战，并极易遭到投机性危机的影响。发展中国家常常面临着国内资本短缺的问题，为进行扩张，这些国家必须制定新的战略，以满足全球金融市场的需求。研究发展中国家对全球金融形势的反应，就会注意到全球金融扩张过程中内生的多种不平等因素。

除了与金融市场的直接联系，全球金融还有多种方式影响当代全球经济中的权力关系。各种国际机构积极推动金融市场的扩张，但几乎没有采取任何措施保护发展中国家，使其免受金融自由化带来的负面影响，如投机活动、金融危机、债务负担加剧等。如今，私人资本流动规模远远高于国际援助，表明国际机构一贯坚定地支持着金融市场的扩张。除此之外，IMF 直接进行干预，通过结构调整计划打开发展中国家经济的大门；八国集团拒绝履行其降低第三世界债务水平的承诺。通过世界银行集团及其他地区性开发银行的制度安排吸引全球资金流入，已成为开发政策的最高目标。

一些金融化文献指出：大公司应对股票市场挑战的方式，和许多发展中国家制定政策应对全球金融市场的压力有很多相似之处。为了收获金融扩张的成果，发展中国家已经采取了多种政策和监管框架。放开资本账户被认为是吸引国际投资的关键措施，但这种措施同时也削弱了发展中国家使用资本控制手段防范金融危机的能力。此外，促进外国直接投资和国际间接投资是发展政策的重要方面，即使这些政策根本无法确保大多数人直接从经济增长中受益。发展中国家在推行宏观经济政策的同时，还通过微观的信贷方案扩张金融市场机制。正如金融化是一种目标，"从全球金融中受益"也是一种目标，而不是必然能实现的——通过金融自由化促进私人投资流动，失败的案例和成功的案例一样多。

研究发展中国家，就可以理解全球金融如何通过不平等关系进行扩张。人们多次试图制定完美的政策框架，以利用开放金融市场的好处，控制开放金融市场的弊端，结果都以失败告终，例如"华盛顿共识"名誉扫地，"新金融设计"已不复存在。但是，国际金融机构仍然为全球金融体系设立接纳和排斥金融化的政策条件。在放开金融市场或私人资本流动是否能带来预期的经济发展的问题上,虽然现在做判断还为时过早,但至少在目前看来,不平等和不稳定是其主要表现。

分析了世界金融和国内金融的联系,我们就能更深入地理解金融扩张与不平等加剧之间的关系。不可否认的是,伴随着金融化的发展,英美的社会不平等和经济不平等加剧。但对不平等加剧的政治分析主要停留在市场主体之间的无序操作的层面。或者,不平等被视为批发和零售信贷市场金融创新的产物。有一个角度被忽略了:金融向家庭部门扩张在多大程度上决定了储蓄[①]/投资基金、抵押贷款和消费贷款发放机构的权力和利润率。

如前文所述,家庭储蓄大规模流入投资基金是家庭影响金融化进程的重要方式,突出表现在股价上涨和大量中产阶级的储蓄通过家庭投资工具涌入市场。这同时导致机构投资者权力的不断扩大。资产价格的持续上涨使金融化获得了一些合理性。不断流入的家庭储蓄推动着股价上涨和财富增加的良性循环。

金融化文献忽略了多种建立在不平等基础上的机制。例如,作为被动的长期储蓄者,大部分家庭只是简单地将家庭储蓄转账到投资机构设计的投资计划中,只有极少数家庭直接在市场上进行交易。被动投资往往是将规定数额的资金从当前账户直接划拨到专业机构管理的投资基金中。这些储蓄计划确实有提升股价的作用,但也帮助了投资者:往市场中注入新的流动性可以使投资者规避市场低迷的风险。进入金融市场的权力的不平等有着重大的影响,因为主动投资者总是在市场低迷时出售股票或市场头寸"逃离"市场。基金经理在市场低迷时把源源不断的家庭储蓄重新投资,在市场上扬时获得不菲的佣金。

金融化文献往往只讨论那些参与长期投资计划的个人,或有能力、有意愿大笔借款的个人。相比许多无法接触主流金融产品或没有足够的额外收入进行储蓄的个人来说,这些群体毫无疑问拥有着特权。在美国和英国,只有40%的家庭可以参与养老储蓄,超过半数的人口在年老时没有足够的保障。

---

① 进入投资机构的储蓄。

自次贷危机以来，研究者开始关注为数众多的无法承受抵押贷款的低收入的美国人。实际上，七年的金融扩张在很大程度上是靠着发放给低收入人群的利润极高的贷款，然后用这些贷款补贴发放给投资主体①的贷款。但是，即使对于那些可以参与到金融化过程中的个人来说，近来的市场低迷可能已经使他们在过去七年中（自从2000年的股市崩盘）获得的收益损失殆尽。理论前沿将这些有能力参与到金融化中的个人与使他们有能力参与金融化的经济条件和社会关系割裂开来，就忽视了金融化的核心——不平等和权力关系。

在英美金融化的过程中，还存在着另一种不平等：家庭借贷的增加。金融化文献着重研究了住房抵押贷款证券化、资产证券化等结构性金融产品的重大创新。这些金融创新创造了更多的贷款。从根本上说，金融创新促进了个人和家庭参与金融活动。这种信贷循环自我维持、生生不息。就像储蓄增加导致股价上涨一样，抵押贷款的增加导致房地产价格上涨。

住房抵押贷款证券化（MBS）允许贷款者制定"诱惑利率"和发放"只需支付利息"的抵押贷款。此举吸引了无法获得常规抵押贷款（计算本金和利息的还款计划）的借款者。许多人利用"只需支付利息"抵押贷款购买住房，或购置第二套房产。"只需支付利息"的抵押贷款为个人提供了机会：用几千英镑投资房地产，就有可能从房地产价格上涨中获益，因此这种贷款越来越成为一种投资工具，英国的"先买房后出租"市场成了穷人的对冲基金。在美国，"只需支付利息"的抵押贷款更多是为了那些既是房屋所有者、也是居住者、同时无法承受其他抵押贷款产品的人②设计的。在房地产和股票市场高度繁荣时期，家庭被视为金融化进程的主要受益者，因为经济繁荣为他们提供了新的投资机会。在抵押贷款大量增加的同时，美英两国的家庭消费贷款也加速增长。消费信贷的发放机构利用资产证券化（ABS），设计出具有"诱惑利率"的消费信贷产品，如固定期限零利率余额代偿或零利率零售商品购买等。这些产品是以消费者为目标的，因为利润极高，消费者不用支付全

---

① 主要是中产阶级。
② 经常是次级贷款借款者。

部的欠款余额，被称作循环贷款。

一种观点认为，金融化是深深植根于不平等关系并从不平等关系中获利的过程。抵押贷款的增加、消费贷款水平的上升，这些宏观趋势从侧面证明了这种观点的正确性。要从家庭借款中获利，就需要借款人长期还款——这就是银行和专业贷款机构设计更多的、更有创造性的产品，吸引新的借款者的秘而不宣的逻辑。但该逻辑成立的条件是：全球金融市场能够快速转卖各种结构性金融产品。当这个金融化的特殊阶段明显处于尾声的时候，美英两国的投资主体的成功可能只是昙花一现，但中产阶级投资者和借款者被留下来慢慢承担金融化扩张的后果。

五、缩小批判分歧

本文评价了两种不同的分析金融对当代资本主义重要意义的批判框架。我认为，两种批判框架之间的互相借鉴将开辟更有成效的研究渠道；或者至少要比继续辩论主流正统观点更有成效，主流观点的支持者似乎越来越无意于研究批判性文献。

金融化文献对金融力量的分析较金融"抽离"或"脱节"于社会经济的理论更为可信。研究当代金融力量时，坚持金融与社会政治制度和生产工业分离的观点是以偏概全。当代金融的力量主要来源于金融与社会文化活动的深度结合。金融化认为个人、企业和宏观经济与金融市场建立了新的联系，并越来越受到金融市场的影响。与布雷顿森林体系时代相比，当代全球金融与经济实践的社会联系更密切。国际政治经济学文献应从现在起更密切地关注这些问题。

未来的金融化文献应对国际政治经济学的全球金融框架进行更多的研究，从而可能超越自身对美英金融扩张的狭隘的、去政治化的分析。金融化只简要地分析了美英两国金融市场对社会关系的影响。这就把国内金融市场从其运行的全球金融网络中分离出来。此外，美英两国是全球金融中心，在世界经济中占据着独特的地位。美英两国金融市场的发展变化对整个世界有着深远的影响,这点往往被金融化文献忽略。国际政治经济学的研究方法把全球金融放在重要变革的核心,把金融在全球经济中的角色政治化。国际金融和国内金融的联系塑造了地缘政治的格局。例如,不同的国家政治体制和制度导致全球金融通过新兴市场和发达的全球金融中心之间的不平等关系而扩张。大部分研究当代资本主义特征的金融化文献明显忽视了这些不平等。国际政治经济文献把权力和不平等放在研究金融扩张的全球动力的核心。

  当前的金融形势要求金融化文献更深入地关注不平等问题,并研究美英金融业衰退对全世界地缘政治的显著影响。国际政治经济学文献应该摒弃原来的基于事件的危机分析方法,放弃用金融从社会中"抽离"或与生产"脱节"等陈旧理论诠释每次危机的特殊成因。

应对市场流行病,设计"金融 WHO":宏观审慎的全球治理方法*

[日] 曾根泰教 著 　关 键　陈永杰 译**

许多评论家把现在的世界金融危机比喻成"一场大火"。然而,这一类比并不完全恰当,因为大火不会越洋过海。现在这场源于美国次贷问题的危机,已经越洋过海蔓延全世界。因此,这次被认为是"大萧条"后最为严重的金融危机,用蔓延全世界的"传染病"来形容更为合适。这场危机应该理解为全球金融领域的"市场流行病",就像流感和传染性非典型肺炎(SARS)之类肆虐全球的传染病一样。

虽然使风险多样化的金融工程技术加速了"传染病"的蔓延,但以"公共卫生"为角度的思考,在市场经济中却还比较罕见。金融工程学往往用多样化的方法来管理风险。诸如证券化、信用违约互换(Credit Default Swap,

---

* 本文"Designing a 'Financial WHO' for the 'Market Pandemic': A Macroprudential Approach to Global Governance" 曾在"东亚公共管理论坛"(2008年12月20—21日,广州)上宣读;发表在《公共行政评论》2009年第2期,译者感谢中山大学亚太研究院方志操同学对本译文的贡献。

** 作者简介:曾根泰教(Yasunori Sone),日本庆应义塾大学媒体与政府研究院教授。译者简介:关键,中山大学亚太研究院国际关系学系硕士;陈永杰,中山大学行政管理研究中心、社会保障与社会政策研究所讲师。

CDS）和融资（或杠杆效应）等衍生物和新技术加速了全球金融危机。最后，危机蔓延为三个互联的恶性循环：房地产市场、金融市场和实体经济。

但是，在金融市场中并没有控制风险的中央机构。换言之，在货币和信用领域中，不存在一个等同于世界卫生组织（World Health Organization，WHO）的机构。虽然有学派认为，金融系统是公共产品，但是很难说该学派是否已将危机管理纳入考虑范围。既然至今仍未发现预防、消除和阻止金融"病毒"扩散的"有效疫苗"，为了预防和应对市场传染病，我们就应该建立"金融WHO"的观念。

此外，许多人指出，如果我们把现在的国际合作水平与过去相比较，当前的情况与大萧条时期有很大差别。那么，把现在的情况与布雷顿森林体系（Bretton Woods system）时期相比不是更为合适吗？1944年7月，来自44个国家的730名代表齐聚美国新罕布什尔州布雷顿森林，为"二战"后的世界设计了一个金融体系。当时的美国财政部长怀特（Harry White）是设计者之一，另一位重要人物是英国代表团团长凯恩斯（John Maynard Keynes）。IMF（International Monetary Fund，IMF）是布雷顿森林体系的产物，它固定了每盎司黄金兑35美元这一比例，直到1971年尼克松政府宣布可以提高固定汇率时为止。虽然IMF的主要任务是给那些在收支平衡上面临严重困难的国家提供经济援助，但目前这场危机使得IMF新增了一项名为"短期流动性便利"的职能。2008年11月15日在华盛顿举行的二十国集团峰会（G20 Summit）上颁布了"金融市场和世界经济峰会宣言"（Declaration of the Summit on Financial Markets and the World Economy）。但是，具体的提议被推迟到2009年4月的次届会议。

"如何在金融领域建立全球治理"是当前的热门话题。意欲为此构建框架，则有必要建立一个"新布雷顿森林体系"或"布雷顿森林体系二代"。在目前的情况下，并没有一个中央银行监督和管理整个世界，对各金融机构的监督和管理也只是每个国家的责任。尽管各国的利率和管制都不一样，但实际的金融交易很容易就跨越了国界。国际清算银行（Bank for International Settlements，BIS）即使已尝试建立一个标准，也没有强大的法律权威来执行这一标准。

为设计"金融 WHO",我们需要考虑以下几点:

首先,建立一个"金融 WHO"国际版。

这将是一个致力于预防和控制"市场传染病"的国际机构。也就是说,为了监督那些在全球运行以稳定市场的金融机构,"金融 WHO"国际版将是一个早期预警和危机管理的组织。比方说,为了应对流感的蔓延,世界卫生组织建立相关的方针指引,界定危机管理的六个阶段,提出"暂时性停课"等缓和策略。而金融稳定论坛(Financial Stability Forum,FSF)现在在早期预警和稳定中发挥着部分作用。

其次,建立"中央银行联盟"(Federation of Central Banks)。

它与"金融 WHO"合作,监控全球每个角落的整体货币供给和资产(房地产、证券等)价格,并对各国中央银行提出货币政策方面的建议。

再次,宏观层面新政策的必要性。

传统的金融工程重在企业行为,而各国政府的规管重在对国内市场指示器的监督和监管。应该重新监测世界范围内的资产价格和融资杠杆,规管信用评级机构,并通过审慎的宏观政策,为全球金融市场制定宏观货币政策。

此外,从传统政策指标转向新政策目标。

我们要将货币政策指标从传统的指数——基于对消费者物价指数(Consumer Price Index,CPI)、汇率、外汇储备等的监督——转变为以对资产价格、银行信用、信用、CDS 等新指数监督作为参考标准。这也是重构防止国际金融泡沫的指标,意味着加强货币作为国际公共产品的监管和监督,并监控如日元利差交易等跨境交易。

最后,危机管理、隔离和道德风险。

人们往往反应强烈:"为什么纳税人要为薪酬高昂的华尔街雇员的失败埋单?"当(社会上)感受到出现了一种严重的道德危机,公众则难以被游说去支持向金融机构注资的拯救方案和相关措施。

假设采取 WHO 的方法,有必要回应两种不同的批判。为防止传染病传播,有可能会采取类似于"隔离"的措施,其中包括限制私人权利。为保护金融体系，尤其是清算功能，我们应该对银行采纳诸如储户保护、提供流动资金和资金注入等政策。当政府介入时，为了达到这个目标，有时候不可避免要更换管理层。然而，虽然金融机构与一般的公司不同，它在清算功能中扮演特殊角色，而这种功能可以被认为是公共产品，因此对于它们是否应该被拯救和注资有必要作进一步的论证。

为实现这一方案，有必要解决几个难题。但是，没有金融架构能同时容纳"三元悖论"（Impossible Trinity）①，即国家主权不受损，一个受国际监管和监督的金融市场，以及来自于全球化资本市场的好处。在这一方案实现前，必须解决许多问题，也包括技术层面的问题。

如果以货币和信用的形式进行，"接种疫苗"将使行政法规得以正确形成。比如，要实施股票监管，企业会计必须制定出规制。但是当股票价值、房地产价格和外汇汇率反复无常时，市场价值的计算就会出现问题。如果将其应用在并不清晰的价值之上，比如三级资产和三级债务，那么我们就要建立新的会计标准。

许多评论认为，日本的经验为这次危机提供了很好的借鉴。如果我们用日本的经验作参考，那这场危机就是一个"局部的"流行病而不是全球流行病。考虑蔓延全球的金融危机的内在联系，有助于理解1997年亚洲金融危机和1998年造成长期资本管理失败的俄罗斯金融危机。全球化问题是至关重要的，这包括了对"对冲基金"（hedge fund）的认识，而通过设立一个"国际金融体系架构"以控制危机的想法也在那时候浮现。但是无论怎么说，我们还没有明确的解决方案。美国前财政部部长鲁宾（Robert Rubin）退休之时，不得不承认，这一计划不了了之。

也许最需要讨论的、也是经常被提及的一点是，日本在后泡沫时代对坏账的处理。然而，它不能说明"失落的10年"和清理后遗症的"失去的15年"所体现的问题。这源于以下这样一个结论：政府在早期于短时间内将大

---

① The Economist (1999). Time for a Redesign. January 30. From: https://www.economist.com/specialreports/displayStory.cfm? story id = 183887.

量纳税人的钱注入金融机构中,然后追究起管理责任和并没有发生的道德危机。但是政府机构或市场的决策姗姗来迟,致使公民经历了一段漫长的时间才能建立起信心。

如果我们把日本的案例与现在的危机做比较,就会发现两者之间有很大差异。虽然在过去日本的案例中,银行承担着风险,但当前的危机中,风险多样化,牵涉其中的参与者远不止银行一个。

而且,金融市场的规模已经扩大到实体经济的四倍。此外,虽然过去对坏账的衡量往往以房地产为中心,最近的金融产品已经证券化和杠杆化。现在要分析最近的证券化的商业票据和融资杠杆技术,要确定呆坏账的数量并不容易。金融工程学,在这种情况下是"相反的工程学",也应该有所发展,以此衡量金融产品中的呆坏账。

巴菲特(Warren Buffett)在结束通用再保险证券(General Re Securities)衍生经销商生涯时说,结束一项金融衍生业务,说来容易做很难。① 他总结道,然而在我们看来,金融衍生产品是大杀伤力武器,其危险性尽管现在是潜藏的却可致命。②

因为这些工具均要求未来的某个时间进行资金结算,其价值决定于一个或多个参考项目,比如说汇率、股票价格或者货币价值。更进一步地说,金融衍生产品的期限各不相同(有时候运作长达 20 年或以上),其价值常常与好几个变量相联系。③

即使这样一个"金融 WHO"成立,我们也应该清晰地认识到,这并不意味着所有全球性金融问题都将获得彻底解决。而且,只要有人想利用不对称信息和价格波动谋取巨额利润,那么即使全球监管措施与时俱进,泡沫经济仍必然会形成。

尽管如此,以"金融 WHO"为预防药物,将有效降低金融泡沫的规模。

---

① Buffett, W. (2003). Berkshire Hathaway Inc. 2002 Annual Report. From: http://www.Berkshirehathaway.com/2002ar/2002ar.pdf.

② Ibid.

③ Ibid.

尝试创造一个全球金融治理体系，使"三元悖论"问题显得更为迫近。建造这样一个体系来监管国际市场可能导致国家主权的让渡。此外，被认为妨碍了全球金融和资本市场的发展的治理体系，很可能成为激烈批判的对象。然而，现在正是解决这个问题的时候。我们应该意识到，现在的全球金融传染病正是解决这一难题的天赐良机。如果不是这场全球金融传染病显现出严重的问题，我们不会尝试去解决国际监管、国家主权和金融市场发展这一"三元悖论"问题。建立"金融WHO"意味着我们的权利会部分被限制，市场行为亦会受到暂时的干预。然而，我们应该理解，这并不是要制造一个"金融社会主义"。在这次自"大萧条"以来最为严重的金融危机中，全世界的人们会明白"金融WHO"是必不可少的。现在是布雷顿森林体系后建立新体制的最佳时期。我们也许能够在新时期创造出一种新的制度，使"不可能"变为可能。

第三部分 | 挑战与前瞻

全球金融一体化的挑战和前景[*]

[荷] 杰弗里·安德希　[荷] 贾斯伯·布洛姆　[荷] 丹尼尔·默格　著
季　节　译[**]

一

近年来，金融危机的飓风又一次席卷全球市场，而这次是始于系统的核心——华尔街。不论我们指责个人的贪欲、政府的疏忽，还是同时指责这两者，大量本可以为防止系统性崩溃发挥作用的公共资金与股票财富都已因此被一卷而空。脆弱的公民们又一次为真实的经济现状买了单。随着私人金融机构能够以特殊的自由条款获取流动资金，我们很难不注意到，这与以往应对的新兴市场上的危机有着巨大区别。当以前的危机被责难时，人们把重心放在救援的受限制性上，但当华尔街和纽约市"遭难"时，援救的形式已经

---

[*] P. G. Cerny, "Globalization and the Changing Logic of Collective Action", International Organization, No. 4, 1995, pp. 595–625. 本文译自《三十年来的全球金融一体化：从改革到危机》（*Global Financial Integration Thirty Years On: From Reform to Crisis*, Cambridge University Press, 2010）的导言部分，篇幅所限，有所删节。收入《东吴学术》2013年第4期。

[**] 作者简介：杰弗里·安德希（Geoffrey R. D. Underhill）、贾斯伯·布洛姆（Jasper Blom）、丹尼尔·默格（Daniel Mugge）即为此书编者，均系荷兰阿姆斯特丹大学教授。苏州大学东吴商学院季节译，季节现任职于渤海证券江苏公司，系硕士研究生。

变得更加多元、开放。

国际金融界曾对发达国家和发展中国家存有双重标准，而伴随着这种双重标准而来的是金融市场与日俱增的不确定性，金融危机重新开启了有关世界金融体系、公共政策与规则的争论。国际金融一体化与国际货币和金融体系标准的管理支配，在经历了三十余年的以市场为导向的全球一体化及前期发展之后，现在正处于关键的十字路口。从规模上讲，它确实使得华尔街的这场危机演变为自20世纪30年代以来最为严重的金融危机。金融一体化的发展过程经常被危机和一些不稳定因素打断，这些因素引发了各种可分析的、规范性的、策略方面的困境，对我们在金融和货币管理方面的现有认知构成了巨大挑战。切尼等许多学者认为，更高程度的经济一体化需要区域和跨国层面上更严格的经济管理。然而，经济一体化、竞争性市场动态、国际政治合作以及潜在的不同层次的新管理模式之间的关系如今依然显得不够明朗，因为政策制定者们在应对金融危机后果的同时，又面临着改革的严峻任务。

当今全球金融结构应对货币和金融挑战的能力再次受到人们的质疑，未来的改革走向也并不明朗。更为复杂的是，当今的金融治理安排不但在能力和效率上，而且在其合法性方面都是令人怀疑的。在某些区域机构中，成员国的份额和投票权也并没有反映出新兴市场在全球经济中增长的比例，而这甚至是普遍存在的现象。同时，国际和区域金融管理的特点是，在决策过程和管理过程中，个体参与者的比例越来越大，这种趋势引起了人们对其体制本身合法性的质疑。事实上，它说明了以下问题，即私人利益的密切参与不仅与管理体系在成本和收益方面、分配不公方面是相关的，而且与各种新的金融监督形式所不断增加的风险，以及与危机管理与摆脱困境因何发生这些方面也是紧密关联的。这些问题使未来国际金融管理中很可能出现不平等的权利结构。

虽然有着不少令人遗憾之处，但历史依然遵照其模式不断向前发展，期间，有关急需改革的严肃讨论与各主要时期那些代价高昂的经济危机息息相关。更加令人不安的是，金融危机并没有使全球经济体系的核心经济体付出较大的代价，因此总体上它并没有使金融机构做出彻底整改，而与此相比，它对新兴市场造成的危害却是巨大的。这种没能彻底整改体制的失败以及对当前金融体制内部风险本质的关注不足，和现在这种连发达国家的公民都得为金融体制买单的情况有很大关系。

不论是从历史抑或是现实，我们都可以得出这样的结论，我们最终应该把注意力转回发展更加长期、有效、合理的跨境国际金融管理框架。美国及美元在世界金融体系中所占比重的日渐下滑、一体化的金融市场语境下因个体参与而带来的多样性的内涵，这些都更加需要新的管理模式。经济危机与信用紧缩提醒我们，当今金融一体化的问题是与控制宏观支出、调整汇率不平衡等传统货币问题融为一体的。

因此，我们主要关注迅速恢复有关全球市场一体化条件下金融、货币治理要求的讨论。我们怎么理解市场演变与货币、金融管理机构之间的关系将对讨论很有帮助，同时，我们的另一个重要目标是将学者研究成果与未来经济管理更有效地联系起来。因此，我们首先从当今金融体系及后续的改革的"有效性"和"合法性"这两个角度来架构讨论的框架。弗里茨·沙普夫于1999年曾分析道："合法性"由"输入合法性"（input oriented legitimacy）与"输出合法性"（output oriented legitimacy）组成。① 这种分类方式是我们建立框架的第二基础，但我们也应该注意到，尽管在分析过程中"输入合法性"与"输出合法性"能够被区分开来，可是在政治实践中它们最终成为了一枚硬币的两面——令人满意的"政策输出"取决于管理层面在政策输入时向外界传递出的声音，虽然受金融市场影响的相关选民在政治目标和政治倾向上或许矛盾重重，但是其实只有一小部分人能在一定区域或国际范围内真正参与到政策决定中去。

我们的论述框架将讨论的重心放在金融管理的四个关键问题上。首先是关注个体参与、决策过程效益及更广泛的公共利益三者之间的平衡问题。其次，输入方面的问题尤其在于发展中国家的参与关系，他们在决策制定上的有效作用更多是非直接的，其中大多数甚至不如发达国家的私人机构对政策的影响力大。第三，与输出方面关系最大的是，当今金融管理体制的标准偏向于支持国内金融体系间的融合，由此而带来的压力约束了"决策空间"

---

① Fritz Scharpf, *Governing Europe: Effective and Democratic?*, Oxford: Oxford University Press, 1999.

（policy space）的发展壮大。以上三点问题直接涉及了有效性与合法性之间的紧张关系，并使我们考虑到第四点：当前经济体系的合法性在其被确立和运作之前就受到质疑，随着时间的推移，它已经在国家、区域和国际层面上引起了强烈的不满，尤其是在亚洲和发展中国家。这些不满既与大量输出方面的问题有关，也与输入或执行过程方面的问题有关。除非我们现在讨论的改革得到了有效的实施，否则上述那些不满情绪应该如何被评估将依然是个开放性的问题。那时我们才能回答：它们有效地加强了全球金融的治理了吗？为寻求答案，以应对全球市场挑战，人们必须付出努力，它们是否有意或无意地成为了这些努力的潜在障碍呢？

我们论述以上四个问题的依据，是分析自20世纪90年代中期到2001年或2002年新兴市场危机将近结束之间的历史背景，以及当前金融结构的产生过程。接着，我们会讨论新体系的运作方式，并评估金融体系中输入与输出方面与以上前三个问题的关系。最后，我们将聚焦因有效性和合法性的明显不足而导致的社会不满问题，并讨论深化改革所需的努力。

二

20世纪50年代，离岸欧洲货币市场出现，从那时以来，跨境金融市场的一体化以及继1971年布雷顿森林体系崩溃之后贸易自由化重振了低迷的民族金融体系，它们和电子革命与气候变化一样，是我们这个时代最为基础、最为显著的改变。而跨境金融市场意味着合法的、宏观的管理的必要性，这种管理也就是为市场、通胀预期及国家货币间的调节机制这三者，能够遵守相对一致的、可预见的规则规律而建立的一种合法而宏观的经济秩序。大多数市场经纪人寻求的是中期或长期的、能够规避风险和意外的管理模式。但是由于这种管理体系对国家政策和金融体系的要求程度极高，历史上的国际金融体系往往有隐患和漏洞，即使是现在，理想中的国家金融体系也尚未完成。我们主要关注如何巩固当前经济体制的稳固性和关于其合法性与有效性之间的种种争议，然后转而论述当前经济危机时期出现的关于进一步政策改革的讨论，由此试图运用学术分析去探索改革进程的新方向。

90年代的金融危机说明，金融控管与国家货币管理都无法单独有效运作。那时，人们提出的解决方案是依据国内合理的规范，强化以市场为基础的系统、建立更好的危机防御机制、制定更好的国家宏观经济政策及相关的国际监督和国际协调机制。新的国际金融结构聚焦于促进资本跨境自由流动，并保持了80年代和90年代的以市场为中心的特点，这一情况与1994年到2000年出现一系列经济危机期间的特点也大致相同。到目前为止，官方政策没有提出为何这样的系统中净资本流动在发展中国家的不同群体之间能够稳定、积极地持续。国际金融协会（IIF）、IMF（IMF）依然聚焦"正统"（orthodox）政策，到目前为止它们在很大程度上忽视了这种政策对国内政治体系，包括社会支出方面所施加的压力，尤其是当民主偏好与国际投资者和国际金融协会的选择相矛盾时。阿根廷国债问题就是这种矛盾的典型表现。当前的信贷危机中，金融管理模式本该是有效的，但是否有可靠切实的证据能够证明以这种观念为基础的经济理论呢？如果答案是没有，那么我们是否应该尝试着改变现状呢？还是应该修改我们的理论呢？

当巩固金融管理、加强国家宏观经济政策力度是一种积极的方法时，这是否全面关注到了新兴市场的金融和货币不稳定性呢？许多金融危机的受害者，在国民生产总值、通胀记录以及与发达国家相比非常体面的经常项目差额方面，都存在较高的负债率。为了分析当前管理模式的输出合法性，我们应当鼓励多样化的理论争鸣，譬如艾肯格林（Eichengreen）与豪斯曼（Hausmann）提出的"原罪——新兴市场无力以其自身货币向国外进行借贷"（Original Sin）的观念。他们指出，发展中国家遭遇危机的原因并不是由于其金融机构的缺乏和其财政与货币政策可靠性的缺乏。这些被迫以国外强势货币进行借贷的国家面临的债务波动率比发达国家高出五倍。[1] 如今发展中国家经济管理的水平与政策差异巨大，"原罪"几乎是一种全球经济的特点，它表明机构和政策

---

[1] Eichengreen, B. and R. Hausmann (eds.), *Other People's Money: Debt Denomination and Financial Instability in Emerging Market Economies*, Chicago: University of Chicago Press, 2005.

改革与经济危机预防之间的关联其实相当薄弱。进一步来看，建立在国内调整基础上的经济管理模式，是否能够有效面对全球金融市场的大众行为和虚假繁荣？这也是个值得深思的问题。

同样，正如世界银行2006年年度报告所说，在当前的金融模式下，尽管机构和政策改革有一些成就，但私人资本在发展中国家中的流动往往是不规律的。同时，世界银行2006年年度报告也指出，全部外债总额的分布也是不平均的。为了能够公正地评判，国际金融体系应当包容以上问题及发展中国家的其他困难，因为这些经济体包括了世界大多数的人口。我们寻求的改革方法不应仅仅局限于国内调整，因为通过2008年九月以来的经济大萧条我们已经十分清楚地看到，危机也有可能源自发达国家，继而重创发展中国家。

因此，金融体系改革依然存在很多问题，尤其是从发展中国家的角度来看，因为与经济合作与发展组织成员国相比，这些经济体在国际金融控制机构中所拥有的话语权相对较弱。但是，从发达国家的角度来看，这次经济危机也同样直击金融体制的软肋。可以说，目前的金融体系在面对不同发展程度的经济体时不够灵活机动，使国家政权在寻觅国际责任与国内政治、社会压力之间平衡时缺乏运筹帷幄的空间。因此，为了保证金融体系的合法性、完善金融体系分配结构，我们应该注意以下几点：决策权的归属与利益的分配；决策制度过程与政策实施过程的合法性；决策制定过程与其影响的有效连接。

三

金融管理需要得到受其影响者的赞同，同时在输入层面，积极参与决策制定过程也是输出方面的合法性的重要组成元素。科恩《资金管控：政府为何犹豫不决？》、贝克《发达资本主义国家中宏观经济政策的三维管理》、贝克与他人合著《管理金融全球化》、默格《私人—公众之困惑：企业间竞争与跨国私人治理》及克莱森斯与他人共同撰写的《新巴塞尔协议下的政治经济：贫穷国家将付出的代价》，都列举了不少案例，这些案例分析表明它们之间存在某种相似的模式，那就是金融政策决定通常发生在一些相对封闭的政策共同体内部，在这些社区中，中央银行、金融部门、管理机构以及其私人部门的代表相互作用，共同决定市场的范围、市场竞争的条件以及监督和规范的成本开销。尽管该政策的执行会影响到社会广泛利益，但是真正决定金融政策效果的是一小部分在利益上密切相关的私人参与者，及有自主权的政府代理机构的联盟。而他们对于所做政策的解释能力依然是有限的。有关公共选择的文献资料提醒我们：这样的操作延续着政策上的潜在风险。

跨境市场的一体化更加重了这一问题。发达国家的政策往往会在"治理之光"（governance light）的照耀下趋向促进跨境整合，却忽视了去建立与国内金融市场紧密相关联的法律及调整机制的框架结构。全球市场中日益复杂的技术问题也使得公共机构更加依赖于私人机构的优先特权，进而促使了小范围的、跨国的决策俱乐部（decision-making club）的形成。国际层面的决策制定却偏离了传统的民主责任制路线，国际层面的政策制定已经被各种决策团体所控制，这些团体曾经隶属于十国集团（G10），如今却逐渐脱离了该集团。建立市场化金融结构时所体现出的明显政策偏好，便清楚地表明了上述现象的存在。在更近期的时间里，被金融危机所击晕的选民们目瞪口呆地看着那些金融家们纷纷离开破产的金融机构，这些金融家以纳税人为代价，依然享受着巨额的奖金和丰厚的利益。考虑到个人参与者的这种作用，我们认识到诸如国际会计标准（international accountancy standards）及其与公共机构关系这样的私人治理（private governance）运作力量，就越发显得重要了。

排斥性的决策制定也在输出方面造成了合法性问题。正如马凯硕在《新亚洲半球：全球权力的不可抗拒的转向东方》里指出的，许多非经济合作与发展组织（OECD）国家，由于僵化的管理结构没有考虑它们的需求和观点而感到沮丧①，并因此开始寻找解决政策问题的其他方法，这些国家既有单方面尝试的，也有结成或大或小联盟。IMF（IMF）的大多数亚洲成员已经建立了无形的、坚不可摧的经济堡垒，以应对未来的危机，并质疑 IMF 的众多政

---

① Kosher Mahbubani, *The New Asian Hemisphere: The Irresistible Shift of Global Power to the East*, Public Affairs Press, 2008.

策。拉丁美洲的一系列选举显示了人们对国际经济一体化及其相关政策的强烈不满。债务人逐渐开始向区域性银行求助,因发展中国家对政策的影响力在这些领域较大。

这方面的底线是,在金融体系改革方面,私人参与者,尤其是大型国际金融机构,一定要比"布雷顿森林体系"中发展中国家成员国拥有更大的影响力。对政策最有影响力的群体往往会从中获取最大的利益。尽管像巴塞尔银行监管委员会(Basel Committee)、金融稳定基金(Financial Stability Forum—FSF)、国际会计标准等机构对全球经济监管有着普遍的影响力,但它们要么排除了所有非十国集团的国家和地区,要么仅仅吸纳少数如澳大利亚、新加坡、中国香港这样的较为可靠的"局外人"。即使由于此次经济危机中二十国集体成员国的突出表现,目前这种情况有所改变,但是这些组织与国际金融协会(IIF)这样的私人金融机构之间的相互联系依然是频繁和普遍的。游戏的规则依然是由发达国家和其主要金融机构制定的,它们在游戏中获益良多,并已经学会适应跨境金融一体化的不确定性。但是,国际金融体系的运作事实上也使发达国家付出不少代价,就其国债和遭遇的金融危机而言,承担风险的往往是这些国家最为贫困的公民。

因此,我们应当对全球货币和金融管理框架、国家与其他层面经济控管的关系、支撑现有政策的规则规律及其实施方式、控管过程能够并应当代表的利益这一系列问题提出反思和质问。我们如何加强全球金融管理机制的合法性?如何调整国际金融机构的政策以提高国家政府实现目标、满足大多数公民的需要的能力?经济控管的过程中应当代表谁?又应当如何代表他们?建立一个既面向发展中的新兴市场,也面向发达国家的体系,什么类型的规范的政治基础才适合这样的系统?这些问题都是亟待解决的。

四

如何解决上述问题呢?怎样进一步发展金融机构才能使金融管理的有效性与广泛性共存呢?一种解决方法是回到国家货币金融管理的模式,但这种方式有可能会使国家的政策问题恶化,并有可能颠倒国际金融一体化的利益。这种方式的目的无疑是最大化利益、最小化成本。区域或全球控管有助于在国际体系中解决集体行为中的问题,并提供单个国家无力保障的集体财产。正如祖恩所说,国际金融机构赋予了国家政策决定者更有效的应对经济非国有化的能力。因此,国际金融机构不是病因,而是解决全球化时代民主问题的药方。[①] 我们要解决的问题是如何创造双赢的局面,并建设能够促进全球货币和金融系统多样性的、具有合法性与效率的金融机构。

这意味着我们要让至今依然被剥夺权利的人重新发声。但是,是否应当给目前为止没有发表太多言论的国家政府更多空间,这依然是一个开放的问题。从实际的角度来看,像二十国集团这样的论坛近年作用日益显著,这是件好事,它的成员国可以进一步发展壮大,不过成员国的增加也可能会导致决策制定过程中效率的降低。目前的另一个重要问题,是加强维护公共利益的政策建设,尤其要加强近几年由公共资金所支持但却陷入困境的金融机构的政策建设。但是政府如何通过全体性绑定的规则,将形形色色的社会参与者(societal actor)的利益进行体现,依然是不确定的。[②] 从社会公正和平等的角度来看,将国家政府纳入管理体系的努力,与国家政府有可能会将相当部分公民合法利益排除在外这两者之间,依然存在着矛盾。即使这个问题在专制独裁的政权中更明显,民主国家中也存在着政权为少数社会行动者服务的隐患。

苦于国家的、区域的、国际层面金融决策制定的疏离和分裂,当前的全球金融体系受到了严重的影响。现有的区域和全球金融机构类型复杂、数量巨大,比如七国集团、十国集团、二十国集团、二十四国集团这样的政府间的金融论坛,比如欧洲联盟这样的区域共同体,比如金融稳定委员会和巴塞尔委员会这样的新型"技术性"的、有着特定政策权利范围的国际金融论坛,还有一些私人的金融监管部门,布雷顿森林体系,不同发展程度的银行,等

---

① M. Zurn, "Global Governance and Legitimacy Problems", *Government and Opposition*, 2004, pp. 260-287.

② Thirkell-White, "The International Monetary Fund and Civil Society", *New Political Economy*, No. 9, 2004, pp. 251-270.

等。它们之间的管辖权限和责任有不少重叠之处，但它们之间的关系却依旧模糊不清。虽然区域经济管理进程能够更好地融合可管理性和政策合法性，但是全球金融管理和货币控制中的具有本质性的高风险和潜在问题从某种程度表明，我们急切需要一个能够对整个金融体制负责的机构。简单地说，现有的金融机构边界使当前体系运作片段化，愈发多层次，而权威核心却不明朗。彻底的市场整合，需要体系化的管理机构以及能以国际水平发挥效力的国内货币及金融管理。此外，国际货币和金融管理的机构及政策制定进程并没有代表全球金融体系中国家的多样性和广泛性。决策制定往往是由七国集团或十国集团控制的，但这些国家再也无法仅凭其在全球国民生产总值中占的比例去证明其全局性的影响力了。另外，令人叹息的是，2009年10月决定的有限的投票制度改革依然把更多的投票权给了比利时而非巴西。更进一步来看，问题的深度其实更发人深省。从本质上来说，当前关于金融一体化改革的讨论焦点，主要在于将各种主要的新兴市场经济体整合进现有的金融机构。这些事情其实早就该做了。但是，当前讨论的内容依旧固守陈规，为陷入泥潭中的贫穷国家发声的讨论非常罕见。权威机构及其成员国之间关系的平衡也需要关注，尤其是美国收支的不平衡没有被国际金融监管机制审查。

现在有关讨论已经触及了这一问题，但尚未给出清晰的回答。针对这样的现状，我们可以以连珠炮式的提问来帮助反思。金融决策制定和实施时，公共权威和私人权威的关系如何能够达到平衡？谁能够肩负起金融危机防御和解决的重担？国际金融体系怎么才能和不同国家的强烈诉求兼容？国家政权如何放弃一部分的经济掌控权利并从全球金融一体化中获利？区域性合作如何能够在金融和货币管理中发挥恰当的作用，推进金融和货币管理的合法性与有效性？为了保证合法性和有效性，又应该制定怎样的政策和原则？当前的政治制度对金融体系内部社会不同层次的贫穷和不公正有什么影响？如何能让处于经济不利地位的个人、机构、国家、区域在新的国家金融体系中获得一席之地，并使人们意识到他们的发展前景是全球金融管理的主要目的？很长一段时间内，经济政策决定者和金融学者都没有意识到讨论国家金融控管体系合理性问题的重要性，现在是改变的时候了。

国际清偿力的未来和中国角色*

[美] 艾伦·M.泰勒 著　　胡妍斌 译**

本文分析了人民币国际化对全球货币体系的影响和人民币成为储备货币的可能性。如果该进程被证实尽管存在障碍但仍是可行的，国际化的结果不管是对于中国和还是对于其他国家都将是有益的。

考虑到全球资本市场的复杂性和周期波动性，各国政府对储备资产的审慎性需求将会增加。但是，如果新兴市场国家的央行和其他储备管理者①持续地、压倒性地以美元和少部分其他发达市场国家的货币作为储备货币，世界将面临发生第三次全球储备体系危机的风险。特里芬于1960年提出的著名的悖论将会重演，尽管表现形式有所不同，这次对国际清偿力的需求集中于小部分国家货币，随着主要储备货币供应国发行越来越多的货币，自身债务积累至不可持续，最终将导致整个系统走向崩溃。特里芬认为这种作用力是导致20世纪30年代金本位制危机的主要原因，并曾预言将于20世纪70年代再

---

* 本报告的英文版"The Future of International Liquidity and the Role of China"发表于美国《应用公司金融》期刊（Applied Corporate Finance）2013年第6期。《新金融》编辑部征得作者和该期刊同意，翻译和发表此文，对原文略有删减，作者对译文免责。

** 作者简介：艾伦·M.泰勒（Alan M. Taylor），美国弗吉尼亚大学经济系教授。译者简介：胡妍斌，交通银行总行经济学博士。

① 如主权财富基金。

次出现并动摇以美元和黄金为基础的布雷顿森林体系。

在当今的全球货币体系中，人民币以及其他发达和新兴市场国家的货币作为潜在储备货币的出现，将可以使储备资产更加多样化并扩大其供给，使得各国央行有更多的缓冲资金以应对金融冲击，也使美国得以避免像现在一样越来越多地、大量地发行全球清偿力，并因此承受着不断膨胀的、终将成问题的债务负担。

一、储备供给面临的挑战

历史表明国际货币体系容易周期性爆发危机。20世纪30年代，基于金本位制的储备货币体系瓦解。20世纪70年代，金本位制的继任者布雷顿森林体系崩溃。40年后的今天，国际货币体系正承受着似曾相识的经济压力的困扰。事实上，考虑到储备积累的规模、跨境金融一体化、银行业的杠杆率，当前金融体系面临的危机可能是有史以来最为严重的一次。

如果说经济史教会我们去预测困难，经济理论则让我们能获悉其原因。在此，经济理论的两个原理很重要，一是关于储备需求的决定因素，二是关于储备供给的决定因素。

在储备需求方面，大量研究表明近20年尤其是2000年以后，储备需求增长迅速。增加的储备大部分以美元资产形式、并主要由新兴市场国家所持有。1990年以来，发达国家的储备对GDP的比率稳定在4%左右，但新兴市场的比率增加至5倍多，从4%增至20%多。期间新兴市场在全球经济中所占的权重出现大幅增长，2007—2009年危机后增长尤为明显，两者综合进一步增强了储备增长的动力。1990年以来，全球国际储备持有量已上升至60倍，从2000亿美元增加到12万亿美元左右。储备增长的动机很难得到解释。

传统观点认为持有储备是为了弥补几个月的进口支出，或是为了防止短期资本流入的突然停止。但贸易平衡和短期负债等指标的变动程度不足以解释储备为何在过去20年中大幅增长。近期的储备积累倒像是出于预防半固定汇率制下资本战争的需要。特别是，金融开放、国内金融深化（M2/GDP）、僵化汇率等三个主要因素已经驱使储备对 GDP 比率出现上升。

值得担心的是可能始终无法降低储备积累量。几乎没有迹象表明新兴经济体会放弃"浮动恐惧",采用浮动汇率制度。固定汇率下的一个必然结果是,面临升值压力的国家不得不出售本国货币并增加外汇储备。相似的,担心本国货币未来会面临贬值压力,一国将不得不积累外汇储备以应对投机攻击。任一种情况下,固定汇率都会导致储备大量增加。

发展中国家和新兴市场国家积累储备并厌恶汇率浮动更深层次的原因是什么?经济学家找到了许多解释。实证研究表明各种制度缺陷——法律不完善、政府低效、产权保护不力、金融系统不透明——不仅会导致经济产出和其他相关要素的均值降低,而且会增加其方差。解决其中一些问题有助于降低经济巨幅波动的风险:如果国内外投资者察觉到的是更友好更可信的体制,那么新兴市场就可以减少对储备持有的依赖。该种转型本质上是从新兴市场地位向发达市场地位转变,这通常是个缓慢的过程:需要放松对经济的管制,并为投资者提供更有效的制度设施和安全保障。但是除非转型得以实现,新兴市场决策者仍会持有大量现金储备以防止出现资本账户危机和经济大幅波动。

不改革,新兴经济体始终会担心资本流动的波动风险,即使改革,变化也是缓慢的:如 OECD 国家中的韩国和智利,借助于成功的经济改革正在成长为发达国家,但仍然持有大量储备。而且可以这么说,新兴市场国家未来在金融开放度和 M2/GDP 比率的提升方面都有很大余地。还有另外一个原因也会促使储备更快积累,新兴世界会因为有更低层次的发展中国家新成员的加入而扩容。综合所有这些因素,可以看到未来对储备的需求近乎无止境,由此引发的问题是供给从哪里来、如何获得。

二、对储备货币历史的简单回顾

当前储备供给面临的挑战,实质是前两大储备体系潜存问题的一次再现。与之前的一样,问题是如何、在哪里能获得持续不断供应的被全球认可的储备资产，且这样做会带来哪些不良效应？

在"一战"前典型的金本位制下，黄金储备有效降低了信用风险。然而全球经济系统进入了灾难性的大萧条。在两次战争之间，"核心货币"成为黄金储备的补充，以解决战后清偿力不足和分配不公的问题。问题的实质与现在的一样，即储备需求超过储备供给。黄金相对于货币稀缺意味着通货紧缩，并会造成一系列宏观经济问题，因此有必要创设纸币以增加储备供给，但带来了新的问题。由于核心经济体滥发货币储备并损害了其价值储藏功能，在投资者看来，黄金仍然是真实安全的资产，衰退中对纸币贬值的担心可能使其迅速转向黄金。20世纪30年代的危机带来了这种冲击。

在特里芬看来，1931年英国放弃黄金是达到其悖论标准的第一个事件：如此多英镑负债被对手方持有，手里少有黄金、财政可信度迅速下降，英镑已具备了最终失败的条件。

1944年布雷顿森林会议寻求此问题的解决方案，控制资本账户波动及相应风险；避免金本位下通缩倾向，允许流动性随需增加。新体系的核心原则是货币盯住美元，美元盯住黄金。这样，黄金仍然是整个体系的锚，但法定货币可以作为储备资产，这样就大大增加了储备供给量。

1945年以后，美国无可争议地成为经济和政治主力，凭借其信誉和财政实力，相对二次战争之间英镑所为，可以更久地支持该体系。作为布雷顿森林体系的核心，普遍实施的资本管制限制资金跨境流动，减少了固定汇率制所承担的压力。但早在1960年，美国净债权国的地位遭到动摇，即外国对美元的清偿权超过了美国的黄金持有量，特里芬由此指出布雷顿体系必将终结。

事实上，1970年前后，情况正在向重复1931年时的情景发展。随着跨境贸易和投资增长，规避资本管制的机会也在增加，离岸外汇交易导致体系出现漏损。固定汇率制度的前提资本管制正在瓦解。贬值风险最大的货币是美元，原因在于特里芬提出的两难困境：世界经济增长迅速，对美元储备的需求快速增加，当所有交易对手方美元清偿权的加总超过美国的黄金供应量时，美元能否保持财政可持续、是否有足够黄金供提取值得怀疑。在20世纪60年代后期，美元只能在德国帮助下才能保持与黄金可兑换，后者在黄金即将突破35美元每盎司时，在伦敦抛售黄金。1971年，尼克松宣布美元与黄金永久脱钩。

世界因而进入了新的阶段，完全的法定货币储备与浮动汇率制，至少在发达国家是如此。与布雷顿森林体系一样，新的安排有其内在逻辑。浮动汇率消除了跨境资本流动的影响，减少了维持汇率稳定所需的资金。结果是储备需求在20世纪70年代和20世纪80年代仍然增长，但增速平缓，没有脱离全球经济增长速度。该段时期对储备的需求因为成熟国家经济增速放缓而进一步受到抑制。此外，1970年代高通胀后，核心国债务和通胀水平较为适度，财政和货币可信度足以维持其币值稳定，加上可兑换和法律保护，构成了储备货币地位所需的主要条件。

总体上，储备需求温和、储备供给充足。该体系勉强维持进入20世纪90年代，等待着下一次巨大变革，这把我们带向最近期的国际储备体系危机。

三、回到当前

本次危机隐患植根于1997—1998年新兴市场的金融危机。目睹了金融动荡重创经济、与IMF的协商备受屈辱、在印尼甚至发生政权更替，不断增强的新兴市场力量如马来西亚、韩国和中国等求助于积累巨额货币战争储备资金以免重蹈当年覆辙。不管社会成本有多大，储备给政府及决策者带来了稳定，其收益不难被发现。新兴经济体已经从2008年危机的余波和随后发达国家的大衰退中走了出来，并且恢复良好。2009—2012年，迅速地驶入更安全的复苏轨迹，这点事先几乎没人能预料到。通观现代史，发达国家的危机通常会在新兴市场国家中至少引发一场危机，但这次不是。

然而，新兴市场的战争储备资金在为其提供有效防护时，也让发达国家付出了代价。由于新兴经济体不断积累储备，这样要么负担发达国家的消费，要么投资于风险更高的资产。高消费使部分发达国家的偿债能力不断恶化，投向高风险资产使发达国家市场波动加大。现在，这两条路都走不通了，大部分发达经济体正面临着财政约束和经济停滞。

最令人担忧的是，这些发达国家面临的财政约束和经济停滞比20世纪30年代金本位和20世纪70年代布雷顿森林体系崩溃时要严峻得多。而且，与过去相比，各国资产负债表的联结已达到极高比率，当前发达国家的外国资产总额占GDP比重相比过去高得多。全球大部分金融资产和负债的联系是以银行为中介的，而银行杠杆率相比以前高得惊人，这进一步加大了风险。更重要的是，全球金融一体化进程存在令人担忧的反馈循环：资产负债表的联系越大，新兴市场越容易受到融资危机的侵害，该种脆弱性使新兴经济体倾向于积累更多的储备，从而进一步增强了跨境资产负债表之间的联系，如此循环。

这些会在灾难中终结吗？所幸在本次危机中，决策者放弃了金本位制及其他正统做法，更倾向于多边合作，这有助于降低整个储备系统发生如20世纪30年代和70年代那样完全崩溃的风险，至少在目前看是如此。尽管公众对美元储备货币的地位有诸多怀疑，但尚无动机放弃美元资产。数据显示，金砖四国央行美元储备在其储备中的份额正在逐渐减少，但速度不快。

不管如何，如果我们要回到危机前新兴经济体储备需求长期增长的轨道上，特里芬难题就无法避免。如果是这样并要避免最终出现美元恐慌，世界必须正视根本压力，全球货币体系中的"南北"或新兴市场与发达市场之间的不对称：成长中的新兴市场不能完全依靠停滞的发达国家来满足无限增长的保障需求。新兴市场迟早得承担自己发行部分储备的风险。

四、构建新的货币体系的途径

对历史和理论进行回顾分析之后，现在可以探讨摆脱当前危机的途径。讨论分步骤进行，大致是个排除的过程，得出的结论是任何可行的解决方案都应包含更多的储备发行国。更进一步，仅考虑规模，中国若成为储备供应国可以带来巨大变化。这可以使人民币国际化成为中国决策者公开的目标，从全球角度看，可以减少对现有储备供应国的需求压力并分散风险，这也是个令人期待的结果。而且，如果能通过国际合作框架进行管理，任何新的体系都将会更为有效，能够更好地避免在未来出现新的特里芬悖论。

该结论是如何得出的？当然，控制储备需求不稳定增长的一种办法是使世界经济去全球化。如果领导者运用资本管制将金融自由化的进程强行反转，储备需求将减少。但这会带来负外部性风险，如在20世纪30年代之后数十年的自给自足经济中，全球经济无法从贸易中获益，这种代价看似不值得再付，而且自给自足最终也没能阻止布雷顿森林体系解体。

如果排除回归自给自足经济的可能性，新兴经济体自身是否可能减少对储备的需求？如果幸运的话，新兴经济体过去10年中的巨额储备积累可能会使其决策者感到更安全，从而放缓后续购买。另外，随着发达国家的基本面弱化，发展中国家的一些基本面因素得到加强，发达市场和新兴市场之间的不对称可能出现结构性转变。

我们的研究分辨出一些方式可以认为"新兴市场是新的发达市场"。用教育、健康、财政实力、货币稳定、实际增长等指标来衡量，新兴经济体正在迅速赶上发达经济体。但同时，由于制度变革通常是个缓慢的过程，以民主和法律等指标衡量的新兴市场政治经济自由度的增长在一些国家虽然可圈可点，但总体上是滞后的且发展更慢。但尽管存在这些治理问题，新兴经济体在近期危机中显示出的增长弹性可能使其决策者的信心得到增强，尤其是考虑到一些情况下，发达市场正滑入更大的动荡中。如果寻求保护者开始发现自己比提供保护者更稳健，或许我们可以开始看到基本不对称的终结，这种不对称在过去10年中使储备大量积累，并造成全球失衡。

这是个吸引人的想法，但只有当新兴市场停止从发达国家购买储备，实际进展才是明显的和可证实的，但现在仍没有明显迹象。而且，新兴市场如果能够从别处购入储备，可能只是减少从发达国家的购买。这表明有必要增加新的储备货币供给。历史明确表明任何时候都不是只能用一种货币作储备，20世纪20年代开始的英镑向综合一篮子核心货币的转变可以为证。普通货币要成为储备货币，必须满足什么标准呢？

成为储备货币需要跨越很高的门槛。该货币的币值必须稳定，因此，该国必须有可信任的财政状况，因而货币化的风险较小。货币必须可兑换、该国必须拥有合理有效的法律，投资者可以知道市场不会受到阻碍，资金可以轻易地流进流出。这些条件需要有更深层次的制度作基础——如前所述，在许多新兴市场这些是缺乏的或不完善的——如政府改革、责任感、透明度、法律体系、教育、公司治理等，而这些对维持投资者信心极为重要。

尽管改变所有看似是个可怕的任务，好消息是并非所有的条件都必须现在就满足。其中的许多条件可以、也只能通过几年甚至几十年的努力逐渐达到。众所周知的是，尽管美国从英国手中夺走储备货币领导权的地位仅花了"一战"后10年的时间，但美国用了独立后100多年时间才逐步构建起自身的财政能力、良好的货币信誉和主权信誉、完善的法律框架以及开放的金融中心地位。

给定这些条件，有哪些候选者有可能获得储备货币地位？对当前核心货币（美元、日元、英镑和瑞士法郎）进行增补的迫切要求，短期内可以借助其他发达国家货币来满足。一些商品丰富的国家，包括澳大利亚、加拿大、挪威、瑞典，由于具备优秀的财政状况，有矿产资源作后援，能够在可预见的未来提供吸引人的安全的AAA级资产。事实上，这种趋势已经很明显，虽然IMF等官方数据没能提供这些货币在储备中的使用情况，但这是个公开的秘密，即新兴市场已经开始大量地将储备资产分散投资于这些货币。

然而，该进程面临着一些相当明显的约束。与美国、欧洲或日本不同，这些商品丰富的发达国家GDP占全球的份额较小，因而其创造AAA级储备资产的能力相对于不断增长的新兴市场的需求将是极为不足的。他们无法完全满足新兴经济体对储备的强大需求，只能部分解决问题。我们最终只能希望，若有可能，新兴市场必须在全球储备系统中扮演更重要的角色。

因此，通过排除法，我们到达了最可能通向稳定的新的金融体系的途径：将新兴世界纳入更多样化的全球清偿力供给体系中。从发达市场到新兴市场"南北"防护，更多地变为在新兴市场内部"南南"防护，贸易和金融联系也正沿此维度重新安排。考虑到规模因素，中国是该解决方案中的关键角色。中国提供了全球产出的十分之一，以及金砖四国产出的一半。相对于其他三个金砖初创国家巴西、俄罗斯、印度，中国储备积累量巨大。正如后文将述，中国有兴趣成为储备供应国，而世界会获益良多。

五、多边还是双边

一些评论员接受这样的观点，即中国能够在全球货币体系中发挥更大的作用，但是也认为应该通过多边机制来实现。通过 IMF[①] 或者成为特别提款权[②]的组成货币，中国或其他新兴经济体可以由此提供全球清偿力。尽管这些多边机制听起来很吸引人，但实际运行是存在困难的。

加入特别提款权，该观点明显有局限性。一国未来是直接持有人民币储备还是通过特别提款权间接持有，只是个会计问题，没有实质经济影响。在不对特别提款权进行改革的情况下，储备管理者可以在持有未改革的篮子货币的基础上增持人民币，以此创造自己的非正式的持有人民币的特别提款权。关键问题是人民币是否达到上述作为储备资产的标准。如果是，不管是否被纳入特别提款权，储备管理者都会持有它。如果不是，储备管理不会持有，人民币也不可能被纳入特别提款权。

中国应更多地参与 IMF 或其他联合储备池机制，这一想法的困难较不明显。该想法基本上是现实和吸引人的。区域性或全球性的跨国风险池，可以极大地降低储备需求量，因而可以减少对储备货币发行国的压力。诚然，有时会发生类似于 2008 年的全球危机，影响到每个人，而且无险可保。但也可能发生地区性危机，借助联合储备池可以使各国减少必需囤积的清偿力的数量。

设立 IMF 的目的即为执行这种风险池的职能。但受规模和政治限制，IMF 在履行该职责时面临挑战。处置当前的危机，至少对于大型经济体，IMF 的贷款能力必须大幅增加。对于愿意寻求 IMF 增援的国家，其信贷额度必须得到保证——也即不受制于政治条件或政治操控。有点矛盾的是 IMF 既是保障提供者，又是援助条件设定者，因为其追求前个目标的动力可能因为后者过

---

① 在成员国出现困难时为其注入储备资产。
② 本身是一种储备资产。

严而受到削弱。因此在此提出这样的观点，将提供保障资金支持从 IMF 的条件机制中分离开来。

当然这不单是 IMF 的问题。任一个区域设计，如亚洲储备池，面临着成员国不会完全相信强者会帮助弱者这一相同风险，即如果其他成员国拥有否决权，自己在需要时是否能随时获得信贷额度。在欧债危机中，欧洲在对外围国家提供紧急援助的磋商中出现的混乱情景即一例。事实上，新兴市场国家在 1997 年危机和其他近期的危机中获得的教训是完全相反的：不要太依赖来自 IMF 或其他地方外部融资，而应通过积累巨额储备转向自我保障。

正如欧盟正在发现的，最终任何一个全球清偿力供给体系必须包含某种财政合作协议。为了获得信任，清偿力供给池必须得到成员国政府及其纳税人的增援。重要的是能否这样设计：即清偿力提供者愿意提供融资并承担相应损失，需求者相信在需要时可以随时获得清偿力，像囤积在自己身边一样。满足不了第一点会吓跑资金提供者，他们会担心体系将变成全球"转移联盟"而非风险分担体系；满足不了第二点会吓跑潜在的借款者，他们会认为单方面贮藏储备对自己更有利。近期欧洲发生的情况属于第一种，新兴市场的属于第二种，这些让人无法对建立这种风险分担池感到轻松。不过，经济学家斯坦利·费舍（Stanley Fischer）指出，可以设法消除借款人和投资者双方的道德风险。

总之，承认找到全球风险共担和清偿力管理最优方案是后代人的任务，这是进行现实分析的开始。对于当前，我们需要思索更合理的次优方案——包括中国在内的新兴世界能够提供帮助以抵消当前国际清偿力供给的不对称，哪怕不是作为全球框架的一部分。

六、中国的机遇

中国通过储备积累和净出口战略获得了繁荣发展，但是该战略存在缺陷。无止境的储备积累使中国暴露于美元可能的贬值风险。依赖出口使中国暴露于富国消费下滑的风险——这种依赖在 2008—2009 年危机中被证实成本高昂，而且如果欧元区的困境加深，这将再次成为薄弱点。中国因而有动机从两面反思其模式——一方面减少储备积累，另一方面降低经常账户盈余。近期的步骤——如人民币更快的升值①、侧重国内消费新的五年计划、宣布转变储备战略减少购买——将使中国朝此方向发展。假如这样的话，其他新兴经济体可能会乐意跟随。

人民币国际化可以支持这种战略转型。这将使中国从重要的也是净储备需求国，变为重要的甚至最终是净的储备发行国。从中国的角度，这可以降低对美元贬值风险的暴露。从世界的角度，这可以开始使全球经济摆脱发达和新兴市场之间危险的不对称，在风险和保障管控中回到均衡。

转变为储备货币发行国，中国既有优势也有劣势。优势在于规模最大。如果中国是储备货币发行国，可以发行大量安全资产，为那些仍存在需求的国家提供大量预防措施。中国还有延续20年令人羡慕的经济增长和稳定记录。中国拥有良好的财政状况、良好的主权评级，是国际净债权国。中国在价格稳定方面也表现良好，如果愿意接受名义汇率更灵活，中国甚至可以更进一步消除通胀压力。最后，中国正在扩大试点允许人民币用于国际贸易结算，在香港发展离岸市场，适度放松资本管制允许非居民携带货币进出境。

即便如此，我们不应陶醉于已取得的这些进展中。历史记录或经济改革时间尚短：二三十年对于建立信誉以成为储备货币只是转瞬间。人民币跨境使用的自由化进程仍处于开始阶段，需要有多得多的自由化措施才能让储备管理者感到，大规模地将人民币用作储备是足够自由和安全的。储备货币在历史上通常是与拥有强有力的法制和产权保护及其他制度优势、经济政治自由的社会相联系的，显然中国在这方面与绝大部分其他新兴经济体一样，正在取得进展但仍有很大的改进余地。显然，数据是检验进展最简单的方式：当中国放缓对储备的净需求，我们可以期待中国有能力进一步成为重要的、甚至是净的国际清偿力发行国，从小规模到更大规模，最终在解决困扰全球货币体系巨大的全球不对称中扮演主导角色。

---

① 部分归因于通胀管理。

七、结论：对中国和世界有什么好处

本文关注第三次可能也是最为严重的一次影响国际清偿力供给体系的危机——在规模和涉及范围上与40年前和80年前的两次危机存在区别。这次增加的风险来自于发达和新兴世界之间的重大不对称。该问题在前两次系统性危机中完全不存在，原因是当时新兴经济体相对封闭、在世界经济中所占权重较小。在看到细微差别的同时，我们仍然可以发现这些危机中存在着一个共同威胁，即特里芬困境。只是这次问题发生在重压之上，主要表现为过去10年全球失衡、接踵而至的全球金融危机、经济复苏的不对称以及主权压力。

当前体系的不稳定性赋予决策者高度责任找到解决国际清偿力问题的更好方案。转向一个不把持续增长的新兴世界预防性需求寄托在小部分压力更大的净债务供应国之上的体系，国际金融体系的稳定性将得到加强。这意味着或者让更多的发达国家和最终一些大的新兴市场国家提供可信赖的储备清偿力以增加供给，或者找到更好的资金共用、风险分担的方法，再或限制新兴市场的潜在风险以缓和其预防性储备需求。

历史教育我们，之前全球储备货币制度的重大更替发生在地缘政治冲突、经济领袖变更、放弃自给自足经济之时。我们必须期望这次世界各国领导人可以做得更好。当前有许多以前没有的优势，包括一系列如IMF成熟的国际机构、一些如伦敦二十国集团峰会国家明确承诺在危机中进行合作，最重要的是对宏观经济政策制定的理解不像在以前如金本位和布雷顿森林体系下那样受限制。

出于经济规模考虑，中国需要在努力构建更稳定的全球体系中发挥作用，而且其不对称头寸是当前失衡或不对称的很大一部分。由于已表明希望人民币国际化，中国看似至少准备采取一些步骤。但是有很长的路要走，有必要问一下这些努力对于中国是否值得。非经济因素方面，评论员会指出成为储备货币国可以获得地缘政治地位，并可视为成为全球经济领袖的一个标志。

但是，我认为这些所谓的收益现在对于中国是最不重要的。中国已经在其位，正在不得不承担起领袖职责。

更多的其他利益很重要。如果人民币获得储备货币地位，将带来显著的经济利益，首先是与储备货币有关的各种"超级特权"。研究表明美元及某种程度上日元的国际地位大幅降低了其借贷成本。在贸易和融资中用本币交易，可以增进成本节约、降低外汇风险。基于这些原因，如果中国可以开展必要的经济政治和制度变革以支持人民币成为可信赖的储备货币，这将极大地增强全球金融系统的稳定性，对世界和中国都会有利。

金砖国家和泛欧洲的终结*

[英] R. 萨科瓦 著　刘　畅 译**

金砖国家（BRICS）是一个松散的国家集团，而不是一个正式的国际联盟，其成员国共享特定利益。然而在国际事务中，我们经常低估深层次的规范性议题，取而代之关注的是：创建一个更具合法性的国际体系，以及建立更具均势特征的权力关系。被忽略的政策议题包括联合国安理会（UN Security Council）的改革，比如至少巴西、印度，以及其他有可能的国家的"入常"问题；国际经济治理中针对布雷顿森林体系（Bretton Woods Institution）的改革，特别是世界银行（World Bank）和国际货币基金组织（International Monetary Fund, IMF）的投票权的再分配问题等。就目前而言，金砖国家有强烈的南南合作的取向，但同时由于俄罗斯的存在，亦带有浓厚的发展中世界反对发达世界霸权的色彩。金砖国家兼具发展中国家和发达国家的特色，比如，在世界贸易组织（WTO）和"二十国集团"（G20）中寻求共同战略，以期在有关

---

* 本文为作者提交给 2015 年第九届国际斯拉夫欧亚研究大会（ICCEES）的文章。2015 年第 5 期《俄罗斯研究》授权发表其译文。

** 作者简介：R. 萨科瓦（Richard Sakwa），英国肯特大学政治学与国际关系学院教授，英国皇家国际事务研究所俄罗斯与欧亚项目研究员。译者简介为：刘畅，华东师范大学国际关系与地区发展研究院硕士研究生。

农业贸易政策的议题上，建立一个更加公平的秩序。

发展中国家长期寻求国际贸易体系的自由化，抱怨美国和欧洲的农业补贴扭曲了市场，伤害了第三世界的农产品生产者。尽管如今有新问题出现，但贸易自由化的讨论一直存在，确实，金砖国家中很多人怀念20世纪70年代提出的建立世界经济新秩序（New World Economic Order，NWEO）的理想。如今，金砖国家在很多议题上发挥作用：比如在气候变化议题上主导协调性讨论，在安全问题上保持低调等，但最根本的问题是，在未来金砖国家是逐渐建立一套有自己的规范和经验的平行治理机制，来挑战现存的西方主导性机制，还是不挑战现有模式，而以非暴力的形式构建可选择的自由国际主义模式。[1] 简言之，尽管金砖国家并非一个正式的国际组织，却是一个有共同利益关切的国家集团，成员国相信，通过加强共同塑造国际事务的能力，他们可以合作共赢。这篇文章重点从俄罗斯的维度来解读金砖国家，探究俄罗斯对金砖国家的特殊贡献。

一、金砖国家的发展

政治多元主义的新时代始于20世纪90年代中期。从1996年1月至1998年9月，时任俄罗斯外交部长的叶甫根尼·普里马科夫（Yevgeny Primakov）提出并支持多极化外交政策，以平衡美国的全球霸权。具体来说，他提及由俄、印、中组成"三国集团"（the RIC bloc），通过政治协调，以经济力和政治力来抗衡美国全球主义。1997年，中俄发表共同声明，致力于发展多极世界，建立国际新秩序，这已然挑战了美国全球霸主的地位。[2]

区别于传统的"欧洲协调"（concert of Europe），这份声明表示，新兴大国应当成为新一轮大国"全球协调"的一部分。这个概念从开始就包含消极

---

[1] 对于这个议题的讨论，包括对于金砖国家历史的全面梳理，参见 Oliver Stuenkel, The BRICS and the Future of Global Order, London and Lanham, MD: Lexington Books, 2015。

[2] Andrei Tsygankov, "What is Russia to Us？Westernisers and Slavophiles in Russian Foreign Policy", RussieNei Visions, 2009, No. 45, pp. 7 - 8.

和积极两层含义：从消极方面来看，它是抵制西方霸权的一种表述；从积极方面来看，它是后冷战时期国际机制多元化的新型表现形式。从大的方面来说，随着冷战时代的终结，就国际政治而言，两极格局土崩瓦解，美国单极时刻宣告胜利。这一转变迅速引发抵制，从普里马科夫的平衡战略中可见一斑，我们称这一战略为"普里马科夫主义"，即通过与俄罗斯相似命运的国家结盟，来强调俄罗斯需求的路径。在2003年西方侵略伊拉克之后，普京总统更是大力支持这一主张。

换句话说，与一般的西方经济学的分析不同，基于战略的考量才是促成金砖国家形成的重要因素。而从另一个完全不同的角度来看，2001年9月，高盛集团首席经济学家吉米·奥尼尔（Jim O'Neil）在一份研究报告中，将巴西加入俄、印、中"三国集团"之中，并首次用四个国家的英文首字母，连成了金砖四国（BRICs）[①]，并最终于2010年9月，由于南非的加入，形成了现在的金砖国家集团。奥尼尔从新兴市场的角度创造了这个词汇，并且从投资机会的可能性和股市能力的角度，对金砖国家进行评估。其想法是，如果你是一个全球投资者，你可以把钱投进这些国家。他指出，全球增长在很大程度上将来自这些新兴市场。到2050年，全球领导集体将发生翻天覆地的变化，届时，现今的"七国集团"（G7）中只有美国和日本两个经济体将跻身全球前六，而法国、德国、意大利和英国将被踢出榜单。然而针对"谁走谁留"的问题争议不断。很多人认为，21世纪早期巴西经济的萧条境况不足以支撑巴西跻身金砖国家的行列。也有人认为，从2008年开始，俄罗斯糟糕动荡的经济表现恰恰表明俄罗斯不可能成为世界经济增长的源泉。

2006年9月，金砖四国在纽约召开了第一次财政部长会议。2008年的全球金融危机刺激了金砖四国。与此同时，为处理在2008年9月由于过度持有有毒抵押证券而破产的雷曼兄弟的后续事务，在"七国集团"之外，"二十国

[①] Jim O'Neil, *Building Better Global Economic BRICs*, Goldman Sachs Global Economics Paper No. 66, New York, November 2001. 这个想法进一步得到了发展，参见 Dominic Wilson and Roopa Purushothaman, *Dreaming with the BRICs: The Path to 2050*, Goldman Sachs Global Economics Paper No. 99, New York, October 2003.

集团"召开第一次峰会。在一系列高规格会议的铺垫下，2009年6月16日，第一次正式的金砖国家领导人峰会在叶卡捷琳堡（Yekaterinburg）举行。之后每年举行峰会，第六次金砖国家领导人峰会于2014年7月在巴西福塔莱萨（Fortaleza）举行。[①] 尽管有诸多来自西方世界的负面报道，认为金砖国家实际表现与奥尼尔的研究报告一样不切实际，但事实上，这个组织确实在挑战由西方强权主导的全球治理机制，而在奥尼尔报告出炉之前，它的核心成员已经在做这件事情。尽管金砖国家并未将自己视作经典的"平衡手"，但现实主义者仍旧强调，一个非西方权力集团的出现是对单一权力主导的自然反应。

换句话说，如果全面来看待俄罗斯政策的话，其目的并非推翻现存国际政治经济结构和全球事务结构，而是加强塑造管理当前体系的能力，也就是说，金砖国家是一个新修正主义的（neo-revisionist）行为体，它渴望能大力地发声，并获得更加平等的关系，而非以武力修正的方式来寻求革命性的改变。所以，成立金砖国家，是为了与维持西方秩序带来的"责任"保持距离，而并非与这种秩序进行你死我活的较量。对金砖国家而言，关键问题是扩大全球治理的基础。

所有金砖五国都是"二十国集团"的成员，它代表了30亿人口，也就是全世界人口的40%，以及全球GDP总量的20%。同时，就集团内部而言，对于自身发展和政策实施的细节有着一些基本的分歧，比如在针对联合国改革的具体问题上。在成员国之间，也有一些历史的纠葛，比如中印两国的边界问题。但是，基本面还是非常积极、有吸引力的，很多国家都表达了想加入金砖国家的意愿，特别是尼日利亚、埃及、阿根廷、伊朗和孟加拉国。印度尼西亚和土耳其是候选观察员国，甚至德国都是其潜在成员。人们创造了很多其他的首字母缩写来表达新集团出现的可能性，吉米·奥尼尔就曾进行二度创造，提出"薄荷国家"（MINT countries）概念——墨西哥、印度尼西亚、

---

① 作者英文版发表时，第七次金砖国家领导人峰会还未举行，因此第六次是最近一次。本文发表于第七次金砖国家领导人峰会之后，此次峰会于2015年7月8日在俄罗斯巴什基尔共和国首府乌法（Ufa）市举行。——译者注

尼日利亚和土耳其，也许还会加上韩国。①

2015年6月，金砖国家议会论坛（BRICS Parliamentary Forum）在莫斯科举行。这次论坛全方面展示了包括领导人会议、外交部长会议、财政部长会议、商务部长会议、经济与社会事务部长会议，以及国家安全顾问、市长及其他25个层次的合作。同时还发展了独立于政府之外的新型发展模式，比如金砖国家青年峰会、公民论坛等。金砖国家一些人士质疑是否需要有议会层面的活动，因为它既非联盟又非国际组织，而只是一个松散的集团。俄罗斯联邦金砖国家议会论坛负责人安德烈·克里莫夫（Andrei Klimov）强调，"金砖国家不与任何国家为敌，它的目标是保护国家利益"②。

金砖国家的兴起表明了国际体系的日益成熟。如今，相对成熟的经济体正在补充发达国家和发展中国家二分法的传统观念，而这些新兴经济体都是金砖国家成员国。然而这并没有反映国际治理机制的全部。国际体系正日益多元化，但是主流机制仍为西方所主导。换句话说，"全球化"（globalisation）和"全球主义"（globalism）的关系日益紧张。所谓"全球化"，指技术层面的全球空间在缩小，而金融、贸易和信息流动在增加，也就是基欧汉（Keohane）和奈（Nye）所说的相互依赖。所谓"全球主义"，是指在第二次世界大战中美国全球主导权的崛起，以及之后体现在布雷顿森林体系和大西洋安全体系中的制度化。③ 这是一个以美国霸权和美国"领导力"的意识形态构成的体系。这种"领导力"的很多方面在不同时期被反复强调，包括把美国看作"不可或缺的"或者"例外的"国家，但是这些观念全部把美国归置于世界警察的位置，以监护其他国家。有一些国家接受美国的领导，并通过这种"领导力"进行内部统治（比如沙特阿拉伯），这一类国家被看作美国的盟

---

① O'Neil discussed the MINTs in a series BBC Radio 4 broadcasts in January 2014.

② Andrey Klimov, "BRICS: Importance of Parliamentary Dimension", Valdai Discussion Club, 7 July 2015, http://valdaiclub.com/russia_and_the_world/79040.html (accessed 13 July 2015).

③ Robert O. Keohane and Joseph Nye Jr., Power and Interdependence, 2nd Edition, NewYork, Harper Collins Publishers, 1989; 另外也可参见 Robert O. Keohane, "From Interdependence and Institutions to Globalization and Governance," in Robert O. Keohane (ed), Power and Governance in a Partially Globalised World, New York, Routledge, 2002.

友；也有像俄罗斯这样的国家，很难接受美国的领导，在批评声中探索内部的政治安排。金砖国家的兴起，反映了即使不是完全多极化、却也致力于国际体系更加多元化的努力。

二、全球视域中的金砖国家

金砖国家为加强发展中国家在国际体系中的地位创造了更多的空间。尽管每个国家有自己的关切，很多时候，这些关切却是不相容的，但是在很多领域的合作却有利于各方发展，比如大学的国际化。尽管金砖国家处于不同的发展阶段，但是他们中的所有国家都懂得建立国际型大学的重要性。深化伙伴关系，增加学生的流动性，是促进金砖国家合作、深化信任的有效手段。

更广泛地说，尽管不应该过分夸大"七国集团"和"金砖国家"的相似性，但二者之间还是出现了一个日益明显的对比。金砖国家领导人和官员正在竭力强调该集团不直接针对任何一方，但实际上他们在寻求一种更加进取的议程，这个议程对整个国际社会都将是有利的。

在所有的努力中，引起西方批评的根本性问题是中国的主导。这确实影响到了俄罗斯，使俄罗斯再次陷入一个巨大的空间中，在那里日益处于守势的西方和正在崛起的东方相互角力。尽管中国坚定地"向西看"，但俄罗斯对于"向东转"依旧迟疑。"东方"作为一个地缘政治概念，在冷战结束时已经土崩瓦解。在任何情况下，苏联都不是东方文化和民族的真正代表，反而更多地被视为西方世界的叛徒。对《全球事务中的俄罗斯》（*Russia in Global Affairs*）的主编费奥多尔·卢基扬诺夫（Fyodor Lukyanov）而言，最大的问题是无论政治、地理还是文化上，东方都正在中国的领导下重构新兴实体。① 尽管考虑到在金砖国家中，就成员国身份而言，巴西和南非被赋予南半球国家身份的地位，但一个新的东方正与发展中国家一道，在不与西方领导权兵戎相见的情况下，成为古老西方霸权的潜在挑战者。这就是新修正主义议程中

---

① Fyodor Lukyanov, "Russia must Exploit its Pivot East", *Moscow Times*, 26 June 2015.

俄罗斯政策的核心内容。

而这也同样反映了中国的文化偏好。中国在任何情况下都不会寻求把自己的理念强加于他者，但正如卢基扬诺夫所言，"这部分来自于自大，这种自大甚至比西方都有过之而无不及。中国是相当特殊的，因此认为外国人根本无法掌握中国文化和哲学，所以对他们多说无益"①。更广泛地来讲，卢基扬诺夫强调的是，由于美国在亚太地区对中国施加的新遏制政策，从而局势对欧亚而言反而更加有利。对欧亚地区本身如此，同时也为中国提供了一个欧洲、地中海甚至更为广阔的市场，以及与之相伴的连接中国和欧盟的交通基础设施的投资计划，这就是新丝绸之路项目的潜在含义。在卢基扬诺夫看来，中国并不寻求增加在中亚的政治影响，因为这里传统上是俄罗斯的势力范围，但是在经济层面，中国与日俱增的经济优势稳操胜券。对俄罗斯而言，这既是机会，也是挑战，但卢基扬诺夫对"俄罗斯将成为中国附属国"的恐惧不屑一顾，同时认为，"对于自由的妥协也只是基于意识形态考量的权宜之计"。他不无挖苦地讽刺说，"出于某些原因，一些观察家认为，俄罗斯成为欧盟的附属国将会带来发展和进步，而相反的是，成为中国的附属国则必然将俄罗斯拉进落后的深渊"，这样的言论荒诞不经。②

（一）战略评估

至少从 2007 年 2 月慕尼黑安全会议上的演讲开始，普京总统就表露出对大西洋共同体拒绝将俄罗斯纳入欧洲安全体系的严重关切。与此同时，他制定了平行战略，其中之一就是在西方主导体系下建立对抗性结构。2014 年乌克兰危机发生后，由于西方制裁，以及与俄罗斯其他形式的经济冲突的加深，这一战略日渐凸显。而金砖国家集团的出现则促使俄罗斯建立一个不同于大西洋国家主导的平行战略结构。

---

① Fyodor Lukyanov, "Russia must Exploit its Pivot East", *Moscow Times*, 26 June 2015.
② Fyodor Lukyanov, "Russia must Exploit its Pivot East".

尽管 2006 年俄罗斯是八国集团峰会的主席国，普京总统仍旧对未能推动作为会议主题之一的能源安全取得重大进展而倍感失望。普京在"八国集团操控全球事务"的批评声中，与西方秩序渐行渐远。2008 年 9 月，金融危机之后建立的"二十国集团"，在外界看来，更具实际意义。2012 年，普京总统第一次拒绝参加在美国举行的八国集团峰会，代替他与会的是政府总理梅德韦杰夫。普京声称他正忙于组建新政府，而我们知道这通常属于总理的职责。甚至在俄罗斯由于乌克兰危机于 2014 年早些时候正式被八国集团除名之前，普京就已经表示过他对八国集团不屑一顾。

马林·卡图萨（Marin Katusa）在分析"走向更冷战（colder war）时代的普京大战略与摆脱美元"时提出，金砖国家正在成为世界经济去美元化的有效论坛。① 事实上，中俄在能源贸易方面已经开始使用卢布和人民币结算。2013 年 3 月金砖国家德班（Durban）峰会时，中国和巴西为促进贸易，就现金互换已达成协议。在此次峰会上还一致通过在上海建立金砖国家开发银行（BRICS Development Bank），2014 年 6 月的福塔莱萨峰会将其重新命名为新开发银行（New Development Bank，NDB），并注入 500 亿美元的启动资金。在受到环球银行金融电信协会（SWIFT）的除名威胁时，俄罗斯寻求建立一个在国际结算银行（Bank for International Settlements，BIS）和 IMF 之外的、更少受到外部压力的金融机构。应急储备基金（Contingent Reserve Arrangement，CRA）的建立，为新兴经济体提供了在西方主导的全球金融体系之外的另一个选择的可能性。对中国而言，除了购买美国国债，中国的外汇储备将出现新的投资方向。

通常中国的做法是不会把所有鸡蛋放在一个篮子里，所以 2015 年它花费 1000 亿美元注册资金发起建立亚洲基础设施投资银行（Asian Infrastructure Investment Bank，AIIB），所有金砖国家全部加入，尽管美国反对，主要欧洲经济体也加入其中。亚投行依据 GDP 大小行使投票权，这就自动赋予中国更

---

① Marin Katusa, *The Colder War: How the Global Energy Trade Slipped from America's Grasp*, London, John Wiley & Sons, 2014.

多的投票份额，而在 IMF 中，中国只享有 3.81% 的投票份额，在世界银行中也只有 5.1%，这一份额比日本还低，亦只有美国的三分之一。

从经济层面来看，中国在金砖国家中遥遥领先，其 GDP 超过其他金砖国家 GDP 总和的 60%。如果反映到各国对应急储备基金贡献额的话，中国投资 410 亿美元，巴西、俄罗斯和印度贡献 180 亿美元，南非贡献 50 亿美元，且中国享有最高的信用评级。而另一番景象却是，从 2014 年春天西方制裁实施以后，国际主流评级机构连续下调俄罗斯的信用评级。至今尚未完全清晰的是，是否无论从贸易还是安全角度，中国都会从金砖国家中获益。中国强调金砖国家是提高国际体系稳定性的合作框架，并在国际发展框架中，增强了成员国家的权重。

对金砖国家而言，每个国家都有自己特定的议程，而这些议程并不总是与其他国家相契合。就俄罗斯而言，金砖国家是助其管控中国崛起的有效论坛。金砖国家是一个能够形成伙伴关系原则的多边论坛，同时调和以中美为主导的、具有压倒性优势的传统双边关系，而构建成员国一律平等的新型双边关系。在此框架下，即使是与强者合作也是有利的。当然即使再团结，金砖国家内部还是有很多政策分歧：比如在乌克兰问题上，尽管俄罗斯要求 IMF 不要贷款给乌克兰，结果只有巴西加以声援，而印度、中国和南非还是批准了贷款。但是，当经济合作与发展组织（OECD）邀请巴西加入时，巴西坚持只有当中国、印度和俄罗斯都被邀请时，它才会加入。

俄罗斯金砖国家研究委员会主任格奥尔基·托洛拉亚（George Toloraya）指出，从怀疑主义者的视角来看，"金砖国家被批评人为操控、投机，将五个激进国家统合在一起的愿望将最终破灭"，但他坚称金砖国家会稳步发展："金砖国家集团不仅仅是五个国家，同时，它还代表着诸多文明的集合体，这远比民族国家稳定。"这些国家致力于塑造全球议程，"并因为一些战略利益走到一起，这些利益包括：改革世界政治和世界经济的愿望；加强政治相互依存；优先考虑国际法，包括将联合国看作世界安全的保证；将国际经济合作纳入现代社会考量的范畴"。① 他坚称,金砖国家并非是基于"对抗"的实体,并不反对西方的经验,相反它支持这样一个原则,即"致力于更加平等地管理全球金融经济体系"②。他指出,金砖国家新开发银行结出果实的时间有多长,亚投行面对的挑战和走过的路就会有多长。他列出很多的发展计划,包括至 2016 年建立一个"实际的秘书处",建立定期的对外政策咨询机制,签订一个非进攻型协定,协调联合国改革工作,以及计划建立一个永久的金砖国家秘书处。同时他还提出一系列经济和金融主张,包括推动 IMF 配额改革,以及提高金砖国家在全球贸易中的份额。③

谢尔盖·阿列克萨申科(Sergei Aleksashenko)④ 关注到金砖国家脆弱的经济基础。他说,尽管到 2010 年,按照购买力平价(PPP),金砖国家占全球 GDP 的比重已经达到 26.64%,但按绝对指标计算的话,只占 17%。他指出,正是因为美国对保证改革 IMF 出尔反尔,中国在倍感失望之后,才会在 2013 年 3 月宣布要在金砖国家建立一个替代性金融机构,以抗衡 IMF 和世界银行,这也才有 2014 年金砖国家新开发银行的诞生。⑤ 他还指出,2008 至 2013 年间,金砖国家所有的双边进口份额都在增加,但是相互贸易的份额却没有超过任何一个成员国对外贸易总额的 20%。⑥ 中国在金砖国家中的主导地位甚于美国在七国集团中的主导地位。由于中国不愿被诸多多边模式限制,这才创建了"一带一路"(One Belt One Road,OBOR)和亚投行,"而这将成为金砖国家新开发银行的直接竞争者"⑦。"一带一路"将建设包括道路、港口、

---

① George Toloraya, BRICS: A Plan for the Next Decade, Washington, DC, Center on Global Interests, July 2015, p. 1.

② George Toloraya, BRICS: A Plan for the Next Decade, Washington, DC, Center on Global Interests, July 2015, p. 2.

③ Ibid., p. 3.

④ 谢尔盖·阿列克萨申科(Sergei Aleksashenko),俄罗斯高等经济学院经济学家,俄罗斯央行前任副主席。

⑤ Sergey Aleksashenko, BRICS: Dead or Alive, Washington, DC, Center on Global Interests, July 2015, p. 6.

⑥ Aleksashenko, BRICS: Dead or Alive, p. 8.

⑦ Ibid., p. 9.

油气管道、电力设施、输电网和电信基础设施。所有这些不仅有利于中国的经济增长,同时会带动中国与欧亚、西欧的联系。阿列克萨申科总结道,"金砖国家只是中国经济发展的过渡阶段,任何金砖成员国都不足以提供中国经济持续扩张而需要的现代技术和潜在市场"。但印度除外,它也将从"一带一路"的投资中获益,最终上海合作组织(Shanghai Cooperation Organization,SCO)将会取代金砖国家成为主要亚洲国家的区域组织。①

阿尔乔姆·卢金(Artyom Lukin)②则持不同的看法。他认为欧洲的"双重拒绝"导致了俄罗斯将长期"转向亚洲":第一是俄罗斯与欧盟实质性关系的恶化;第二是某种程度上对于建设泛欧洲(the greater Europe)③的新戴高乐主义(Neo-Gaullist)热情的熄灭。这个概念满足了米哈伊尔·戈尔巴乔夫(Mikhail Gorbachev)提出的建立"从里斯本到符拉迪沃斯托克"的共同欧洲家园(common European home)的理念。如果实现,俄罗斯将同欧盟一道成为"平等的共建者和利益攸关方"。乌克兰危机让俄罗斯不再迟疑,并且推动它全面转向中国和其他亚洲国家。④俄罗斯的"东转"与中国的"西进"交相辉映。⑤然而在提及金砖国家对于提供共同平台,以促进在共同关切的话题上取得的成就时,中国学者赵可金认为,金砖国家将探求一条渐进的发展模式。他强调金砖国家框架还未被证明为有效模式,还需要就发展共同政策进行多回合的磋商,包括展示每个领导人在高层次会议上的观点,以及"小范围且有实质性内容的对话",哪怕这种对话是部长层级的。

---

① Aleksashenko, BRICS: Dead or Alive, p. 1.

② 阿尔乔姆·卢金(Artyom Lukin),俄罗斯符拉迪沃斯托克与远东联邦大学地区与国际研究学院副教授。——译者注

③ 关于泛欧洲的译法,是相对于大欧洲(the wider Europe)而言,指把欧洲大陆每个角落联合起来,构建戈尔巴乔夫提出的"共同欧洲家园"。可参见作者发表在《俄罗斯研究》2015年第1期的文章《乌克兰的未来》。——译者注

④ Artyom Lukin, "Russia's Eastward Drive—Pivoting to Asia... or to China?", *Russian Analytical Digest*, 30 June 2015, No. 169, pp. 2-5.

⑤ Gilbert Rozman, "The Intersection of Russia's 'Turn to the East' and China's 'March to the West'", pp. 6-8.

他警告说,目前最大的考验是"金砖国家能够抵制建立正式联盟、挑战西方领导权的诱惑,同时,金砖国家还不应该尝试建立传统安全架构",在不变成安全联盟的同时,"如果借助二十国集团的框架,金砖国家能更好地保护它们的利益"①。

美国地缘政治学者蔚山·贡纳(Ulson Gunnar)提出不同观点,他质疑,相较于西方的单极秩序,金砖国家是否能够真的促进多极议程:"东方确实在建立区别于西方霸权帝国主义的秩序么?还是仅仅换汤不换药?对俄罗斯而言,中国和其他的金砖国家应当明白,金砖国家能获得俄罗斯的支持并取得成功,恰恰是因为他们使俄罗斯相信这套秩序有别于西方霸权,而非西方霸权的翻版。"②

(二) 西方的观点

英国政治家尼尔·麦克法兰(Neil Macfarlane)在金砖四国成立初期就"俄罗斯"部分有过评论,他探讨了金砖四国现象以及俄罗斯在其中的地位。他注意到俄罗斯在国际体系中的多重矛盾角色,既主动参与,又被动默认。他认为,在传统意义上,俄罗斯并非新兴国家,它的外交政策一方面侧重于克服 20 世纪 90 年代的衰落,另一方面在不谋求"霸权"的情况下,重塑地区影响。俄罗斯的关注点在于缩小未来的损失,并以一个大国的姿态来建立联盟。③

《国际事务》杂志曾在 2013 年发起过一组专题,讨论当代国际体系中权

---

① Zhao Kejin, "The Limits of Cooperation Among BRICS Countries", Carnegie-Tsinghua Centre for Global Policy, 1 December 2014, http://carnegietsinghua.org/2014/12/01/limits-ofcooperation-among-brics-countries, accessed 17 July 2015.

② Ulson Gunnar, "Multi-Polar World Order: the East Must Provide an Alternative to, not Replace Western Hegemony", 15 June 2015, http://landdestroyer.blogspot.co.uk/2015/06/east-must-provide-alternative-to-not.html, accessed 17 July 2015.

③ S. Neil Macfarlane, "The 'R' in the BRICs: Is Russia an Emerging Power?", *International Affairs*, January 2006, Vol. 82, No. 1, pp. 41–57.

力转移的谈判问题。这组专题关注巴西、印度、中国等三个"崛起中的大国",以及寻找试图能够管控这些新兴行为体崛起的政治实体。崛起中的国家享有否决权,却还没有获得议程设置的权力,"议程设置"是指在功能方面体现为日益增长的经济或军事权力,同时也是一种讨价还价和谈判的能力。这套"行为体"理论划分了五类行为主体:崛起中的大国、守成大国、小的边缘国家、私人行为体和国际组织。① 从两个角度看,俄罗斯并不在这个行列:第一,俄罗斯并非新崛起的国家,因为俄罗斯既非"新兴"又非"崛起中"。尽管经济增长来自石油财富,但无论如何俄罗斯还停留在前苏联的阴影当中;第二,这里的行为体更多地关注发展中世界崛起中的大国,它们正在由边缘走向中心,然而,俄罗斯长久以来就是欧洲均势的中心国家,是大国集团的一分子,特别是它是19世纪欧洲"大国协调"(concert of powers)的主要国家,还是20世纪下半叶两极体系的支柱之一。②

自从七年战争(1756—1763年)以来,俄罗斯就是欧洲权力体系中心的一员。但直到如今它的经济地位还处在边缘位置,事实上,冷战后这种边缘地位日益被强化了。从技术层面来看,即使在冷战时期,它也并未被认为是欧洲实质性的一部分。俄罗斯的边缘地位不仅为金砖国家的发展提供了一条有吸引力的道路,这条道路不但能发挥其有限权力,还能增强全球边缘地区讨价还价的能力。

2013年《国际政治经济评论》发表一组专题,讨论挑战华盛顿共识的问题。介绍性文章探讨了金砖国家与华盛顿共识的理念和政策相去甚远,检讨了华盛顿共识的初衷,以及金砖国家多大程度上与其初衷相背离。所有金砖四国都受到华盛顿共识的影响,但是都能通过持续强大国家的角色来调节他们的行为,远远超过1997年东亚金融危机导致的有限的制度主义转型。③ 在

---

① Amrita Narlikar, "Introduction: Negotiating the Rise of New Powers", *International Affairs*, 2013, Vol. 89, No. 3, pp. 561 – 576.

② Ibid., p. 562, n4.

③ Cornel Ban and Mark Blyth, "The BRICs and the Washington Consensus: An Introduction", *Review of International Political Economy*, 2013, Vol. 20, No. 2, pp. 241 – 255.

彼得·拉特兰（Peter Rutland）① 关于金砖国家中的俄罗斯的分析中，他肯定了华盛顿共识中的新自由主义对俄罗斯发展的塑造作用，但同时也形成了一种抵制和适应并存的模式。这些政策在某种程度上是对俄国精英利益的一种补充。包括竞争性开放市场的新自由主义议程并未取得成功，因此它的支持者认为，这一补充并无太多成效，而同时，市场经济的扭曲滋生了寡头和腐败。② 这表明了某种程度上"第三种道路"是合理的，也就是我们现在所说的"北京共识"（Beijing consensus），即在进入全球秩序方面，国家应当保持强大的调节和控制权，以防止市场的"溢出"。

安吉拉·斯坦特（Angela Stent）③ 在研究俄美关系时发现，后冷战时代，美国试图强调两国在权力和资源方面的巨大不同，而普京统治下的俄罗斯简单地否认了这种不对称性的存在。④ 对普京而言，俄罗斯作为联合国安理会的常任理事国、所有均势系统里的主要平衡手，以及唯一一个可以与美国并驾齐驱的核大国，应当被平等地视作全球事务的管理者。对于这些问题截然不同的看法预示着冲突时代的到来。对俄罗斯而言，金砖国家是一个有效的联盟，同时还是俄罗斯渴望的世界政治中的多元主义成为现实的生动阐述。

《金融时报》曾迫不及待地报道金砖国家的终结命运，甚至做了个红字标题——"超越金砖"，称其他的新兴市场将会取代金砖国家，特别是墨西哥和印度尼西亚。相反，纽约《福布斯》杂志的新兴市场高级分析师肯尼思·拉颇扎（Kenneth Rapoza）则称，尽管出现了经济问题，"金砖国家仍然远离发达世界的中心，它们有经济规模，它们的决定能推动金融市场，它们有知识资本和地区影响力。至于对外政策方面，它们平衡了由美国及其盟友统治的

---

① 彼得·拉特兰（Peter Rutland），卫斯理大学教授。——译者注
② Peter Rutland, "Neoliberalism and the Russian Tradition", *Review of International Political Economy*, 2013, Vol. 20, No. 2, pp. 332 – 362.
③ 安吉拉·斯坦特（Angela Stent），乔治敦大学欧亚、俄罗斯和东欧研究中心主任。——译者注
④ Angela E. Stent, The Limits of Partnership: U. S. -Russian Relations in the Twenty-First Century, Princeton, NJ, Princeton University Press, 2014.

单极世界"。

三、结论

  金砖国家的建立和日益机制化，是对由西方主导的国际权力结构和全球治理结构的挑战。但是重要的是，这种"挑战"并不必然意味着竞争，更非冲突。这种挑战是对全球主义的一种约束，这种全球主义不仅对美国自身有害，对其他国家也有害。金砖国家不单单是"二战"后全球体系成熟的产物，还是提供检验国际秩序健康与否的多元主义的标准。换句话说，这种多元主义被认为是真正的"全球化中的全球化"；赋予了相互依存的全球经济以政治生命。美国的全球战略的目的，是将体系中的参与者变成"负责任的利益攸关方"，"二十国集团"的建立就是往这个方向迈进的重要一步。但是，正式的全球治理结构的改革进程缓慢，因为传统西方大国主导着 IMF 和世界银行。在投票权的再分配和其他权利上有渐进改革，但西方霸权依旧存在。全球主义霸权不可避免地导致冲突，而如果没有国际政治民主化的话，就建立国际经济新秩序而言，多元主义全球化的努力尚需时日。

全球经济治理：二十国集团的最后机遇？[*]

[英] 保罗·苏巴基　[英] 斯蒂芬·皮克福德　著　　张建中　译[**]

不管是单独一个国家，还是作为一个经济体，在全球经济治理的现代化过程中，二十国集团起着非常关键性的作用。二十国集团的必要改革步骤包括：美国在 IMF 现有份额方面要有所变化；七国集团（G7）对于新兴市场改革措施的支持；金砖（BRICS）国家努力让二十国集团更加有效运作的承诺；2016 年，中国正式接任二十国集团主席国，在此期间，来自中国的果断领导力也非常重要。

一、导论

在过去的二十多年中，世界经济已经发生了根本性的变革。在第二次世

---

[*] 英国皇家学会查塔姆研究所 2015 年 11 月发布由保拉·苏巴基（Paola Subacchi）和斯蒂芬·皮克福德（Stephen Pickford）撰写的研究报告 International Economic Governance: Last Chance for the G20？报告着眼于总结全球金融危机以来二十国集团的发展和已取得的在全球经济治理改革中的成绩，并分析了金融危机所引发的一系列国际政策合作领域的转型，以及相应的若干治理变迁。本文由该报告编译而成，原载于《国外社会科学文摘》2016 年第 2 期。

[**] 作者简介：保罗·苏巴基（Paola Subacchi），英国皇家国际事务学院研究主任，博士；斯蒂芬·皮克福德（Stephen Pickford），英国皇家国际事务研究所资深研究员。译者简介：张建中，西安外国语大学新闻与传播学院副教授。

界大战之后，美国崛起成为全球经济和安全事务方面唯一的超级大国。但这种情况自20世纪90年代末开始出现转变，发展中国家逐渐在贸易和金融领域崭露头角，其中诸如中国和印度等"新兴大国"的崛起，更是举足轻重，而二十国集团的出现集中体现了这种新的世界经济秩序。

战后由美国主导的经济体系，逐步转变为一个更加多元化的经济体构成的多极世界，除去其他一些因素，这种转变更为明显地体现在全球国内生产总值（GDP）的构成变化上。在20世纪90年代初期，美国和七国集团（G7）的其他国家占全球GDP的51.2%，这一份额到2015年已经下降到31.6%。而在同一时期，中国和印度相加所占全球GDP的份额，已经从7.7%上升到24.3%。

由于2008年至2009年的全球金融危机，国际经济治理需要适应新的现实，变成了一个日益迫切的问题。资本市场的动荡和经济严重衰退，凸显了新兴市场国家通过贸易、金融和投资完全融入全球经济的程度。尤为重要的是，金融危机显示，通过互相连接的银行系统和资本市场，现在的金融动荡，可以迅速扩散到整个国际经济发展过程中。与此同时，中国和其他主要的新兴市场，迅速成为国际金融体系的必要组成部分。因此，很清楚的一点是，管理世界经济不只是发达国家的一件事。在讨论世界经济未来的发展时，新兴市场国家和发展中国家必须成为其中的一部分，尤其要成为世界经济决策过程中的一部分。

在金融危机之后，二十国集团一直在努力推动重铸国际经济治理的正式机构，自2008年11月以来，这个非正式组织将自身定位为国际经济和金融问题的"主要论坛"（premier forum）。作为一个国家领导人级别的论坛，该论坛为国际经济治理提供政治推动力。此外，该组织还试图吸引主要的新兴经济体参与国际经济决策。因此，让二十国集团重新焕发生机显得至关重要。在很多方面，已经出现了诸多合作，包括金融监管等方面的协调。然而国际金融机构，特别是IMF和世界银行，对这种变化需求迟迟没有做出反应，而且它们也没有很快适应新兴经济体崛起的变化。从许多重要方面来看，国际金融机构的改革仍然是一项正在进行中的工作，而且一直远远落后于全球经济的持续转型。

二、全球金融危机引发全球经济治理变革

从 2008 至 2009 年爆发的全球金融危机中，我们学到的一个主要教训是，与几十年前相比，世界经济更进一步地整合在一起。与贸易相比，金融更处于这种经济整合的核心。这样一来，一个国家的经济发展，更容易受到金融危机蔓延、政策"溢出效应"，以及经济失衡的影响。

在 2008 年 9 月，雷曼兄弟（Lehman Brothers）经营的金融帝国崩溃之后，金融风暴从美国蔓延到欧洲和世界其他各地的银行。当时全球经济的状况是：批发市场冻结、信贷紧缩进一步加强、贸易融资枯竭，以及全球需求崩溃。发达国家经济需求的急剧下降，开始影响到亚洲和其他地区的经济增长。

在金融危机爆发后的第一年，世界各国政府最初的政策回应是不完整和不协调的。七国集团大多数成员国直接将利率降到几乎为零，紧接着在这一政策之后，一些国家便开始推行非常规货币政策——比如美国采取量宽松政策——来刺激经济的复苏。尤其是美国和中国，实施大规模的财政刺激计划，来促进在基础设施建设方面的投资。

但是，随着金融危机的蔓延、经济的衰退，一些政治家将目光投向二十国集团。二十国集团整合了包括所有的七国集团的主要发达国家、一些中等规模的发达国家，以及世界上最大的新兴市场和发展中国家，其经济总量约占全球 GDP 的 85%。与七国集团在有限的范围内所给予的援助相比，金融危机的庞大规模，需要在全球范围内有更加全面的应对措施。金融危机也逐渐让人们认识到，发展中国家在全球经济发展过程中，起到越来越重要的作用。自 2008 年以后，二十国集团就从一个央行行长和财政部长级别的论坛，升格为一个国家首脑峰会。

2009 年 4 月伦敦的峰会，标志着二十国集团的行动达到了顶点，与会国家领导人在一系列遏制危机的措施方面达成了共识。国际合作规模取得了前所未有的进步，实施财政刺激计划，以及为 IMF 和发展银行提供的额外财政

资源，都有助于阻止全球经济危机同时也有助于稳定市场。此外，还成立了一个新机构——金融稳定委员会（Financial Stability Board，FSB），来统一推动财政部门的监管改革。与它的前辈、由七国集团衍生出来的金融稳定论坛（Financial Stability Forum，FSF）相比，金融稳定委员会具有更强的职权范围和更多的会员国。此外，二十国集团成员还承诺要捍卫开放的国际贸易体系，同时进一步抵制保护主义。

二十国集团所采取的一些举措，一直延续到危机之后。尤其是金融委员会的创建，巩固了金融管制国际框架方面的重要改革。但是，一些早期的成功，被证明是短暂的。财政政策方面的合作很快就解体了。各国中央银行合作签署的流动性互换协议（liquidity swap lines）也被迫终止。非常规的货币政策，尤其是美联储执行的量化宽松政策，已经对二十国集团国家和非二十国集团国家产生了极大的破坏性影响——正如在2010年韩国首尔召开二十国集团峰会的前几天，巴西前财政部长吉多·曼特加（Guido Mantega）指出，美元疲软背后的新兴市场国家货币升值，就是一场"货币战争"（currency wars）。

2009年的伦敦峰会也标志着，在国际经济治理和多边机构改革方面迈出了重要的一步。在峰会上，二十国集团同意审核IMF的份额和投票权，并将其落实到位，这样新兴市场国家、发展中国家和发达国家之间才会有一个公正、有效的平衡，同时以此来换取增加IMF所需的资金。

从一开始，二十国集团中的新兴市场国家就坚持认为，国际治理的进一步改革应该是该集团议程的一个重要组成部分，这些改革已经取得了一定的进展。通过对其前身金融稳定论坛的重组，金融稳定委员会囊括了二十国集团的所有成员国，尽管起初发达国家并不是很好地予以配合。在二十国集团中，每个新兴市场国家至少获得2个席位，而巴西、中国和印度各获得了3个席位，与七国集团成员国获得的席位一样多。

新兴市场国家在世界银行也取得了进步。在2009年9月匹兹堡峰会上，世界银行做出了迈向平等投票权的承诺，对于发展中国家和转型国家，要至少增加它们3%的投票权。在2010年6月多伦多召开的峰会上，二十国集团提出了一个详细的建议，该建议随后被世界银行的所有成员国接受采纳。不过,这一承诺并没有扩展到世界银行的领导层面,在 2012 年,一个韩裔美籍人金镛再次被任命为世界银行行长。

三、IMF 的改革

不过,在管理 IMF 的过程中,主要新兴市场国家对于话语权的需求仍然在上升。这些国家具体的需求包括:在国际货币基金执行董事会中,增加投票权和所占席位的份额;定期审核份额以反映未来全球经济的变迁;从新兴市场国家招募更多的工作人员;一个更加公开的选择 IMF 以及世界银行的领导人的过程。在接下来召开的二十国集团峰会中,新兴市场国家对于以上提出的这些要求,变得日益迫切。

尽管有来自欧洲一些小国家的反对,IMF 执行董事会构成的改革进程还是相对较快。在实践过程中、这些变化产生的影响并不大但是这些变化是非常重要的,它突出展示了 IMF 在代表平衡方面发生的转变——逐渐脱离由发达国家主导的"旧"秩序。

份额改革也很快获得了同意,接下来,就是等待美国国会的批准。在 2010 年底,IMF 正式采用了二十国集团对份额改革的建议,一旦这一建议得以实施,将会使中国成为 IMF 的第三大股东,而巴西、印度和俄罗斯,也会成为处于前十位的股东。各国对这一改革的期望非常高,这会让 IMF 在其结构上,变得更具有全球代表性,该组织一直在努力实现它 2008 年底制定的目标,当时法国总统萨科齐和英国首相布朗呼吁建立一个新的国际金融架构——一个"新的布雷顿森林体系",不过,从现在的情况来看,还远远没有达到这一目标,IMF 的份额改革实施计划已经严重滞后。

四、但我们依然在等待一个"布雷顿森林会议"

不像 1944 年的布雷顿森林会议,促成了 IMF 和世界银行的创建,到目前为止,二十国集团还没有引发人们对全球金融货币结构和规则的根本性反思。

时至今日，距 2008 年金融危机爆发已有多年，尽管世界经济发生了巨大变化，布雷顿森林体系框架仍然基本完好。

布雷顿森林体系的各种经济机构设置，仍然反映了美国主导的世界经济秩序，IMF 和世界银行的领导，一直是由西欧和美国人分别担任，这两个机构也一直被认为是美国经济与地缘政治影响的扩张。尽管这是一个所谓软化的"华盛顿共识"（Washington Consensus），与之相联系的是，在 1997 年亚洲金融危机之后，西方将盎格鲁-撒克逊自由经济价值（Anglo-Saxon Liberal economic value）强加于新兴市场国家。

国际金融机构中投票权结构的改革，并没有跟上新兴市场国家在全球经济中重要性的日益增加，美国在 IMF 中拥有 16% 以上的投票权，美国对该组织产生极大影响，而且美国也有能力阻碍做出一些重要决定，美国仍然是实施份额改革的最大障碍：只有美国国会批准之后，份额改革才会有效，直到现在美国国会仍然强烈反对这种变革。[①]

在 2014 年召开的布里斯班峰会上，包括时任美国总统奥巴马在内的二十国集团领导人，在发表的公报中指出，他们对"国际货币基金组织的份额和治理改革进程一再遭到拖延，而深表遗憾"，他们还指出，"在 2010 年召开的二十国集团峰会和第 15 届国际货币基金组织份额评审大会，已经同意并通过这些改革议程，其中包括一个新的份额模式"。二十国集团领导人一再督促美国批准改革方案，并要求国际货币基金组织"随时准备下一步的政策选项"。

五、二十国集团治理改革的失败

布雷顿森林体系机构改革进程缓慢，在某种程度上是由于二十国集团自身不清晰的治理所导致的。在 2008 年金融危机之后，二十国集团将自己重塑

[①] 2015 年 12 月 18 日，美国参众两院通过了 2016 财年支出及税务法案，其中包括 IMF2010 年份额和治理改革方案，当日，美国总统奥巴马签署预算案，至此，拖延长达五年之久的 IMF 改革方案终于得以实施。

为一个国家领导人级别的论坛，同时二十国集团将自己有效地定位为一个处理金融危机的现成的组织。但是，二十国集团在结构上存在设计缺陷，需要达成共识以发挥执行力，采取"轮值主席国"形式或许会弱化治理绩效，成员国并不愿意在议程设定中舍弃一些问题。此外，在执行峰会领导人签订协议的过程中，二十国集团还有好坏参半的复杂记录。

尽管二十国集团领导了广泛的全球治理改革，英国首相戴维·卡梅伦（David Cameron）关于二十国集团结构和作用的 2011 年备忘录，并没有提出重要的内部治理改革议题。

但是，二十国集团的一个核心问题在于以下这一事实：在管理全球经济方面，二十国集团的成员国对于它们的作用①有完全不同的看法。七国集团的成员国一般会认为，将二十国集团升格为一个元首级的机构，只是解决金融危机的权宜之计，它们在传统上解决危机的观点是，危机只是一个国家的问题（而不是一个多边机构问题），这需要通过志同道合的非正式组织来解决。2008—2009 年金融危机全球化的特征，在全球合作应对过程中，必然会将新兴市场国家卷入进来。不过，在 2008 年和 2009 年的华盛顿、伦敦峰会，仍然被以下一些问题所主导：金融管制、货币与财政政策、中央银行互换协议，以及 IMF 的资金来源问题，这些问题都属于国家牢牢掌握的问题。

IMF 和世界银行并不是"二十国集团俱乐部的正式成员"，而仅仅是被邀请的观察员。在 2009 年，IMF 常务董事多梅尼克·施特劳斯·卡恩（Dominique Strauss-Kahn）提议，二十国集团和国际货币与金融委员会（International Monetary and Financial Committee，IMF 的管理机构）应该合并，但是，他的这一建议被发达国家拒绝。不过，在 2009 年匹兹堡峰会上设立的监督机制——相互评估程序（Mutual Assessment Process）——是由二十国集团的成员国自己来管理。

相反，二十国集团中非七国集团的成员国，一般会将国际组织看作是解决危机的合法性机构。这些国家青睐于那些正式的、普遍的、以条约为基础

---

① 以及国际金融机构的作用。

的国际机构，并将这些机构看作是最合法的决策机构，而且这些国家将二十国集团看作是国际经济改革的基石，二十国集团给新兴市场国家带来一定的影响力，这种影响力与它们在全球经济增长过程日益凸显的重要性比较匹配。

由于看待同一问题存在的极大差异，这就使得二十国集团很难实现其承诺。结果，一些国家便开始对该组织不再抱有任何幻想。目前，全球性的金融危机已经有所缓减，压倒一切的紧迫感也有所下降，这是因为有一些国家在制订其政策时，愿意考虑其他国家的问题。不过，二十国集团未能贯彻改革国际体系的承诺，结果导致一些国家将解决问题的主动权牢牢控制在自己的手里。

六、新兴市场国家要求进一步实现治理改革

与它们在全球经济中日益上升的重要作用一致，全球最大的新兴市场国家，尤其是中国，已经开始着手创建一个新的世界经济秩序，这个新的经济秩序不希望以美国为主的布雷顿森林体系占据主导地位。这些国家的雄心壮志，包括创建一个不以美元为中心的国际金融体系。中国人民银行行长周小川就支持创建一个多币种的国际货币体系，他强烈反对使用一个占主导地位的国家货币体系，同时他还希望这个新的经济秩序能够对冲美国在国际经济治理过程中的"过度影响"与"过度特权"。

新兴市场国家对于 IMF 治理失败的回应是创建新的地区和全球性银行。巴西、俄罗斯、印度、中国、南非等金砖国家已经宣布创建"新开发银行"[①]，该银行最终将拥有 1000 亿美元的资本基础。中国也开始与亚洲其他国家，以及一些发达国家，像英国、法国、德国、意大利和澳大利亚，合作、创建了亚洲基础设施投资银行（Asian Infrastructure Investment Bank，AIIB）。在发展中国家中，存在着一个真正需要填补的大型基础设施融资鸿沟，创建这些新银行也是为了提升新兴国家在全球经济事务中的影响，尤其是提升中国在亚

---

① New Development Bank，或者叫"金砖国家银行"。

洲的影响。

除了创建新的银行之外，这些国家还创建了其他一些机构，或者扩张一些机构的职能，其结果之一是这些机构的职能与 IMF 的职能发生了重叠。亚洲金融危机后，在 2000 年，亚洲国家发起了"清迈协议"（Chiang Mai Initiative），该协议为参与该组织的亚洲各国提供相互支持。在 2012 年，当该协议"多边化"之后，其项目资金有所扩张：它承诺为面临国际收支平衡危机的国家提供额外的财政资源，同时亚洲国家还创建了"东盟＋3 宏观经济研究办公室"[①]，来展开对该地区的宏观经济监督。在这之前，该研究办公室的职能是 IMF 这一保留的职能。此外，金砖国家还签署条约，创建了应急储备安排（Contingent Reserve Arrangement）机构，该机构拥有 1000 亿美元的资本基础，参与国的中央银行投入一定数额的资金，在国际收支出现危机的情况下使用。这些新兴市场国家领导的机构，对现有的国际机构有一种隐含的威胁，同时这些机构的设置，也为国际经济的进一步治理改革带来了压力。

创建弥补美元不足的国际储备货币机构，以及成为一个多币种国际货币体系中的重要组成部分，这两方面是新兴市场国家重塑国际经济治理的重要构成元素。2009 年，中国开始追求一个多币种体系的"人民币战略"以促进区域贸易中使用本国货币。该战略还试图更广泛地推动人民币的使用，以反映中国在全球经济增长过程中所起的推动作用。

美国显然对新兴市场国家的这些努力感到不舒服。这些新兴市场国家在国际经济与货币事务中获得了更为重要的作用。美国尤其担心中国的一些措施，因为中国对亚洲和亚洲之外的国家，产生了重要的地缘战略意义。在 2015 年，这种担心变得更清楚了，奥巴马政府再也不能掩饰它的不安，并公开指责英国参与亚洲基础设施投资银行，以及英国对中国的"不断迁就"。

美国当然有自己的观点。美国对亚洲基础设施投资银行的治理，有一个合法性的顾虑。比如，中国对治理不善的发展中国家的借款记录。但是，如果美国反对其他国家的这些措施，在国际竞争中，美国在决定国际组织、体系

---

① ASEAN＋3 Macroeconomic Research Office，"东盟＋3" 是指十个东南亚国家加中日韩三国。

和规则的性质和有效性时，就存在着失败的风险。世界经济已经不是"布雷顿森林体系"时代的经济了。尽管美国能够延缓一些发展变化，但美国这样做的时候也有很大的风险，这会破坏它试图控制的经济体系。美国现在需要做出决定：由美国主导的IMF无法解决全球经济危机，而且在全球经济中显得衰弱和无效，这样一个组织是否能够促进美国经济的健康发展，或者说，一个更多地考虑其他国家利益的强大IMF，在运作过程中是否会更加有效。这样做并不是一定要反对不可避免的经济秩序转型，美国应该确保一个日益多极化的经济体系，而这个经济体系并不一定会导致世界分裂，甚至出现各种分隔的经济集团。

七、一个更加分化的治理路径？

目前，存在的一个危险是，新兴的经济大国将会创建它们自己的机构和治理框架，这些机构和治理框架当然会与它们自己的利益相一致，这种结果将会导致一个分化的国际体系出现。比如，亚洲基础设施投资银行的创建，将会导致在亚洲出现两个有影响的经济集团，一个是由中国领导的经济集团，另一个是由美国和日本领导的经济集团，这两个国家主导着目前的亚洲开发银行。

另外，还存在着标准分化的风险。分散的贸易标准已经对国际经济形成明显的威胁，中国对排除在跨太平洋伙伴关系协定（Trans-Pacific Partnership Agreement，TPP）之外的反应是加快了自己在本地区贸易安排的速度。中国最近发起"一带一路"倡议，以此来开发中国与西亚和欧洲的贸易，从现在看来，这一举措对于中国领导人而言，仍然是一个政策取向表达，而不是一个行动计划。不过，依据这一倡议，中国有可能创建一个更为正式的框架，在这个框架内，新创建的机构，像亚洲基础设施投资银行，在基础设施、开发、经济监督和为危机国家提供金融援助方面，能够起到领导作用。

维持一个协调一致，多边的规则标准框架，就是为全球经济发展提供一项公共产品，考虑到它的成员、作用和政治领导力，二十国集团处于一个独特的位置，让它可以弥补不同国家之间的分歧，并阻止国际经济体系的分裂，在过去若干年中，二十国集团一直能够在发达国家和发展中国家之间取得一个利益平衡。但是，一直要成功地做到这一点，这就需要保证目前的国际治理结构，能够反映出新兴市场国家不断变化的作用。

为了推动治理议程不断向前发展，2014年的布里斯班峰会呼吁："选择下一步"（options for next steps）展开治理改革。那么，下一步可能的改革议程是什么？

八、"选择下一步"

目前，国际机构治理正处于一个十字路口，而二十国集团需要采取积极行动，一个可能的结果是，会出现一个持续的僵局：在管理现有的国际机构时，新兴市场国家想要争取更大的话语权，而发达国家尤其是美国想要一直维持它们在国际机构中的主导地位。在这样一种情形之下，新兴市场国家可能越来越不会参与二十国集团的国际联合行动，反而会不断创建一些平行的国际经济机构，与IMF和世界银行分庭抗礼。

在一定程度上，二十国集团已经分裂为不同的阵营，正如我们所看到的，金砖国家在不断加强彼此之间的合作，而七国集团也在开始复兴。在贸易问题方面，"超级"自由贸易协定的谈判已经开始（包括TPP，大西洋两岸的贸易和投资合作，以及欧洲和日本的贸易协定），并且逐渐将世界贸易组织边缘化。结果，不同的"游戏规则"和贸易标准开始出现。

但是这种分裂并不是不可避免的。如果二十国集团重振其合作精神，就可以帮助修复已经开始出现的裂缝，作为一个国际组织，二十国集团有两个比较优势。首先，因为二十国集团是一个以国家为基础的论坛，其成员国拥有二十国集团所做决定的"所有权"——这一结果，会让这些国家承担更大的责任，当国家政府去执行这些决定，比如，为促进经济增长，《布里斯班行动计划》（Brisbane Action Plan）所确定的供给行动，或者一些国家出现融资需要时（IMF和世界银行要求拥有一般的会员资格），二十国集团更有可能提供资金。其次，在金融危机期间，二十国集团能够在其成员国中间很快达成共识，而在其他一些主要的国际机构之间达成共识，可能会颇费周折。

二十国集团的主要缺陷是，该组织将许多国家排除在外，因此它就没有广泛与包容的合法性，至少与IMF和世界银行相比是这样，而且该组织没有以条约为基础的权力，让它能够保证其协议得以顺利实施，最终，二十国集团的可信度取决于各国领导人在峰会上达成的协议能否得到执行。

对于二十国集团和其他国际组织，在国际经济治理结构改革方面仍然有一定的空间，当这些组织一起合作的时候，它们可能更加有效。但是，目前有关治理改革的僵局，尤其是在IMF治理方面出现的僵局，有可能会破坏现有的国际组织，而且会降低二十国集团作为一个机构组织的相对重要性，二十国集团成员国应该能够解决这一问题，但是，它需要利用各国领导人参与的政治影响力，来保护和加强多边机构的作用，以及二十国集团自身的作用。

九、国际经济治理的现代化战略

为了使国际经济治理现代化，我们需要在各个层面——单个国家、二十国集团的成员国以及作为整体的二十国集团——采取一些行动。

第一，美国必须展示真正的领导力，如果美国国会一直将狭隘的短期利益放到首位，并拒绝国际社会已经同意的IMF份额改革，那么奥巴马政府必须要采取一定的行动。首先，奥巴马政府要不断地表达自己的声音，而且要公开支持IMF的份额改革。其次，奥巴马政府应该支持不需要国会批准的治理改革，比如，终止任命国际经济机构领导人的惯例——IMF的总裁总是一个欧洲人，而世界银行行长总是一个美国人，美国政府应该倡导国际组织在员工招聘过程中更加多元化。最后，奥巴马政府应该展示出对亚洲基础设施投资银行和其他新兴市场建立新机构行动措施的支持。这种姿态会表明美国政府并没有将它们看作是另类的机构，同时也没有将它们看作是现有国际机构的威胁。

第二，其他七国集团的成员国必须准备去解决这些问题，同时要支持新兴市场国家的行动倡议。首先，没有任何行动的国家，比如日本，应该成为亚洲基础设施投资银行的成员，尽管美国反对。这样做会再次表明，美国在这一问题上是多么孤立。其次，这些国家应该支持美国政府去游说国会，从而批准国际机构的治理改革。

第三，金砖国家应该认识到二十国集团是国际体系的一个重要组成部分。首先，金砖国家应该努力让二十国集团更加有效地工作，而不应该在 IMF 和世界银行批准改革这个问题上，一直将二十国集团当作一个抵押品。其次，金砖国家应该清楚地表明自己的态度——美国如果成为亚洲基础设施投资银行和其他金砖国家所领导机构的一员，这种行动是会受到欢迎的。

第四，让二十国集团有效地运作，中国负有特殊的责任。2016 年，中国将成为二十国集团的轮值主席国。对于 2016 年的二十国集团而言，通过一个积极和集中的议程，中国能够展示出它对二十国集团的承诺，而且还可以展示出二十国集团的潜力——在比较难以解决的国际经济问题方面，通过二十国集团是可以取得进步的。

第五，从 MIKTA5 国①需要帮助促成"B 计划"的治理改革。这几个国家大部分都是国际体系功能失灵的受害者，因为它们不是一些强大组织，比如像七国集团或金砖国家的组成部分。"B 计划"应该包括一个全面彻底的改革计划，该计划主要是针对 IMF 投票权结构的改革，以使其治理进一步现代化。但是，为了给美国国会增加压力，让它批准份额改革，这个计划必须是可信的。

为了让国际经济有效运作，所有的这些战略要素都是必要的。国际经济治理向前发展面临的挑战，基本上与全球经济中不断出现的变革保持同步，与此同时，国际经济治理还要避免机构与标准产生分裂。

在二十国集团内，所有的国家和集体组织都能够发挥重要作用。美国最

---

① 2013 年，墨西哥、印度尼西亚、韩国、土耳其和澳大利亚 5 国成立了 MIKTA。

初对中国创建亚洲基础设施投资银行的反应，说明它一直处于一种防卫状态。但是，美国确实面临着非常严峻的考验。如果美国愿意考虑改革，而且会释放一部分它在 IMF 和在其他国际组织中的控制决定权，这将有助于这些国际机构更加有效、健康地促进全球经济的发展。如果美国不能做到这一点，它将会严重阻碍二十国集团和其他国际组织成为促进国际经济合作的有效机构。至于中国，则会在国际经济中发挥重要的作用。在 2016 年，中国会成为二十国集团的主席国，这将会提供一个巨大的机会，让全球经济朝着正确的方向发展。

国际投资法制和政策制度的未来：完善之路径[*]

[英] 卡尔·P.萨文特　[英] 费德里戈·欧迪诺　著
陈　欣　陈辉萍　译[**]

引言

在现今的全球经济中，国际投资，特别是国际直接投资（FDI），已成为将货物和服务带到国外市场，并使各个单一国家的产品生产体系相互融合的最重要手段之一。从2007年到2011年间，10万家左右的跨国企业通过遍布全球超过90万家以上的海外分支机构，每年的年平均对外投资额达到1.7万亿美元。各国政府纷纷推出吸引外资的举措以促进经济的增长和谋求国家发展。为此，各国还相继成立投资促进机构，减少管制措施并相互达成大量的

---

[*] 芬兰外交部于2013年4月10—11日在赫尔辛基举办了促进国际投资机制研讨会，本论文是作者为会议准备的报告《完善国际投资法制和政策制度——面向未来的选择》的一部分。本文收录在《国际经济法学刊》（第21卷）2014年第3期。

[**] 作者简介：卡尔·P.萨文特（Karl P. Sauvant），博士，哥伦比亚大学可持续性国际投资中心高级研究员；费德里戈·欧迪诺（Federico Ortino），博士，伦敦大学国王学院潘迪生法学院国际经济法专业高级讲师。译者简介：陈欣，厦门大学法学院副教授；陈辉萍，厦门大学法学院教授。

国际投资协定（IIAs）。①

传统的国际投资制度具有以下几个重要特征。该体系最主要的目标是促进和保护外国投资。它适用的范围相当宽泛，涵盖了外国投资者各种各样的投资类型，涉及不同经济利益的融合，而保护的投资者更是囊括了个人和法人。但是，国际投资制度关注的内容却十分有限，多数不涉及健康、环境、劳工等公共政策议题。国际投资协定通常会为已设立的投资提供保护，最核心的标准包括征收及其赔偿、公平程序、公平和公正待遇、充分的保护和安全，以及给予外国投资者不低于本国国民的待遇。一些国际条约还提供准入前的国民待遇，外国投资者能够以和东道国本国国民相同的条件进入东道国市场。投资者—国家间仲裁机制则有利于强化这些规范的实施，投资仲裁机构每年都能收到许多诉求。各个投资仲裁机构的裁决虽然没有判例的法律效力，它们毋庸置疑仍然是构成体现国际投资制度的法律来源之一。其他类型的法律渊源还包括在过去50年间出现的国际投资条约、国际习惯法中对外国人的规制和具有"软法"性质的标准。然而，国际投资制度仍然体现出粗浅和碎片化的特质。

目前，国际投资领域还是出现了一些重要变化，这些变化将推动国际投资法的变革。其一，新兴市场国家的对外投资越来越多，订立国际投资协定时需要考虑的因素有所不同。其二，由于新兴市场的影响力越来越大，公司治理形态、价值、投资者投资的方式已经随之改变。特别是，国有投资实体的增加以及发达国家对国家安全的考量，导致一些发达国家制定的投资政策发生了微妙的改变。其三，就政府而言，他们并不认为所有的投资带来的影响都是正面的，因此制定政策时更加谨慎。政策制定者越来越关心如何吸引适合其投资环境的合适投资，如何保护其利益和将风险控制在可接受的范围内。实际上，一些国家开始重新审视针对外国投资的制度，

---

① 二十余年以来，联合国贸易和发展会议（UNCTAD）世界投资报告（WIR）一直关注国际直接投资流动、国际直接投资的构成及其发展。因此，本文所列数据，除非特别指出，都援引自联合国贸易和发展会议的国际投资报告（以下简称UNCTAD，WIR）。

包括审查、重新谈判或撤销已作出的国际承诺和制订新的国内政策。此外，一些研究试图评估国家间签订投资协定对于吸引外资效果的影响，但结论是兼而有之，但在此前，投资条约能够促进投资这一假设经常被视为国际投资体系的重要基础之一。其四，建立在条约基础上的投资者—国家间仲裁机制的频繁使用和费用的持续增加也受到特别的关注。争端数量的激增至少在一定程度上是全球投资总量增长的产物。但这也导致了在解释条约的过程中会不断遇到难题，一些国家的政府还试图减少甚至根除其可能需要承担的责任的范围。市民社会在围绕国际投资制度（特别是投资者—国家间争端解决机制）的争论中也有一席之地，并且给国际投资条约带来一些崭新的元素。其五，国家通过签订、修订和解释国际投资条约，以及为本国企业的对外投资提供直接的支持，积极地参与到国际投资体制中。

当前，针对国际投资体制的争论包括以下几个关键议题。第一，如何确定国际投资体制的主旨，特别是国家是否需要持续关注对投资者的保护，以及是否应致力于促进可持续性国际投资。第二，投资条约所应包含的内容存在分歧，包括"投资"的定义、如何界定投资者的国籍、对国有企业投资的保护、投资条约的时效、国际投资条约优先适用的部门和条约的除外条款。第三，与投资相关的一些核心要素，例如如何平衡投资者保护与东道国规制间的关系，是否作出准入前国民待遇的承诺，是否在投资条约中纳入规制母国和外国投资者的纪律。第四，目前国际投资体系中投资者—国家间仲裁机制不断变化所引发的议题。这些议题包括，投资仲裁的程序和裁决，从国家、投资者和其他利害关系方的角度探讨投资仲裁的合法性危机。第五，不同国际投资法法律渊源间的相互作用、不一致和重叠所带来的问题。最后，国际投资制度无论在双边、区域或多边层面都缺乏完整的体系框架，这将影响到投资法及其政策架构的建立和实施。尤其是，国际投资体制本身存在的缺陷给仲裁机构解释和实施投资条约带来了沉重的负担。

本文旨在对国际投资体制的改革提出一些建议。它的目标并不是提供综合性的改革选项，相反，它提出一系列建议并把重点放在国际投资体制本身及其实施所面临的挑战。当前，投资者—国家间的关系已经由权力导向转为法律导向，外国投资者较以往更受益于这一体系，包括直接求助于投资者—国家间争端解决机制。显然，本文涉及的内容十分复杂且富于挑战性，因为它需要从不同角度考虑国际投资体制中各利害关系方的利益。虽然一些利害关系方基本上满足于现今的国际投资体制，其他一些主体仍然振臂疾呼要求其继续完善，还有一些主体则认为该体系一边倒，需要从根本上改变其发展方向，包括国际投资体制的目标、内容和最终可能诉诸的争端解决机制。相应地，本文对国际投资体制究竟是十分重要或可有可无不作评价，也不谈论未来该体系的完善应遵循哪些步骤。但本文隐含的前提仍然是，采取一定的行动至关重要。至于这种行动是略微调整、实质性校准还是从范式上改变国际投资框架，将留待未来讨论和反思。

本文针对如何完善国际投资体制分为五部分加以讨论，包含从小到大直到雄心勃勃的各种举措：（1）采取事实查证程序（fact finding processes）；（2）就关键议题成立工作组并形成一致意见；（3）制定国际投资协定范本；（4）建立特别机制以完善国际投资体制；（5）倡导政府间促进国际投资制度发展的进程。本文的各部分会分别讨论这些措施的目标、可能遇到的挑战和可行性。对其分别罗列并加以详述的目的在于构建一份清单并探讨哪些措施应优先采纳。因此，本文所列举的选项侧重于顾及所有利害关系方的利益，但这些措施能否产生实质性效果将由各参与方自行判断。

一、采取事实查证程序

诚然，各国间国际投资协定谈判能够或正在解决国际投资制度中的一些议题，但事实上仍然需要寻求国际层面的解决方式。特别是在目前国际投资体系呈现出分散性的背景下，正式的事实查证程序能起到一定的辅助作用，它足以识别和分析该体系的利弊，对目前的状况作出有公信力的评估。同时，为了增加程序的可信度,有必要在不同国家、地区的利害关系方间展开调查。本文在之后的论述中将会提及两种选择,即国际性的听证程序和对法律现状的盘点。它们的范围可以覆盖前述国际投资法和投资政策制度的关键性论题。所有这些程序都应独立进行,或多个程序平行进行。

(一) 举行国际听证会

首先,由于涉及诸多利害关系方并且他们所关切的议题很多,因此,就国际投资领域所有问题举行国际听证会不失为明智之举。① 这一类型的磋商能够保证所有利害关系方②都能参与讨论,所有问题及其背后的考虑都能摆上桌面。由少数精英组成的专家组③将会是主持这类听证会的合适人选。通过书面提交的方式,专家组从国际投资体制的诉求以及改革的方向、目的入手,进而探讨来自全球各利益集团的不同关切及主张的解决办法。听证会的成果可以总结为一份报告,这至少可以反映目前国际投资法和投资政策所涉及的范围。同时,他们还能将利害关系方有关如何推进改革的建议整合成一份菜单。故此,听证会应成为具有透明度的一致同意进程的重要组成部分,探讨哪些和目前投资体制相关的议题亟待解决,并判断未来需要推进的事项。进而,听证会的召开还会增进对国际投资体系中相互关联的各项重要议题的理解。

实践中,由全球主要大学组成的大学联盟能担此重任,他们还可以和在国际投资领域拥有一定权限的国际组织合作,并与国际投资论坛等活动相互配合。由利害关系方组成的顾问委员会则能提供指导并协助准备相关活动。

当然,组织这样一场国际性的听证会并记录讨论的结果需要相关领域的

---

① 就举办听证会而言,既可以以地区性的听证会为基础,也可举办全球性的听证会。
② 包括政府、私营部门、工会、其他市民组织以及学术界。
③ 包括主要利益集团的代表。

精英以专家身份参与，同时还需要利害关系方进行监督。由于类似活动的举办将耗费大量的资源，这些资源或许可以由一个或若干个国家的政府提供，充足的资金可以保证不同地区利害关系方的充分参与和公开。

（二）对原则和规范的精义诠解

对国际投资协定和相关文件中出现的原则和规范进行精义诠解，是另一个颇具野心的选项，它可以和国际性的听证会同时进行，也可以紧随其后。[①] 精义诠解的目的在于判断和解释"该法律体系目前的状况[②]和应然的状况[③]"。更特殊的是，它可以判断是否存在国际投资法所要着重强调的东西，如在国际投资法领域广泛接受的规则；在哪些议题上无法取得统一及其原因；对于未解决的事项是否存在其他选择，这些选择的优缺点以及他们的法律含义。针对国际投资制度诠解的意义还在于，提出国际投资协定中未体现或不典型的问题，有些利益团体希望将这些问题纳入，但对纳入的方式有分歧并存在不同的支持或反对的理由。换句话说，这对于在国际投资协定中包含更为合理的原则和条款具有前瞻性和创新性。这份阐释性的文件还可以讨论国际投资领域与其他国际法领域有内在联系的问题以及这种联系对国际投资制度未来发展的潜在影响。即使退一步说，一份成功的精义诠解至少能够奠定国际

---

① 这一类型的评估类似于美国法学会（ALI）自1923年以来主要针对国内法发布的"精义诠解"，但区别在于本文提及的评估还须展望未来。ALI出版的《法律精义诠解》将各个有重大意义的司法裁决所形成的原则和规则，按照不同主题分类并进行论述。基于精义诠解所涉及的领域广泛，撰写过程严密、精确，对于美国学者、从业者和法官而言，精义诠解已经成为第二性的法律渊源。每一精义诠解都由一位主要的报告人与由该领域专家构成的小组、ALI成员以及由法官、教授和律师构成的ALI委员会进行咨商。目前正在进行的一个项目是美国法中的国际商事仲裁精义诠解，现已进入第二轮草案的起草。该精义诠解包含一系列论题，其中有专章讨论投资仲裁和美国法院间的关联，目的在于反映美国法语境下出现的突出的程序议题及其处理。但是，实质性标准，如公平公正待遇或征收的定义等则未出现在精义诠解讨论的问题中。
② 从实定法的角度。
③ 从规范法的角度。

投资法和投资政策框架下被共同接受的内容。①

　　诠解国际投资制度可能带来的成果还包括为国际投资协定的谈判方②提供启发和指导，为仲裁员提供具有一定权威性的辅助法律渊源，对他们而言，在不存在广泛接受的看法的时候，他们需要不断协商并作出裁断。它还可以成为双边、区域、诸边甚至是全球性投资协定的起点，而这正是各国政府乐于看到的。

　　当然，这份精义诠解也有可能被认为本质上十分保守，因为它更像是总结现状如何，而不是将来理应怎样。因此，国际投资制度精义诠解还需增加另外两项内容：首先，应考虑到法律随着时间的推进不断发展从而预测未来的发展趋势；其次，正如前文所述，精义诠解应当具有前瞻性，例如应该立足于国际投资制度的目标，充分考虑超出现状的建议，并为谈判者提供具有创新性的选择。此外，由于国际投资法处于不断发展中，国际投资制度精义诠解还应密切关注新的国际投资协定和仲裁裁决。无论如何，它必须雄心勃勃地担负起为国际投资法添砖加瓦的责任，同时还应关注具体领域。

　　实践中，如果由来自各大洲国际投资法领域杰出学者③组成的工作组准备

---

　　① 就国际贸易法领域的诠解来说，WTO 争端解决机构每年都作出评估并对裁决进行分析。美国法学会也同时在剑桥大学出版社出版了研究 WTO 法的报告，其中包含对 WTO 准司法领域关键性发展的重要讨论。这些研究还提交 ALI 年度会议展开讨论。其指定的两位报告人为 Petros C. Mavroidis and Henrik Horn. See, e. g., Petros C. Mavroidis and Henrik Horn (eds.), The WTO Case Law of 2010, Cambridge University Press, 2012. 除了每年的诠解，他们还准备了一系列的背景材料。See, e. g., Douglas A. Irwin, Petros C. Mavroidis and Alan O. Sykes, The Genesis of the GATT, Cambridge University Press, 2008; Petros C. Mavroidis and HenrikHorn (eds.), Legal and Economic Principles of World Trade Law, Cambridge University Press, 2013.

　　② 各类组织都为国际投资协定的谈判者们筹备了各种活动，特别是方便他们交流经验并通报新近的发展趋势。例如，UNCTAD 以及南方中心，通过与国际可持续发展中心及其他机构合作，在近年来一直致力于此。对发展中国家，特别是最不发达国家的技术援助是其重要活动之一，因为它代表了所有利害关系人的利益，同时保证所有国际投资协定的谈判者在进行谈判时都处于可能达到的最佳状态。

　　③ 在政府间进行这一尝试会十分困难，因为政府代表很可能将其视为是一种谈判的形式。国际法协会曾经成立工作组讨论沿着精义诠解的路径起草软法的可能性，其特别关注在投资领域推行软法是否成熟。

国际投资制度精义诠解，将会增加它的可信度。工作组应保证所有利害关系方的意见都得到充分考虑，其中包括国际投资协定谈判中政府官员的意见，他们在谈判这类协定时有实际经验，最清楚针对具体问题如何作出选择，而且他们正是这一诠解工作的潜在受惠者。我们还必须注意到，对于每一利益集团而言，哪些问题在目前亟待解决，不同利益集团有不同的看法。世界各国大学的学者也可以组织相关活动，并吸收不同利益集团代表所组成的顾问委员会提供的意见。

起草国际投资制度精义诠解需要全球专家的参与。从过往实践可以看出，它将会耗费大量时间，并要求定期更新且因此投入大量资源。

二、建立达成共识工作组

目前，国际投资法存在大量的法律渊源和政策体系。由于组织架构薄弱且呈现出碎片化的特点，很多关键用语不存在精确的定义，无法单独通过事实查证的方式来发现和处理。虽然其中的一些问题相对集中，例如如何看待资本控制，可以用特定的方式加以解决，其他议题却富有挑战性且更接近国际投资制度的核心。它们要求大量的分析和讨论，并最终达成广泛接受的统一意见。

为了在特定议题上保持立场的相同，建立达成共识工作组是非常有用的一步。工作组或圆桌会议的方式有利于集中讨论实体性和程序性的国际投资问题[①]，它还有利于在利害关系方间展开对话和建立相互信任。下文将罗列达成共识工作组应当重点关注的议题。

[①] 例如，2010年10月，UNCITRAL就成立了针对透明度问题的工作组。2013年2月，工作组召开了第六次会议。从UNCITRAL关于透明度问题的谈判中可以看到，当各国观点不一致时，达成共识十分困难。

(一) 在商业社会和市民社会间开展圆桌对话

市民社会和商业社会的一些成员间在国际投资框架下存在许多观点分歧,这种分歧甚至远远超过其他利害关系方。简而言之,由于商业社会代表的论断通常建立在这一假设的基础上,即所有的外国投资都是经济增长和发展的基础,因此应该对外国投资予以鼓励和保护。而市民社会则通常认为外国投资并不一定是好事,事实上,它甚至有可能造成危害,因此需要严格的控制和监督,从而保证外国投资最大可能地有利于东道国经济的可持续发展。相应地,在过去,这两个利益集团对国际投资体系的建构持不同观点。当然,我们还可以对此进行简述:从目前的情势能够看出市民社会和商业社会间观点和方法的差异,但他们之间也有达成关键性共识并取得丰硕成果的合作范例。国际投资体系理应予以完善,在这点上双方并无分歧,但对于何为最佳方案却很难达成一致意见。

然而,在某些环节上,各方都有一些无法妥协的观点和解决问题的办法。双方之间的沟通、理解和合作有利于国际投资制度的建构,因此,应组织这两个利益集团的代表召开一次或多次非正式的私下会晤。圆桌会议的形式有利于进一步深入了解不同利益集团的主张和关切,从而在双方之间建立互信。诚然,圆桌会议关注的焦点是在两个利益集团间,但他们仍应邀请政府部门的代表(例如投资促进机构,特别是新兴市场的投资促进机构)分享东道国的看法和实践。一些组织,如弗里德里希—艾伯特基金会(Friedrich Ebert Stiftung)对与发展相关的议题可能会感兴趣,为促进更大范围的讨论,他们会组织和资助一个或一系列相关活动。

(二) 关注实体性问题

达成共识工作组应当特别关注的问题至少包含以下四个:国际投资协定的目标、可持续发展的国际投资、国际投资规范的范围和内容、国际投资协定的选用。

由于国际投资协定的内容取决于其目标，因此首要解决的问题是国际投资协定的目标。国际投资协定的谈判方都会认可，签订协定是为了达到多个不同的目标，这些目标既可以是单纯地保护投资者，也可能包含可持续发展。谈判方对条约目标的认知和态度不仅是仲裁裁决解释的辅助手段，同时还决定了条约适用的其他方面、实体性的义务以及争端解决机制。早期国际投资协定的目标是单纯地保护投资，此后发展到包含可持续发展，这种变化不仅体现在投资协定的序言，同时还出现在协定的正文中，它代表了国际投资法范式的改变。① 相应地，达成共识工作组不仅应在国际投资协定一般目标上建立共识，同时理应关注国际投资协定的具体内容是否服务于这一目标。

第二个受到越来越多关注并值得探讨的重要议题，是可持续发展的国际投资。可持续发展，包括国际投资的可持续发展，决定了协定内容的走向，这是贯穿本文一再强调的议题。但直到现在，这个概念都没有明确的定义。但直到现在，这个概念都没有明确的定义。传统国际投资协定对"可持续发展"的定义更多集中在"经济发展"，也就是说假设国际投资协定有益于全球直接投资的流动，一个国家接受的直接投资越多，对该国的贡献越大，但目前人们对这一论断的正确性争论不休。国际投资仲裁的仲裁员开始意识到，国际投资协定本应促进发展。由于不存在针对"可持续性国际投资"的检验标准，条约的拟定者和仲裁员都束手无策。② 采用实地调查和各利害关系方间的磋商，有可能就何为"可持续性国际投资"达成一致，详述其构成要素，在考虑不同地区、不同情况的基础上，实现将"可持续性国际投资"囊括于国际投资协定中的构想。③ 例如，如前所述，对"投资"重新定义，从而将

---

① 可以说，至少有部分讨论的方向已经发生改变：例如，UNCTAD 新框架中，从可持续发展视角关注投资谈判的秘书处指南，以及南部非洲发展共同体（SADC）双边投资协定模板。
② 或许，如果在进行投资的当时保证可持续发展因素的存在，并对其进行准确定义和施加特定的义务可能就已经足够。目前存在的一些法律文件中已经体现了这些要素。
③ 毋庸置疑，对"可持续性国际投资"进行定义十分困难，但该概念中可能应该包含去贸易化的各种不同考量。而事实上，如何衡量不同措施的可持续性困难重重，而且对于不同地方团体而言，这一定义对他们的意义也大相径庭。

可持续性的概念包含其中。① 它还将有助于投资促进机构评判吸引直接投资需要考虑的因素，事实上，投资促进机构评估"可持续性投资"时，可持续性是其考虑因素之一，特别是经济发展，但它们却容易忽略其他一些核心要素，如社会性问题，包括劳工问题。对"可持续性投资"下定义十分困难，但仍可通过清单的方式列举用于评估的要素。在具体情况下，要求投资应该是可持续的，从而一定程度上有利于澄清这个特定的议题，并且有利于促进可持续发展。

第三个需要特别关注的议题是国际投资协定包含的各项要素。本议题的达成共识工作组应对国际投资协定中涉及的各项标准予以澄清，明确政府应承担的义务②，评估是否存在需要摈弃③或者添加的标准。其中，准入前国民待遇、母国措施、母国政府和投资者的义务等问题尤其需要受到关注。

最后是选用投资协定的问题，也被称为"国籍策划"。作为投资协定的一方，母国并不希望将保护范围扩大到某些国外机构，特别是那些只设立了简易办公室的国外分支机构。由于这个议题特殊，而且选用投资协定通常具有投机性④，如果谈判方有该项要求，达成一致并起草标准条款从而避免选用协定的实践或其某一方面造成的影响应该相对容易。⑤ 甚至就已有的未明确包含

---

① 2012 年 11 月 14 日，Brigitte Stern 在哥伦比亚大学维利可持续发展投资中心举办的第七次哥伦比亚国际投资会议对此进行了详述。例如，条约的缔约方可以在国际投资协定对投资的定义中，将投资描述为本条约中投资的概念应与 OECD 跨国企业指南相一致。OECD Guidelines for Multinational Enterprises（Paris: OECD, 2011）, at http://www.oecd.org/daf/inv/mne/48004323.pdf

② 在这方面进行进一步的澄清本身就有利于降低投资争端发生的可能性。

③ 例如，美国 2004 年和 2012 年 BIT 范本都放弃了传统投资条约中对投资保护义务的保护伞条款（缔约一方，应当遵守其与另一缔约方就国际投资条约中所作出的任何承诺的义务），该条款通常明确规定违反投资条约（而非合同）的争议可以诉诸仲裁。

④ See Saluka Investments BV v. The Czech Republic, UNCITRAL, Award (Mar. 17, 2006), p. 240. available at http://ita.law.uvic.ca/documents/Saluka-PartialawardFinal.pdf. 仲裁庭明确指出："如果一家公司和 BIT 缔约方并无实质性联系，其实际上是由另一家非 BIT 缔约方管辖下公司所控制的壳公司，那么它就不能援引条约中的条款。这种可能性会导致仲裁程序的选用，构成'选用协定'，具有更饱受批评的'挑选法院'行为的众多特点。"

⑤ 但条约的当事方未必有这样的要求。

选用国际投资协定条款的条约而言，感兴趣的各国政府还可以通过联合声明的方式对此予以澄清。①

（三）程序性议题：争端解决机制

如前所述，投资者—国家间争端解决机制是所有利害关系方都关注的议题，主要原因在于争端解决在现代国际投资协定中占据了核心地位。解决争端所包含的成本，该程序中仲裁员和其他专业人士的地位，争端数量的增长，裁决的连贯性问题，以及大量国际投资协定都规定投资者—国家间争端解决条款等因素，以及这些因素和数量巨大的国际投资者和国际投资因素的融合，由此可以预计将来还会产生越来越多的争端。有人认为，相对于国际投资协定的其他实质性规范，争端解决问题的重整进展得十分缓慢。此外，就目前已有安排，持反对意见的国家数量虽然较少，但仍然不断增长并态度强硬。例如：澳大利亚对于在国际投资协定中包含投资者—国家间争端解决机制持怀疑态度；玻利维亚、厄瓜多尔、委内瑞拉退出《ICSID 公约》②；南非决定将修改或终止大多数双边投资协定③；出于对争端解决机制的考虑，印度暂停一些双边投资协定的谈判④；阿根廷国会通过一项决议，呼吁终止该国双边投

---

① 在具体争端中，考虑到政府作为被告同时又是条约的缔约一方，对争端进行干预，或许会涉嫌滥用仲裁程序，这样的联合声明就无法发挥决定性的作用，虽然它仍然能暗示一国实践的立场，并有可能影响仲裁庭。

② 国际投资争端解决中心（ICSID）《关于解决国家与他国国民间投资争端公约》（以下简称《ICSID 公约》）。据报道，阿根廷考虑采取相同的举动，并就此颁布法案。但在本文完成的时候，阿根廷仍然是 ICSID 的签约国。然而，仍然需要指出，即使阿根廷确实选择退出《ICSID 公约》，其声明应在世界银行收到通知的 6 个月后生效。

③ Republic of South Africa, Department of Trade and Industry, Policy Statement: The South African Government's Approach to Future International Investment Treaties, September 18, 2010, at http://www.jadafa.co.za/LinkClick.aspx?fileticket=9A6eXZstRl0%3D&tabid=432, p. 3.

④ Sujay Mehdudia, BIPA Talks Put on Hold, The Hindu, January 21, 2013, at http://www.thehindu.com/business/Economy/bipa-talks-put-on-hold/article4329332.ece; India Places All BIT Talks on Hold, Pending Review of Own Model Deal, 31 (5) Inside U. S. Trade, February 1, 2013, p. 1.

资协定的效力①；一些国家倡议，建立拉丁美洲的投资争端解决中心并适用其认可的规则。② 总而言之，未来的国际投资协定仍然会包含强有力的争端解决条款③，但目前的机制仍有许多不尽如人意的地方；另一方面，争端数量却在持续增长。④ 相应地，达成共识工作组应致力于召集各利害关系方就争端解决程序涉及的事项达成一致意见。

1. 建立争端解决程序达成共识工作组针对投资者—国家间争端解决这一议题，工作组所面临的主要挑战是如何更好地从所有利害关系方的视角，保证投资仲裁的正当性。达成共识工作组关注的对象应包含以下的一项或多项：

（1）与投资者—国家间争端解决程序和裁决有关的各项问题，及其内部和外部正当性，这些事项都可从对争端解决程序基本理论的探讨开始。具体的议题可能包括明确争端解决机制中仲裁员和其他参与者的地位，是否可以

---

① Daniel E. González, Michael Davison, Richard C. Lorenzo, Jonathan T. Stoel, H. Deen Kaplan & Mark S. McConnell, If Argentina Withdraws from the ICSID Convention: Implications for Foreign Investors, February 4, 2013, at http://www.lexology.com/library/detail.aspx? g = 080c79bc – cce7 – 485f – 97aa – 27a5b2bdec5c.

② 2013 年，南美国家联盟（UNASUR）试图建立解决投资争端和其他与商业有关争端的地区性机构，以在该地区取代 ICSID。早在 2009 年，厄瓜多尔首次提出这个建议（UNASUR 成员包括阿根廷、玻利维亚、巴西、智利、哥伦比亚、圭亚那、巴拉圭、秘鲁、苏里南、乌拉圭和委内瑞拉）。See Declaration of the 1st Ministerial Meeting of the Latin American States Affected by Transnational Interests, April 22, 2013, available at http://cancilleria.gob.ec/wp-content/uploads/2013/04/22abr_declaracion_transnacionales_eng.pdf, 赞成成立和实施地区性解决投资争端的机构，在解决商业机构和国家间争端时保证规则公平及利益均衡，鼓励 UNASUR 同意成立目前谈判中的地区性机构。

③ 虽然还存在国家间的争端解决机制可供选择，且投资者可求助于当地法院，但值得注意的是，这两种争端解决方式的效率较低。

④ 参见 Charles N. Brower observed in an interview with Arbitration Trends (2013), at http://quinnemanuel.com/media/371211/arbitration%20trends%20 – %20winter%202013%20 – %20final.pdf, pp. 12 – 13，该文在回答"一些仲裁业从业者、公司顾问和政府官员都表示对目前的投资者—国家仲裁裁决和撤销裁决的不满。你认为这种对投资者—国家仲裁的反击是体现事实还是被人为夸大？"时指出，"它显然反映了目前存在的事实，虽然对其程度仍有不同看法。目前，ICSID 对一小部分裁决的撤销引起了关注，我们认为，这种关注是有理由的。但它导致了其他方面的不满，不同仲裁庭对实质上一致的事项持不同看法，显然会妨碍投资者和东道国对可预见性的需求。然而，目前并未找到解决的办法。"有关完善投资者—东道国仲裁机制的建议，参见 Antonio Parra, The History of ICSID, Oxford University Press, 2012 等。

或应该重启用尽当地救济,加强协定签署方在争端解决中的地位,如允许出具解释性声明①,同意政府在是否启动争端解决程序时起到把关的作用,例如,在争端解决开始前予以通知,开启公共利益审查,就诉诸投资者—国家间争端解决设置准入门槛,争端发生时首先寻求协定签署方间的解决,研究对反诉的运用,赋予 ICSID 筛选争端的权力②,特别是对滥诉案件③,有人建议将投资者—国家间争端解决机制排除出国际投资协定,我们应探讨这样做的深远影响。

(2)探讨其他争端解决方式,如由国家主导的争端解决机制④,能否得到更多的运用,特别是在国际投资协定的"冷却期"。

(3)国内法、国际法和争端解决之间的相互作用。例如,在诉诸国际争端解决上,较之本国投资者,外国投资者在多大程度上拥有更多的权利⑤;反之,如果外国投资者可以诉诸国际争端解决,是否应赋予本国投资者相同的选择权。⑥ 此外,国际投资争端解决也应考虑和国内体系的合作,包括法律适

---

① 有关争端解决程序中国家在条约解释中的地位以及如何加强其地位的分析(包括通过"解释性对话"),参见 Anthea Roberts, Power and Persuasion in Investment Treaty Interpretation: The Dual Role of States, 104 (2) *American Journal of International Law* 179 (2010) 等。

② ICSID 筛选争讼的方式仍然是调查事实和审视法律的规定,而这需要实质性的审查。

③ 第三方融资人本身也存在风险,因此在决定资助某一争讼前会采取严格的筛选程序。

④ 有证据表明,对于私人投资者之间,在特定行业特别是建造—经营—退出项目中,争端管理机制被证明有效。但在投资者—国家关系的语境中,例如对东道国政府错误行为导致的损害赔偿,投资者和东道国政府在非常早的阶段就会尝试解决可能发生的纠纷,而非等到分歧升级为真正的争端。该机制包括促进机构内部的合作以更好地遵守法律规则、初期中立评估、建立争端解决委员会以及采取事实认定程序。几年前,秘鲁曾经采取包含相关要素的程序。秘鲁采用的架构遵循避免纷争的政策导向,而政府采取避免争端的机制并鼓励采用其他方式解决争端。世界银行集团的投资环境部门曾对此进行研究,并对该条款具体内容的安排提供技术支持。

⑤ 这是迂回投资的原因之一(例如一家企业在境外成立分支机构,并由该分支机构迂回投入母国),这种投资方式在中国很常见,但它也和其他国家有关。

⑥ 1994 年《加纳投资促进中心法案》"保证外国投资者以及法案所及的所有投资要求者都拥有诉诸国际仲裁的权利(例如,包括在加纳投资促进中心登记的国内投资者)"。参见 1994 年《加纳投资促进中心法案》第 21 条第 1 款规定:"本法适用于所有按照本法成立的公司,但不包括采矿业和石油(气)业。"第 29 条规定:"就争端解决程序而言,所有投资者都可以诉诸仲裁(例如,按照 UN-CITRAL 的规则)。"这里应该注意到,该法案不适用于采矿业和石油(气)业。

用和用尽当地救济。

2. 另一个受到广泛关注的议题是，成立独立的上诉机构，以审查特设仲裁庭所作的裁决，这样做是否具有可行性和正当性。越来越多的人使用 ICSID 裁决的撤销程序，但实际上撤销程序仍然具有特设的性质，并且适用范围十分狭窄。这就产生一个问题，即是否需要对其进行完善，或者是否有必要建立上诉机制。这和 WTO 的演变类似，从 GATT 下特殊的争端解决专家小组发展到 WTO 框架下的《争端解决谅解备忘录》，在贸易体系中，这是在 101 个专家小组报告后才走出的一步，这些专家小组的实践为此提供了充分的经验；而在国际投资框架下，2013 年底前已经提起了近 600 个基于条约产生的争端。支持者认为，对于普遍存在和难以解决的法律解释问题，永久性的上诉机构显然是对症下药，并且更能从整体上保证体系的正当性。然而，上诉机制将使仲裁裁决的一裁终局沦为空谈，使这一程序"重新被政治化"，增加的上诉机构有可能是简单重复仲裁中存在的问题而非解决问题。即使通过永久性的法庭，利益的偏好和纷争仍然存在。而且，除非严格限制诉诸上诉机构解决的争端，否则成本还会持续上升。虽然其中一些问题可以通过周密并具有兼容性的机构设计来解决，但目前的国际投资制度始终缺乏某些必要的因素，例如，投资保护标准的协调即使不是不能解决，也十分困难。

为了使结果更具有可信度，任何工作组在考虑这些问题时都应具有全球性的视角。他们的工作应当是开放和透明的，特别是应考虑所有利害关系方的观点。他们还必须考虑权威性国际组织的意见，例如 UNCTAD、经济合作与发展组织（OECD）以及与国际投资制度本身关系更为紧密的 ICSID 和地区性机构。一些大学或国际组织在投资条约各领域的研究能力有目共睹，如果建立综合性的合作机制，它们能为达成共识工作组提供坚实的后备基础。工作组最终的研究成果将普遍地提供给予国际投资协定谈判、解释和裁决相关的主体，从而有利于为这些问题的解决提供启发和指引。

诚然，组织这类达成共识工作组并记录他们的研究成果，需要国际上权威专家的广泛参与、付出辛勤的努力并投入大量的资源。

三、制定国际投资协定范本

制定国际投资协定的范本也是完善国际投资制度的途径之一，虽然该路径显然在当代更为艰巨[①]，虽然各国纷纷推出其投资协定的范本，但国际上并不存在权威的模板。过往的实践表明，如果有国际投资协定范本存在，各国政府会倾向于借鉴这些范本：1967 年，OECD 颁布了《保护外国财产协定草案》。虽然 OECD 理事会未曾正式批准该草案，条约的起草者仍将其作为国际投资协定谈判的基础之一，因为不存在其他可以作为指南的蓝本。但在目前，由于起草者都是资本输出国的代表且国际直接投资由于征收的风险踟蹰不前，《保护外国财产协定草案》已经过时。在这种情况下，新的范本将有助于国际投资协定的谈判方，特别是那些最不发达国家和发展中国家，它们没有代表其利益的范本可资借鉴而谈判对手却握有自己的范本。而在国际税收领域，这两类国家通常会分别使用联合国和 OECD 提供的范本，同时，投资合同也出现类似的情况。

正如其他条约范本，范本的目的在于提供底线，例如确定国际投资协定应包含的内容（或自由贸易协定中涉及投资的章节），平衡东道国和母国的利益，并在此基础上反映谈判双方的特殊利益。解释性的注释则可用来表明特定议题的替代选择，无论如何，国际投资协定范本需要阐明这些选择可能产生的法律影响。实践中，UNCTAD《关于可持续发展的投资政策框架》、OECD《投资政策框架》、南部非洲发展共同体（SADC）《双边投资协定范本》、国际可持续发展研究所（IISD）《促进可持续发展的国际投资协定范本》可以作为未来努力的起点，它们对于国际投资协定的谈判者们而言是可贵的经验，但并不是说所有这些都是真正成熟的范本，或都是经过广泛、正式咨

[①] 该方法的一种变形（这种变形反映了既是东道国又是母国的国家数量的增长）是多准备一个额外的范本，而非只有一个范本：其中一个反映资本输出国的利益，而另外一个反映资本输入国的利益。亚非法律顾问组织（AALCO）就采用这种办法，它发布了三个版本的 BIT 范本，反映了不同形式的投资自由化和投资保护。

商后的最终成果。①

当然，由于需要搜集数量巨大的各类型的协定，召集所有相关主体进行一系列重要谈判，并掌握大量的数据，起草这一范本将花费大量的时间。

另一方面，国际投资协定范本起草过程中同样会遇到前面提到的各项议题，同样会碰到保守主义、可信度、参与性、资源等困难的挑战。

四、建立特别机制以完善国际投资体制

完善国际投资法和投资政策有很多具体的方法和选择，从而保证所有利害关系方都能受益于此。实际上，政府是否受到其所承担国际义务的约束是考察国际投资制度正当性的重要因素，必须保证他们采取的政策措施透明，并且对所有的当事方都能彰显公平。例如，不断滋生的针对国际直接投资的保护主义倾向，包括就不同类别的投资者适用不同规则，便利争端解决程序的运用等都亟须给予关注。

（一）监督国际直接投资领域出现的保护主义倾向

国际投资者有可能会由于东道国国内监管措施的变革而不再青睐这些国家，例如鼓励措施被废除。一些国家，包括发达国家国内针对外国直接投资的监管制度或措施，具有保护主义的考虑或实际上产生保护的效果，它们有时候采用公然的方式，有时候则是 UNCTAD 所说的②隐蔽的方式。③ 例如，新

---

① 并不是说在这些问题上没有进行过磋商。例如，UNCTAD 向大批专家咨商并邀请利害关系人对其取得的成果发表评论。秘书处在伦敦和其他地区也进行了一系列咨商。

② 在过去的二十多年间，UNCTAD 监测到投资领域政策的变化，包括歧视性待遇的变化，明确警告存在"一些国家采用保护主义投资措施的风险显著增加"。

③ Karl P. Sauvant 曾经提醒注意国际直接投资中的保护主义倾向，他指出直接投资中保护主义的两种主要情况：首先，就国际直接投资流入而言，当公共机构采取新的措施阻止或妨碍国外直接投资者进行投资，或使投资能在本国存续；其次，就国际直接投资流出而言，当相关措施"旨在要求本国公司把财产或企业的运营保留在本国或不鼓励新的对外投资"。See Karl P. Sauvant, FDI Protectionism is on the Rise, Policy Research Working Paper, No. 5052, World Bank, 2009, p. 7.

兴市场的投资者经常受到此类措施的影响，例如通过国内筛选机制，阻碍这些经济体融入世界经济，而非在国际投资领域对其采取鼓励性的措施。

类似的，针对不同类别的投资者，国际上也存在完全迥异的规则，在一些国家，国有实体似乎被界定为特殊的投资者。例如，从一些国家的立法可以推定，国有企业的兼并或收购遵循特殊的程序，如在通过或拒绝通过前给予通知，并采取调查程序。① 这些措施还出现或反映在国际投资协定中，例如，豁免适用国内筛查等机制，或甚至采用独立的监管体系，例如，针对国家主权基金的措施，使整个投资法律体系碎片化或潜在地破坏公平待遇。实践中，《主权财富基金的圣地亚哥规则》虽然是自愿遵守的规则，却是在这个方向走出的一步。② 如果对投资者的类别进行划分并适用不同的规则成为主流趋势，其他类型的投资者，如对冲基金、私募股权基金③也同样会成为目标，因为他们的投资不具有长期的特质。

在对"竞争中立"的讨论中，我们同样能够观察到区分不同类别投资者的现象。有关"竞争中立"的讨论认为，国家控制的实体，特别是国有企业，由于其本质以及其他原因，在对外投资时较之他们的私人对手具有优势，因此需要特殊的规则促进公平竞争。这种优势包括金融和财政手段、信息的取得，以及进行对外投资时的保障。④

OECD和《跨太平洋伙伴关系协议》（TPP）的谈判都曾讨论过这些议题，并详细列举了区分不同类别投资者所带来的影响。⑤ 它们提供讨论的模式之一

---

① 例如，美国2007年《外国投资与国家安全法》（FINSA）。其他国家，包括澳大利亚、加拿大和德国也存在类似审查机制。

② 主权财富基金国际工作组：《主权财富基金的圣地亚哥规则：普遍接受的原则与做法》（以下简称圣地亚哥规则），（IWG, 2008）。

③ 欧盟在2010年颁布了《对冲基金和私募股权的特殊规则》力图在授权和监督等方面制订一般的要求，保证金融市场更加稳定。

④ 有观点认为，较之私人投资者，政府更能接受较低的资本回报，而且国有企业通常享受更有利的贷款条件。

⑤ 美国国务院和其他TPP的谈判方曾经非正式地讨论过国有企业行为准则的问题；美国曾经建议在TPP的框架内规定具有约束力的国际行为准则。

是充分利用该领域目前已取得的进展,例如将《圣地亚哥规则》纳入更为正式的协定中。① 但是,这一模式本身也有其利弊所在——成员方必须认可这些规则代表了国内诉求希望的标准。② 更为重要的是,那些有利条件将不仅适用于国家控制的实体,同时还延伸到私人对外投资者。最关键的问题是,保护主义和对不同类别投资者的划分的判断标准更多是从形式而非实质——不仅仅是国家控制的实体接受来源于政府的支持,同时还包括其他对外投资的企业。因此,如果目标是要在对外投资领域保证公平竞争,那么,磋商和讨论的基础就应该建立在所有类型投资者对外投资时取得的优惠,而不是通过所有权的特性加以限定。

由于国际直接投资保护主义可能性的攀升,以及不同类型投资者适用不同规则这一现象的发展,实践中非常有必要针对投资保护主义建立观察组,分析国内投资法、投资监管及政策,以期发现是否存在保护主义的潜在可能并定期发布成果。该观察组可以部分借鉴 WTO 贸易政策审查机制的模式,集中召开一系列会议,以期为政府和利害关系方提供经验交流的平台,探讨如何采取令人满意的方式既满足国内的政策目标,例如保护国家安全、公共健康和环境、促进发展、维护公共秩序,且不会不适当地限制投资在不同国家间的流动。由此,工作组能够提供客观的、非政府角度的报告,从而评估和分析政府在某一时段所采取的限制直接投资措施的增加,是否是为了应对恐怖主义、全球性经济危机或新兴国家投资者(包括国家控制实体)的出现对

---

① 安娜·吉尔佩恩(Anna Gelpern)指出,虽然没有明确指明《圣地亚哥规则》,但美国国会的一些成员还是建议,美国外资投资委员会应对需要审查的事项提供指南,从架构上对主权财富基金施加压力,要求其遵守最佳实践。Press Release, House Financial Services Committee, Frank, Maloney, Gutierrez Call on Treasury to Address Sovereign Wealth Funds in FINSA Regulations, March 13, 2008, discussed in Anna Gelpern, Hard, Soft, and Embedded: Implementing Principles on Promoting Responsible Sovereign Lending and Borrowing, UNCTAD, 2012, p. 30, n. 109.

② 正如吉尔佩恩指出的,最初制订《圣地亚哥规则》时并无意于使之具有约束力,因为它缺乏影响力——因为"主权财富基金(SWF)发起人并不需要官方资助,并不存在限制条件来改变 SWF 个体的行为"。然而,正式确立该指导准则有可能事倍功半——它"会削弱准则在母国的合法性,破坏新旧势力和机构间的合作"。

国家安全或经济良好运行实际或可能的威胁。但是，它能产生的效果主要取决于研究和报告的可靠性①以及其点名批评的能力。②

针对直接投资保护主义成立的观察组应具备独立的研究和报告体系，完全致力于国际投资监管的发展，或者作为国际贸易预警③的延伸。在目前，国际贸易预警主要集中研究贸易，但一定程度上也涉及投资措施。④ 进行相关活动所需要的资源可能来源于公共机构（包括国内和跨国性的公共组织），而另一方面，私营部门由于深受这些研究发展的影响，因此也会乐于提供资助。

（二）争端解决机制的便利化

国际投资制度的正当性在很大程度上不仅取决于能否反映所有利害关系方的需求和利益，还在于保证所有受到该体系影响的当事方都能受益于此。为此，问题的关键就在于，无论是受到损害作出申诉还是作为被申诉方应诉，各当事方应有平等的机会利用争端解决机制。在实践中，如果不能做到这点，而仅仅是那些相对大型的企业和富裕的国家能实际上有效地利用争端解决机制，那么国际投资体系的正当性就沦为空谈。⑤ 这也是成立 WTO 法咨询中心

---

① 这些报告还可提交到政府间国际组织的投资委员会。

② 在国际贸易框架下，有关如何避免国际直接投资的保护主义倾向的建议，参见 Gary Hufbauer and Jeffrey Schott, Payoff from the World Trade Agenda 2013, Person Institute for International Economics, 2013, pp. 50 – 51.

③ 国际贸易预警（GTA）是就政府措施提供信息的报告服务，关注有可能对外国商业产生潜在损害的政策。它的监控包括投资措施，例如对外国人所有的土地、税收课征、上市规则、国际支付以及设立上的限制。GTA 的运作由在立足于伦敦的智囊团和经济政策研究中心负责，全球各地许多不同的研究机构为其提供相关分析。世界银行集团、英国政府贸易政策部门、管理创新国际研究中心（一个加拿大的智囊团）、美国的德国马歇尔基金会和国际发展研究中心（加拿大皇家公司旗下）为其提供资助。

④ 虽然 OECD 的投资自由化圆桌会议程序（包括 OECD 成员和一些观察员），以及 G20 集团对 WTO、OECD 和 UNCTAD 有关贸易和投资措施都涉及这一领域，但它们的努力都受到本质是政府间组织的限制。

⑤ 存在的问题还包括其他主体的准入，如提交法庭之友意见陈述。与此相关的还包括反诉。

的考量之一。但实际上,除了此前所提到的问题,当前争端解决机制的架构势必导致相对贫穷的国家和中小型企业在利用争端解决机制时会遇到障碍。现实中仲裁费用居高不下,特别是对于所在地区未建立仲裁中心或者没有合格的仲裁员和从业者的当事人更是如此。正如前国际法院院长桂劳姆(Guillaume)所言:"利用国际裁判机制不应受到资金不足的影响。"① 此外,由于受到国际投资影响的利害关系方不断增加,更应该为这些利害关系方提供发言和提出诉求的机会。

诚然,解决这些问题可以有各种不同的选择,包括成立国际投资法的咨询中心,设立微小案件裁判庭,采用第三方融资的模式以及构建更宽泛的利害关系方诉求机制。

1. 成立国际投资法咨询中心

为了保证相对贫穷的国家以及利用争端解决机制较少的国家②能够有效应对针对他们的申诉,应成立独立的国际投资法咨询中心。成立国际投资法咨询中心的目的在于,为成员方应对投资者诉求提供法律或行政上的帮助③,包括争端解决前的建议,例如投资者诉求的理由十分充分,咨询中心可能建议被诉国家与投资者和解。它同时还会鼓励当事方选择其他争端解决方式,如调停或调解,帮助各国建立争端预防和冲突管理机制。国际投资法咨询中心更长远的计划还包括帮助发展中国家参与到国际投资协定和国家契约的谈判中,增强国内解决争端的能力,以及这些方面的培训。④ 在模式选择上,咨询

---

① 前国际法院院长桂劳姆法官在 2001 年 10 月 30 日纽约举行的联合国大会上的演讲(号召联合国各成员国向 1989 年建立的信托基金捐款,以帮助发展中国家更好地利用国际法院的争端解决机制)。皮特·H. F. 贝克(Pieter H. F. Bekker)在 2010 年 3 月 19 日纽约举行的哥伦比亚维利可持续发展中心"有关国际投资仲裁中国家和国家控制实体作为原告问题的圆桌会议"上引用了该讲话。

② 这类国家对于建立强有力的应诉团队没有特别的兴趣。

③ 该咨询中心也可应用于反诉和涉及合同的情况。

④ 即使不借助于咨询中心,特别是在有关投资争端解决以及国际投资协定技术援助和谈判的问题上,对发展中国家代表的技术援助(如特定的培训),都十分重要并需要更多的关注。

中心可以采用日内瓦 WTO 法咨询中心的模式①，但同时应注意到两者之间的差异，WTO 国家间争端解决主要建立在多边规则的基础上，而投资者—国家间争端解决则立足于大量双边和区域性条约。

贸易领域在这方面的进展之一是地区性的太平洋岛屿论坛国家贸易顾问办公室。② 此外，拉丁美洲国家正在讨论建立国际投资法和投资者—国家间争端解决的咨询机构。③ 但是，国家间成立类似组织的谈判，以及如何解决财政问题并达成可行的计划，至今都没有实质性的成果。直到最近，UNASUR 和一家新的地区性仲裁中心④发起建立咨询中心的动议。2012 年 10 月 10 日至 11 日，由秘鲁作为主席国的工作组在亚松森的圆桌会议上提出若干建议。⑤ 该咨询中心将"就投资争端解决提供法律指导、技术援助、调查、专门研究和法律陈述"。

---

① WTO 咨询中心是一个独立的、提供法律援助的政府间组织。该中心根据《成立 WTO 法咨询中心协定》于 2001 年成立。该中心独立于 WTO，为发展中国家和经济转型国家或任何由联合国认定的最不发达国家提供法律服务和法律援助。它所提供的帮助包括争议发生前的建议和政府在争端解决程序中的陈述。该服务通常情况下是免费的，或者按照所提供建议的类型、该国经济发展程度及其是否为咨询中心成员给予折价。该中心另一个暂时项目是培训贸易律师，从而提高发展中国家官员的能力。进一步的信息，参见 The Advisory Centre website, http://www.acwl.ch.

② 太平洋群岛区域成立的首席贸易顾问办公室（OCTA）是为太平洋岛屿论坛国家提供独立的建议，并为谈判《太平洋群岛与澳大利亚和新西兰更紧密经贸关系协议》（其中有可能包括投资一章）提供支持。澳大利亚和新西兰分别为前 3 年的初期安排提供 50 万澳大利亚元和 65 万新西兰元。然而，在之后的谈判中，澳大利亚试图将这些资金限制在谈判《太平洋更紧密关系协定》（PACER Plus）的资助上。See http://www.octapic.org. 此外，该机构似乎不涉及投资争端解决的事项。

③ 在拉丁美洲，投资者—国家间争端的增加十分显著。阿根廷和委内瑞拉争端数量大量增加是造成这一局面的原因之一，但其他许多国家也纷纷成为被诉方，包括中美洲的国家。为了回应该地区一些国家的请求，UNCTAD、美洲内部发展银行、美洲国家组织，哥伦比亚大学内设立的哥伦比亚维利可持续发展中心和建立在哥斯达黎加的中美洲研究中心从 2007 年开始致力于建立针对投资者—国家间争端解决的地区性咨询机构。在该项目框架下迄今组织了一系列的会议和研讨会，并对其进行了深入的可行性研究。See UNCTAD, Consultation Report on the Feasibility of an Advisory Facility on International Investment Law and Investor-State Disputes for Latin American Countries, UNCTAD, February 2, 2009. 参与的国家基本上同意成立咨询机构的可行性。

④ 可作为 ICSID 的替代。

⑤ 据报道，厄瓜多尔负责公共投资的副部长预见仲裁机构会在 2013 年晚些时候投入运营。参见 Wall Street Journal, April 16, 2013.

正如 WTO 咨询中心的实践表明，即使只有少数国家致力于成立咨询中心或者多个地区性的咨询中心，该努力仍然有可能获得成功。但前提是，利害关系方的观点至关重要，这些利害关系方包括私营的律所，他们可能认为这些机构会带来不必要的竞争，虽然与咨询机构的合作存在许多途径。同时，它还面临许多实际的问题，例如资金来源、雇员，以及如何保证咨询中心的独立性、效率和有效性。[①] 在设立咨询机构的过程中，各参与方还需要考虑发展中国家的偏好和要求，利用目前已存在的支持框架，保证建立新机构的努力能够填补发展中国家和发达国家间的分歧。尤其是地方性的咨询中心以及使用本地区方言的雇员可以专门致力于处理当地成员关心的问题。

2. 设立微小案件裁判庭

为了便于受到损害的小型企业能够得到公正的裁决，有必要参考国内法中的简易案件处理法庭，量身定做成本更低、更及时的争端解决机构及程序。它可以采用迅速完成或者称之为"快车道"的仲裁方式，并且和地区性的机构合作。同时，它还应包含替代性争端解决机制，如调停、争端管理机制，如前所述秘鲁采用的机制，从而为当事方提供有益的帮助。它的优势还在于，可以专门为中小型企业构建独立的机制，中小型企业在面对不公正待遇时，很难利用现有的手段消除政治影响或取得财务支持，因此，这正是它们目前所急需的。另一方面，也有观点认为小型争讼处理机制有可能分流地方法院的案件，削弱地方法院判案能力的发展。此外，这样的机构还可能导致争讼的增长，并对地方法院的优势造成影响，因此各国政府可能没有兴趣成立相应的机构。

---

① 可以学习资助发展中国家运用国际法院和国际海洋法法庭（ITLOS）的经验。例如，Cesare P. R. Romano 注意到国际法院的信托基金很少被使用。部分原因在于，对于发展中国家而言，程序过于复杂，且捐赠者捐助的能力也有限。更重要的是，该基金不用于一个国家单方提出的争端。与之相反，使用 ITLOS 自愿捐款的程序比较不严格。See the discussion in Cesare P. R. Romano, International Courts and Tribunals: Price, Financing and Output, in Stefan Voigt, Max Albert and Dieter Schmidtchen (eds.), International Conflict Resolution, Mohr Siebeck, 2006, pp. 198 – 199. 任何面向国家提供的财政或技术援助都需要保证申请程序简单直接，申请条件不会削弱它的有效性或者间接地对特定国家造成歧视，并提前保证这项服务的资金充裕。

3. 采用第三方融资的模式

当大型公司面临争讼时，如果考虑到机会成本①，他们可能不愿意利用国际仲裁。② 而第三方融资的出现为该处境下的企业提供了新的机会。同时，和国内法院出现的情况类似，对第三方融资的看法同样存在分歧。由于第三方融资人在仲裁程序中对实质性事项没有直接的利益，牟利的动机会导致他们不关心事实的真相，而通过和解的方式来解决纠纷、降低风险、维持良好关系等。也有人认为，第三方融资能够潜在地促进公平，更好地管理风险，并通过更专业的意见，评估争讼的前景及处理争讼。他们强调，第三方融资已经得到许多国家的广泛认可，并通过立法或其他规章制度来降低其不利影响。例如，有些争端解决机构要求向专家组和争端相对方披露所有第三方融资的安排。它可以协助评估采用第三方融资对争端解决可能带来的潜在影响。但是，由于仲裁员通常没有权力对第三方发布命令，要规制第三方融资人在国际投资争讼中的行为还需要各国的协助，并建立多边合作的框架。③ 目前，第

---

① 埃里克·德·布拉班迪尔（Eric De Brabandere）和莱莉亚·拉贝尔泰克（Julia Lepeltak）曾就此作出评论：即使比较大型的跨国公司（MNEs）有能力诉诸投资者—国家争端解决机制，他们"可能不愿意将其自身的资源用于资助冗长且成本高昂的程序，他们更愿意在正常的商业运营中发掘新的投资机会"，"赢得仲裁裁决的不确定性，可能会促使它将风险转移给第三方"。Eric De Brabandere and Julia Lepeltak, "Third-Party Funding in International Investment Arbitration", 27（2）ICSID Review 379 (2012), p. 379.

② 第三方出资一般不适用于小型企业，因为这些企业的诉讼标的通常较小，因此，从财务计算的角度，第三方出资者并不愿意资助小型企业。

③ 第三方资助者也可以采取该行动，或间接通过争端解决条款中程序性或实质性的要求。投资者—国家争端解决条款同样要求仲裁庭知悉资助协议的核心条款，并由仲裁员决定在裁决时是否予以考虑。这里应该注意到在仲裁中未披露资助者的参与将违反程序上的善意，而善意原则被潜在地认为是仲裁协议的组成部分。但仲裁庭通常不会作出出格的决定，且很难辨认或区分需要披露的第三方资助的类型。在很多情况下，如果存在第三方资助协议，那么则需要考虑协议中的规定。建议"在决定费用的分担上，仲裁机构应介入并讨论第三方出资的影响和权力"是十分必要的。但是在RSM Production v. Grenada（ICSIDCaseNo. ARB/05/14, para. 68）案中，专门委员会2009年3月13日的裁决以及Ioannis Kardassopoulos and Ron Fuchs v. Georgia（ICSID Case Nos. ARB/05/18 and ARB/07/15, para. 691）案仲裁庭2010年3月3日的裁决中，仲裁员认为现存的规则没有要求在决定仲裁费用的分配上考虑第三方出资协议。

三方融资的现状十分复杂,这就要求国际上所有感兴趣的利害关系方组成工作组,评估第三方融资的主要风险,并且对这些风险作出一致的反馈。例如,通过双边投资协定范本中的标准条款、行为准则或国内监管第三方融资人的指南。

4. 构建更宽泛的利害关系方诉求机制

为了保证任何受国际投资实践影响的利害关系方都能够参与并表达诉求,应考虑建立新的诉求机制。世行内部的监察小组、《北美自由贸易协定》(NAFTA)框架下《北美环境与合作协定》中的公众提呈程序及OECD《跨国企业指南》中的申诉制度都是这方面的典范。[①] 这些机制通常和一系列的政策相联系,并要求跨国组织、国家或跨国企业承担义务或遵守相应的准则。例如,世行监察小组通过具体的政策和程序,保证世行资助的项目避免或减少对社会和环境造成损害。NAFTA 的公众提呈程序则允许非政府组织递呈请求,指证 NAFTA 成员方不能有效实施环境法。而 OECD 的申诉程序主要针对由政府成立的与国家相关的商业运作,允许公众对不符合 OECD《跨国企业指南》的行为提交申请,要求调查或者提出控诉。据此,由于建立申诉机制有利于保证国际投资实践中更大范围利害关系方的参与及表达诉求,因此应明确相关概念、程序和机制构建等问题。

总而言之,无论是上述的任何一种方法,其目的都在于当国家制定监管措施时,应保证信息的透明度以及信息能够被公平获取,并保证存在诉诸司法的可能,从而保护国际投资参与方的权益,而这正是判断监管机制正当性的重要标准。就国际投资制度的未来发展而言,需要重点考虑的问题之一是保证所有利害关系方从国际投资体制中获益。

---

① See Peter Lallas International Investment Activities: Giving Affected People a Greater Voice and Rights of Recourse, in Junji Nakagawa (ed.), *Transparency in International Trade and Investment Dispute Settlement*, Routledge, 2013, at pp. 159 et seq.

五、倡导政府间促进国际投资制度发展的进程

在国际投资领域，政府间国际投资协定谈判主要在双边和区域层面进行。政府谈判方能够影响国际投资协定的实质性和程序性内容，并通过这种方式塑造该制度的特征。例如，他们在谈判新的协定时，可能考虑国际投资领域新的发展趋势，例如，通过澄清具体概念的方式，他们可以签订确认书或发表阐释性声明，他们还可以重新谈判国际投资协定，而非延长现存协定的有效期。① 所有这些都应被视为在政府间将投资关系带进法治框架的进程。

但现实中，谈判者仍然面临许多挑战：决策者并未充分关注国际投资，所以政府间双边或区域协定不能代表全球的发展趋势。当前发生的某些变化如争端数量特别是费用高昂的争端数量的增加，前述对目前国际投资协定缺陷的批评，将影响到国际投资框架，而本文前述的一些解决方法如国际听证程序也能达到的效果。由于一些现实的原因，国际投资议题十分复杂。与跨国投资者的实际运作相比，针对国际投资监管，一些国家间或跨领域的议题存在过度监管或监管不足。② 由于法律渊源的多样性，虽然很多有约束力的国际投资协定呈现出显著的相似性，但彼此间仍然存在重大区别。这些议题的本质都具有国际性，其复杂程度会削弱该体系的核心目标——每个国家作为个体，一方面在国内构建和保持信息的透明度，以及跨国投资者对长期国际投资决策的可预见性，另一方面又需要实现国内公

---

① 例如，UNCTAD 在授权下，秘密地对各国的国际投资协定进行审查，以考察这些协定不一致、存在差异的、重叠的地方，并提供建议。建立在其投资框架上，往下可能进行的工作包括帮助起草范本条款，促进协定范本的现代化和协助各国解决制定新的多边投资条约及其执行所遇到的问题。这些与国际投资协定相关的审查还包括促进避免争端的政策和采取争端解决替代方案。

② 近来，从跨国企业税收课征的争论中，可以反映出该议题的显著性。See, e.g., George Osborne, Pierre Moscovici and Wolfgang Schauble (respectively Ministers of Finance of the United Kingdom, France and Germany), We Are Determined that Multinationals Will Not Avoid Tax, Letter to the Editor, Financial Times, February 16, 2013.

共政策目标。这一现象含蓄地预示了，全球性的现象呼吁全球性的解决办法。

那么，如果答案是肯定的，则有必要寻求多边和诸边层面的解决办法。但这显然不是一项轻松的任务，因为目前的国际投资框架主要还是建立在各国自身的推动上，因此，除非国际投资制度自身能够部分或全部地解决这些潜在威胁，否则存在难以克服的困难并不奇怪。

最终，当然还要由各国政府自行决定是否参与国际投资的多边或诸边谈判，以及在哪里及如何进行。

（一）多边层面：在 WTO 组织非正式的大使级会议

从历史进程中可以看出，无论在任何历史阶段，多边投资框架的谈判都是一项极具挑战性的工作：所有曾经的努力都没有取得任何成果。本文在这里谨慎地使用"框架"这个概念，原因在于国际投资协定的前景仍然是不确定的，它有可能只包括用于推动进一步谈判所需的最低限度的权利和义务的分配，或者是囊括国际投资各议题的条约。① 另一方面，WTO 的多哈回合谈判在多边经济政策的制定上处于主导地位。② 除非本轮谈判结束，由于国际投资议题饱受争议，各成员方追求的目标不同，不太可能在本回合进行其他努力。但是，各国仍需要建立多边框架，为所有国家特别是小国提供比双边或区域性更有利的安排。他们会希望目标更为明确，其原因在于协定的目标将会决定双边投资协定的实质性内容。最后，过往实践表明，任何多边谈判都需要建立在透明和协商的基础上。但就目前而言，WTO 并无兴趣涉猎投资的

---

① 例如《联合国气候变化框架公约》（UNFCCC）（Nairobi and Geneva: UNEP/WMO Information Unit on Climate Change, 1992）。

② 除此之外，主要国家早已率先进行主要区域性和诸边贸易条约（包含投资一章）的谈判（特别是《跨太平洋伙伴关系协议》《跨大西洋贸易与投资伙伴关系协议》和《国际服务协议》），以及主要的双边投资协定。

所有议题。① 此外，如果在多边的层面推动，但最后却没有进行下去，反而会对以后类似的努力造成负面影响。

另一方面，WTO 的新议程中出现了一些非正式的讨论，可以确定在某些小组讨论已经涉及投资的内容。② 在本文的概述中曾经提到目前国际投资环境的变化，这种变化也影响到各国对多边投资框架的看法，包括新兴市场对外投资者的增加，传统的母国圈定投资保护的范围，采用扩大解释以潜在地限制监管权，对国际投资在可持续发展问题上的期望不断变化。他们有可能在 WTO 非正式的代表会议中讨论和国际投资规则相关的议题，了解不同成员方的意图，促使未来的谈判能够将这些议题放在更合适的位置上。

届时，产生的问题是国家就投资问题非正式地交换意见或进行谈判的场所的选择。主要的政府间国际组织有 WTO、UNCTAD 和 OECD，它们都有可能成为谈判的场所，同时具有各自的优缺点。

---

① 本文作者在 2013 年 1 月所作采访得出的结论，它同时回应了 UNCTAD 几年前的评估。UNCTAD 断定："目前所面临的挑战主要归因于国际投资协定中普遍存在的体系内在缺陷。如果将其继续细化，获得实质上更高水平的统一、透明度和对其合理的发展性关注的认同的前景渺茫。它还存在这样一种风险，该体系终归退化到不同国家各种规则组成的不透明的大杂烩，特别是能力受限的发展中国家在国际投资体系中的存在会越来越困难。只有国际投资协定体系本身的完善才能有效解决这一缺陷。因此，国际投资框架的最终形成仍然是重要目标，虽然这一领域在可预见的未来还很难看到实质性的进步。" UNCTAD, International Investment Rule-Making: Stocktaking, Challenges and the Way Forward, 2008, pp. 4 - 5；2012 年，UNCTAD 又重申了该判断："目前，各国都不愿协商达成有约束力的多边投资框架。" See UNCTAD, WIR 2012: Towards a New Generation of Investment Policies, 2012, p. 6.

② 本文作者在 2013 年 1 月所作采访（文本请向作者咨询）。2013 年 4 月，加利·霍夫鲍尔（Gary Hufbauer）和杰弗里·斯科特（Jeffrey Schott）在向国际商会（ICC）研究基金会提交的报告中指出："WTO 应为多边投资框架的达成做好准备。" see Gary Hufbauer and Jeffrey Schott, Payoff from the World Trade Agenda 2013, Person Institute for International Economics, 2013, p. 50. 同样在 2013 年 4 月，ICC 在多哈发布的 2013 年贸易峰会议程中也表明其"工作的优先关注点"。该议程包含五项优先关注点，其中一项直指 WTO 多哈回合谈判并建议："鼓励在国际投资领域建立高标准的多边框架，从而支撑经济增长和发展，同时，保留目前国际协议所提供的保护水平。"类似地，在全球经济论坛暨贸易和直接投资议程委员会 2013 年 6 月的报告中，正如其标题所显示的，号召在投资领域形成多边协议。虽然并非所有 ICC 成员国会同等支持这一倡议，该声明仍然暗示了国际商业社会的关注，国际商业社会作为重要的利害关系方，支持在投资领域形成多边框架。

假定预想的目标是取得具有法律约束力和可执行的多边文件，WTO 将会是最合适的谈判场所之一。因为 WTO 有能力组织多边谈判，同时又足以保证条约义务的履行。虽然多哈回合谈判面临相当多的困难，但这些困难更多源于议程的特性和如何安排，而非该组织谈判的能力。此外，就规则的执行力而言，WTO 的记录良好。① WTO《关于争端解决规则与程序的谅解》中交叉报复的可能性，足以威慑不履行条约义务的一方。当然，可能只有一部分成员方会关注这种可能性，特别是那些准备进入新市场的成员方，例如，发达国家通过投资进入新兴市场时被施加相应的条件。与此同时，这并不是 WTO 首次涉及与投资有关议题的范例。WTO《与贸易有关的投资措施协定》(《TRIMs 协定》) 主要处理贸易中与投资相关的具体问题，更重要的是，《服务贸易总协定》(GATS) 也包含和国际投资相关的法律义务，例如通过商业存在的方式提供服务（第 3 种方式）。② 此外，虽然 2003 年坎昆会议决定在多哈回合谈判中暂停贸易和投资关系的讨论③，WTO 早期关于投资的谈判仍然能够提供有用的信息基础，并成为审视何为正确进展方向的起点，成员方可借此将投资议题的谈判继续下去。④ 同时，我们还要注意到，WTO 的成员方不断扩张，虽然并未囊括所有国家或地区，但由于连同区域政治的影响，所以增加了 WTO 谈判的复杂性。无论如何，除非多哈回合谈判以某种形式结束，如前所述，它不太可能增加新的议题。而且，将投资者—国家间争端解决程序引入 WTO，对于该组织框架显然是个挑战，因为 WTO 争端解决机制建立在国家间的基础上。进一步会碰到的难题则是区分非正式的"初步讨论"和实际进行的谈判：如果对话是从 WTO 开始，它会被理解为谈判的第一步，并照此开始自由的讨论。

UNCTAD 作为联合国的组成部分，是处理和投资及发展包括国际投资协

---

① 《TRIPS 协定》在多边贸易框架下进行谈判的主要原因之一是 WTO 引导成员方履行国际条约义务的有效性。
② 需要注意的是，国际直接投资近三分之二的流入流出都在服务部门。
③ WTO, Decision Adopted by the General Council on August 1, WT/L/579, August 2, 2004.
④ 严格说来，虽然 WTO 贸易与投资工作组进入了休眠期，它仍然可以由成员方决定重新启动。

定相关所有事项的机构。它得益于政府间通过世界投资论坛和投资委员会建立的达成共识的程序。在过去的四十年中，它的投资部门拥有大量的研究资料和专家，研究范围涉及所有的投资议题。它提供全面的技术援助和能力提升项目[①]，拥有由不断壮大的利害关系方队伍组成的大型网络，这是多边共识构建不可缺少的组成部分，更重要的是，无论对发展中国家还是发达国家而言，它在国际投资共同体中累积了长期的信誉。此外，即使不提多边谈判，UNCTAD 近年来发起了可持续发展投资政策框架，该框架致力于为国内、双边和区域性投资政策的制定提供指南，并成为多边谈判达成共识的基础。虽然，仍有些发达国家对于在联合国讨论投资议题心存怀疑，但这并不意味着不能在 UNCTAD 进行初始的讨论、建立共识和开始初期的谈判。如前所述，它在这些方面仍然具有特殊的核心竞争力。

无论是在整个国际投资领域、还是仅就投资协议而言，OECD 都起到了重要的作用。1967 年 OECD 颁布的《保护外国财产公约草案》即被视为第一代 BIT 的模板。在 20 世纪 80 年代末 90 年代初，OECD 主持了《多边投资协议》（MAI）谈判，虽然最终没有达成具有约束力的协议，它还是为背景不断变化下的投资规则制订提供了大量的信息。自此之后，OECD 的投资委员会，以及近期成立的投资自由化圆桌会议，就投资规则的各方面做了大量工作，包括争端解决条款、最惠国待遇、国家安全、公平公正待遇和间接征收等。OECD 还在矿业供应链企业的尽职调查和负责任商业行为等问题上提供了综合性的指引，包括通过国家联络处构建的创新性的争端解决机制。OECD 成员国的数量不断增加，支持其投资文件的非成员国的数量也不断增长，而它的投资自由化圆桌会议还吸引了巴西、中国、俄罗斯、南非等非成员国的参与。由于 OECD 的成员国不具有普遍性，且在一些地区被认为主要是发达经济体利益的代表，因此有可能出现质疑的声音——OECD 是否有资格独立组织谈判。

对此，还有一种选择是由政府间组织共同主导，但它通常不被认为是有

---

① 共同构成规则制定和执行机制的重要组成部分。

效的方式。① 能参与共同主导谈判的政府间组织不仅包括上述三个组织的代表②，还包括区域性处理国际投资事务的组织，如东南亚国家联盟（ASEAN）③、南方共同市场（MERCOSUR）④和南部非洲发展共同体（SADC）。⑤ 我们假定，参与的这些国际组织都获得各自管理机构的授权并支持该项活动，虽然非正式的安排也是可能的。这些组织可以共同提供合适的讨论投资问题的场所，保证所有国家和利害关系方普遍的、包容性强的、透明的参与，从而确保其正当性并立足于发展问题。

（二）诸边层面：开启开放、独立的政府间进程

缺乏强制性的多边讨论或谈判的论坛并不会排除另一种选择，由一个、两个或一组感兴趣的国家，最好同时包含发达国家和发展中国家，发起开放、独立的政府间的沟通⑥，并采取更有利和可行的诸边模式，最后也可能演变为多边模式。除了新成立的特设机构，八国集团和二十国集团可成为谈判的潜

---

① 需要注意的是 UNCTAD、WTO 和 OECD 秘书处共同合作准备提交给二十国集团的投资政策报告。

② 在国际投资问题上显然还有 ICSID。

③ 2009 年 2 月 26 日泰国佩布里府达成的 ASEAN《综合性投资协议》。

④ 《南方共同市场促进和相互保护投资协议草案》（1994 年 1 月 17 日）（MERCOSUR/CMC/DEC No11/93）。

⑤ SADC《金融和投资协议草案》（2006 年 8 月 18 日）。

⑥ 这一方法并不新鲜。例如，1996 年一些后来被认为是核心国组成的国家集团（一开始包括奥地利、比利时、加拿大、爱尔兰、菲律宾、墨西哥、荷兰、挪威、南非和瑞士，此后巴西、哥伦比亚、法国、马来西亚、新西兰、葡萄牙、斯洛文尼亚、英国和津巴布韦也纷纷加入），对日内瓦裁军会议不满，率先独立于裁军会议之外，谈判禁雷条约，同时他们还认购了相关预算。后来，许多国家的政府加入，最终超过 100 名代表于 1997 年的典礼上签订了《渥太华条约》（1997 年 12 月 3 日签署、1999 年 3 月 1 日通过的《关于禁止使用、储存、生产和转让杀伤人员地雷及销毁此种武器的公约》），但一些主要国家，如中国、埃及、俄罗斯和美国并未签署该公约。类似地，虽然联合国大会 1990 年成立《气候变化框架公约》政府间谈判委员会，并在 1992 年 5 月通过该公约，主持谈判的机构是一个独立的临时秘书处，并非隶属于联合国。谈判之所以能够迅速达成的原因在于政府间气候变化工作组早期进行的准备工作。同时，我们还应注意到正如该框架公约的名称所暗示，它只是一个框架，更具体的承诺（如排放限制）还需要后续的努力。在日内瓦讨论的国际服务协议同样包含独立于 WTO 的程序，有关成员方谈判达成有条件的诸边协议，以供其他成员方在未来加入。

在发起人，或鼓励其本身启动相关程序。八国集团的劣势在于创始成员国不包括发展中国家，不太可能得到发展中国家的支持。① 与之相反，二十国集团则包含了一系列不同类型的主要国家②，在 2010 年到 2011 年间代表了全球 70% 的直接投资流入和 80% 的直接投资流出。③ 而且，二十国集团在其公报中已探讨过国际投资议题。④ 如果二十国集团希望启动这项议题，它只需要开启关于投资规则更有利和更可行的诸边/多边框架的探索过程。它甚至还能提供全面的政治性的指引，欧盟和美国都更关注本身投资协定的谈判。⑤ 例如，它可以确认目前国际投资制度亟须完善的问题，指出国际投资协定理应服务的目标，以及确认一些核心原则，如投资者保护的重要性、监管的权力、负

---

① 八国集团还是就投资问题通过了《海利根达姆程序》国家参与八国集团代表有关投资问题的讨论，研究投资领域的规则制订是否存在共同的基础。该论坛举行的最后一次会议是在 2012 年 4 月，但在本文完稿时，又在 2013 年 5 月 13 日举行了一次会议。

② 二十国集团的缺陷之一可能在于它由财长构成，而并非所有国家的财长都负责国际投资事务，该问题产生的另一部分原因还在于在多数国家，国际投资问题并未在部长级层面受到重视。

③ 二十国集团的成员国包括阿根廷、巴西、中国、德国、澳大利亚、加拿大、法国、印度、印度尼西亚、意大利、日本、韩国、墨西哥、俄罗斯、沙特阿拉伯、南非、土耳其、英国、美国和欧盟，欧盟的代表是欧盟委员会主席和欧洲央行总裁。

④ 2012 年 11 月 5—6 日在墨西哥城举办的二十国集团首次贸易和投资促进高峰论坛中，与会代表"同意建立常规的交换贸易—投资促进和政策支持的平台"。在这个平台中，二十国集团的地位不仅代表国家，还代表商业社会。2012 年 12 月 12 日，俄罗斯工业和企业家联盟作为东道主，主持了第一次二十国集团投资和基础设施建设商业工作组会议，致力于联合二十国集团成员国政府和跨国企业共同投资促进经济增长和复苏。Russia G20, Moscow Hosteda Meeting of the Business 20 Working Groupon Investment and Infrastructure, December 12, 2012, athttp://www.g20.org/news/20121212/781066016.html。另参见早期二十国集团有关投资保护主义的讨论：在其多次高峰论坛中，二十国集团一贯强调"坚决抵制任何形式的保护主义"，各国也纷纷采取措施"回应有关投资和与投资相关措施的倡议"。参见 OECD 和 UNCTAD2012 年《二十国集团有关投资措施的第 8 次报告》和 UNCTAD 的《UNCTAD—OECD 有关二十国集团投资措施的联合报告》。

⑤ 二十国集团《关于国际投资的共同原则声明》列举了 7 项关于投资自由化和投资保护的原则。进一步的评论参见：European Commission, Press Release, EU and US Adopt Blueprint for Open and Stable Investment Climates, Brussels, April 10, 2012, at http://trade.ec.europa.eu/doclib/press/index.cfm?id=796; Statement of the European Union and the United States on Shared Principles for International Investment (EU–USStatement), at http://trade.ec.europa.eu/doclib/docs/2012/april/tradoc_149331.pdf.

责任商业行为的必要性和合理的争端解决机制。① 二十国集团还能够有效推动政府间合作，并为其设置进程，投资领域国际或区域性组织的工作人员都能服务于此，而其他国家也能够参与，最终实现对国际投资协定关键概念的澄清，以及与争端解决相关或国际投资制度中组织框架相关的讨论——即使最终并不能实现多边投资制度的创新。②

无论在多边或诸边层面，任何政府间谈判进程都需要建立共识程序的先行或支持，这种程序类似于《企业和人权指导原则》准备过程中采取的程序。③《企业和人权指导原则》是在联合国企业和人权秘书处特别代表约翰·鲁杰（John Ruggie）教授的领导下，在第一阶段得到认可的"保护、遵守和救济"框架的基础上，通过两个阶段最终完成的。大范围的利害关系人的参与和磋商确保了一系列健全的规则的形成，并由此获得了广泛的支持和采纳。④ 在获得联合国授权准备指导原则的过程中，特别代表及其团队在各大洲组织了47次全球性的咨商，参观了超过20个国家企业的运营并拜访了当地的利害关系方。此外，一些原则，例如为商业、企业和团体非司法申诉机制设立可执行的标准，还通过试点计划得到了"实地测试"。它的一些具体义务安排在一开始放低门槛的做法被证明大有裨益，具有多边或诸边投资制度所不具备的优点。《企业和人权指导原则》谈判过程的成功，为投资领域提供了多利害关系人参与时如何建立共识的范本。

---

① 例如，申明双方必须做到：(i) 开放和非歧视性的投资环境，(ii) 机会均等，(iii) 为投资和投资者提供强有力的保护，(iv) 公平和具有约束力的争端解决机制，(v) 坚决贯彻透明度和公众参与的规则，(vi) 负责任的商业行为，(vii) 限制需要进行公共安全审查的事项。

② 安德斯·阿斯朗德（Anders Aslund）建议："二十国集团应在2013年圣彼得堡高峰论坛上进行政治性施压，促成多边投资协议（MAI）谈判"；他认为"应在WTO框架下进行MAI谈判，形成诸边协议，而非适用于所有成员方的协议"。

③ 还可能包括前述的一些方式。

④ 一些国家（如南非、澳大利亚和美国近来就其国际投资法和政策框架的审查和回顾）提供了有用的借鉴。

（三）通过关键谈判产生国际投资规则的范本

因此，问题的关键在于政府是否愿意参与到广义的政府间谈判进程中去，特别是就投资议题进行磋商，即使这种磋商是在有限的框架和非正式的论坛中进行，且无论主要的利益团体是否支持这种尝试。也就是说，目前关注的焦点应该更加现实并探索其他选择，例如弄清楚利害关系方在投资议题上的观点和他们设想的解决办法，如通过国际性听证会的方式，制订国际投资协定范本，建立各种国际性工作组并在核心议题上达成共识，以及/或者建立具体机制完善投资制度。这里所述的行动模式都应与现在正在进行的双边和区域性投资谈判结合，并最终采取多边或诸边的途径。

未来将要作出的任何决定都应考虑到，近年来（直到 2014 年 5 月本文完稿时），一些主要国家都致力于参与双边和区域性的投资谈判。这意味着，国际投资制度一直处于不断变化中，当然谈判也为吸收变化提供了机会，而且，谈判所产生的"事实上"的范本，引起国际投资协定实体性和程序性内容不断走向统一化。[①] 特别需要提到的是 TPP 的谈判[②]；《亚洲全面经济伙伴关系

[①] 这个情况会发生在已经存在的国际投资协定重新谈判的背景下，目前，由于大量的旧协议已到终止期，这类谈判会越来越经常发生。另一方面，重新谈判还可能发生在双方决定等其他情况下（例如，2005 年，美国—乌拉圭 BIT 谈判在乌拉圭批准前又重新展开，参见 Jeswald W. Salacuse and Nicholas P. Sullivan, Do BITs Really Work? An Evaluation of Bilateral Investment Treaties and Their Grand Bargain, 46（1）*Harvard International Law Journal 67*（2005），p. 78。此外，如果双方同意，BIT 也可以提前终止，但条约的效力存续条款仍可适用。See Martin Shabu, Czechs Face Uphill Battle To Cancel US Investment Treaty, Czech Position. com, April 7, 2011, at http：//www. ceskapozice. cz/en/news/politics-policy/czechs-face-uphillbattle-cancel-us-investment-treaty? page = 0% 2C2% 2C1）。例如，澳大利亚—智利 BIT 在双方达成自由贸易协定后终止。参见《澳大利亚—智利自由贸易协定》的附件 10 - E。

[②] 参见已被批露的《TPP 草案》中的投资一章。See Citizens Trade Campaign, Newly Leaked TPP Investment Chapter Contains Special Rights for Corporations, June 13, 2012, at http：//www. citizenstrade. org/ctc/blog/2012/06/13/newly-leaked-tpp-investment-chapter-containsspecial-rights-for-corporations/. See also Julien Chaisse, The Regulation of Investment in the TPP: Towards a Defining International Agreement for the Asia-Pacific region, in N. Jansen Calamita（ed.），Current Issues in Investment Treaty Law V, British Institute of International and Comparative Law, 2013.

协议》①；加拿大和欧盟的自由贸易协定谈判（同样包括投资的内容）②；印度和日本、中国和美国③，以及有可能和欧盟④的双边投资协定谈判；欧盟和印度、日本的谈判⑤；美国倡导的《环大西洋贸易和投资伙伴关系协议》⑥；以及印度和美国的双边投资协定谈判。⑦ 尽管存在这些进展，我们仍应意识到，巴西未进行双边投资协定的谈判；南非声称"除非受到经济、政治环境的压力，未来不再签订双边投资协定"⑧；由于争端解决程序所带来的难题，印度在对该国双边投资协定范本审查结束之前，暂时中止所有谈判。⑨ 此外，欧盟根据《里

---

① 其中包括 ASEAN 国家，以及澳大利亚、中国、印度、日本、新西兰和韩国。该协定涵盖投资议题并预计在 2015 年年底达成。See UNCTAD, Investment Policy Monitor, No. 9（March 2013），p. 8.

② 2013 年初，加拿大和欧盟开始广泛性的经济和贸易协定的谈判，其中也包含投资一章。See EC Trade, Canada, at http：//ec. europa. eu/trade/creating-opportunities/bilateral-relations/countries/canada/

③ 中国和美国自 2008 年 6 月伊始，进行双边投资条约的谈判。See Karl P. Sauvant and Huiping Chen, A China-US Bilateral Investment Treaty：A Template for a Multilateral Framework for Investment, 85 Columbia FDI Perspectives（December 17, 2012）。该文对此进行了简要的评论。

④ See DG Trade, ROADMAP：EU-China Investment Relations, （2012），at http：//ec. eu-ropa. eu/governance/impact/planned_ia/docs/2012_trade_03_china_investment_agreement_en. pdf.

⑤ See EC Trade, Japan, at. http：//ec. europa. eu/trade/creating-opportunities/bilateral-relations/countries/japan/. European Commission, EU-Japan Free Trade Agreement：Commissioner De Gucht Welcomes Member States' Green Light To Start Negotiations, November 29, 2012, at http：//trade. ec. europa. eu/doclib/press/index. cfm? id = 847etal.

⑥ Memorandum, European Commission, Statement from United States President Barack Obama, European Council President Herman Van Rompuy and European Commission President José Manuel Barroso, MEMO/13/94, February 13, 2013, at http：//europa. eu/rapid/press-release_MEMO – 13 – 94_en. htm.

⑦ Anirban Bhaumik, India, US Set to Sign Bilateral Investment Treaty, Deccan Herald（New Delhi），October 1, 2012, at http：//www. deccanherald. com/content/282459/india-us-setsign-bilateral. html（该文引用了印度驻美国大使尼鲁帕玛·拉奥（Nirupama Rao）的观点，他提出，两国在推进双边协议达成时，会致力于"保证透明度、投资者的可预见性和支持两国的经济发展和增加就业岗位"）。

⑧ Speaking Notes for Minister［Robert Davies, Minister of Trade and Industry］at the Discussion of UNCTAD's Investment Policy Framework for Sustainable Development（IPFSD），Geneva, Switzerland, September 24, 2012, mimeo. , p. 5, reprinted in 69 South Bulletin（November 21, 2012），pp. 7 – 8. 该声明同时指出，内阁"应指导 BIT 的修订。南非第一代 BIT 是在 1994 年民主改革后不久签订的，其中大部分目前已经到了终止的时间，需要重新审查，最好能根据新的 BIT 范本和条约重新与对方进行谈判"。

⑨ Sujay Mehdudia, India Places All BIT Talks on Hold, Pending Review of Own Model Deal, 31（5）Inside U. S. Trade, February 1, 2013, p. 1.

斯本条约》的条款,正在考虑建立一套其特有的国际投资协定谈判的程序。①

最终,这些谈判如能取得成功,会成为未来谈判重要的里程碑。他们很可能缩小国际投资协定关键条款间的差异,例如,对重要保护标准的澄清,勾勒监管的边界,回答和可持续性国际投资相关的问题,解决争端解决程序中出现的情况。② 其结果是,在这个过程中很可能产生适合未来国际投资协定谈判的模式。此外,除非上述一部分或绝大多数谈判最终结束,主要国家可能没有兴趣开始更大范围的国家间针对投资的谈判程序,所以等待他们和主要谈判对手就核心议题谋求解决办法后再开始新的议程不失为明智之选。

结论:在国际投资领域建立共识的必要性

国际直接投资是将货物和服务带到外国市场最重要的手段,它同时还将国内生产体系和国外市场连接在一起。贸易是国际经济事务的另一种重要形式,它的治理基于连贯的多边贸易框架并由受到推崇的争端解决机制保证运行。然而,构成国际投资关系的制度框架却几乎仅以投资保护为指向,以与投资相关的问题为基础,投资标准是其核心,该制度还选择仲裁作为争端解决的方式,包含多样性的法律渊源,在机构框架上呈现出松散和碎片化的特点。

虽然,绝大多数国家都以这样或那样的方式参与国际投资法和政策制度的构建,各国政府签订超过 3000 个国际投资协定的迹象表明,他们希望能在国际投资领域形成国际性规则,但国际上仍然广泛认为目前的制度亟须完善。目前需要作出改变的地方包括优化现有框架,进行修补,并从根基上加以改

---

① 从 2009 年起,根据《里斯本条约》,投资政策的制定主要由欧盟委员会而非各成员国负责。参见 2007 年 12 月 13 日签订,2009 年 12 月 1 日生效的《里斯本条约》。《里斯本条约》(2007/C 306/01)是对创建欧洲经济共同体的《罗马条约》和建立欧盟的《马斯特里赫特条约》的修改。《里斯本条约》第 2B(1)条规定,欧盟有制定"共同商业政策"的排他性权力,第 188C 条规定直接投资政策属于"共同商业政策"。这些"共同商业政策"执行的势头越来越大。

② 例如,美国相对近期的国际投资协定包含呼吁建立上诉机制的条款(虽然在该问题上并未采取实际的行动)。例如,参见 2005 年美国—乌拉圭 BIT 第 28 条。UNCITRAL 关于透明度问题的工作也与此相关,其最后文本在 2013 年 2 月达成。

变。换句话说，在利害关系方内部，对于改变的程度、方向和实现的目标都有各种不同观点。具体而言，国际商业社会以及国际仲裁从业者并未考虑过于激进的变化，虽然越来越多的企业和从业者的观点趋向灵活且更容易被说服。另一方面，市民社会的各种组织通常更愿意从根本上改变国际投资制度，虽然对于改革的性质也有不同理解。而各国政府正在继续积极推进国际投资制度的构建并在该进程中占据主导地位。虽然一些国家考虑退出，更多的国家希望随着时间的推移，逐渐加入可能的新的要素改变国际投资制度的本质。总的来说，由于没有一个利益团体的观点被认为绝对正确，情况十分复杂，但仍然有必要在各利害关系方间建立沟通的桥梁。虽然该体系的现代化和改革是可能的，它仍然要求通过审慎的进程来协调一系列不同的利益。

条约和仲裁实践的发展可以为国际投资法和政策制度的完善带来很好的机遇。可以说，该体系所面临的一系列挑战在很多方面反映了发展中的危机——即在成长过程中出现的危机，其原因在于该体系十分年轻且进展迅速。

但是，国际投资制度还面临着基础性危机，因此，至少在一定程度上需要从范式上加以改变。

在国际投资制度走向成熟的正常过程中会遇到哪些挑战，其基础性议题如国际投资制度的目标和该体制的内容会有哪些变化并不明确。但无论如何，国际投资制度走向成熟的过程需要耗费大量的时间。

那么，在目前的情势下该做些什么？国际投资制度的进程何去何从？

首先，有必要加快国际投资制度演变的速度，并反映所有利害关系方的切身利益，最重要的是寻求强势的投资者保护和政府追求合理公共政策目标间的平衡，在国际投资制度全面现代化目标的框架下，对实体性和程序性条款加以完善。

但是，由于国际投资制度过于松散和机构体系碎片化的特点[①]，并不存在

[①] 如前所述，在国内层面也能找到这种碎片化，许多政府部门（以及其他行政部门和组织）负责国际投资的各个方面，这导致在一些情况下，一国政府内部对具体问题由哪一国际组织负责很难达成统一意见。

毫无争议的组织主导谈判，推动国际投资制度向前发展。当然，主要的国际组织，特别是 UNCTAD、OECD 和 ICSID，在国际投资领域十分活跃，即使不能进一步深化，也可以继续从事他们正在进行的有价值的工作。另一方面，政府在可预见的将来不会愿意给予任何国际组织超出目前所做工作的授权，同时，正如政府代表经常铭记在心并在国际投资论坛中提到的，开启实质性谈判最终将会招致各国政府的反对，因此在政府间论坛开始新的讨论也十分困难。如果 WTO 多哈回合谈判最终达成共识，并开始新一轮谈判，它或许会包含一些建立在 GATS 和早期已进行工作的基础之上的投资议题，但这更多是一种假设而非可能。此外，几乎所有国际投资领域重要的参与者都在进行双边或区域性投资谈判，他们只会考虑等待目前谈判取得成果后再作进一步的努力。

基于目前的状况以及联合国[①]、OECD 和 WTO 过去失败的努力，国际投资法律和政策的构建需要独立、开放的达成共识的程序，它首先应有计划地决定要开展的议题，讨论如何以及在哪里讨论这些议题，并就解决办法提出建议。为了增加可信度，主要利益集团的代表，包括国际和区域性政府间机构处理国际投资的代表都应参与，而实际上，这些机构的代表都应以各种方式，至少是非正式的方式，服务于国际投资制度谈判的进程。小型国家也有责任推动国际投资制度的谈判，事实上如果它们这么做，会得到其他主体热烈的欢迎。当然，最佳方案是由一个国家，或少数几个发达国家和新兴市场，发动一个包含大量议题、非正式但致力于构建多数利害关系方共识的程序，这个程序能够完善国际投资体系并重建各方的信心。本文认为，可以通过二十国集团发动谈判并鼓励感兴趣的国家参与。令人振奋的是，在赫尔辛基进程中，芬兰和坦桑尼亚发起的针对全球治理的磋商已经提出这一倡议。

完善国际投资制度的进程还包括各种各样的活动或鼓励其他主体参与其中。本文认为，提供选择的菜单应包含前文提到的各种方式以及在这些方式细化过程中出现的其他更可取的方式：事实调查如针对投资制度的国际听证

---

① 参见联合国 20 世纪 70 年代和 80 年代谈判达成的《跨国公司行为守则》。

程序、对国际投资法的精义诠解；商业和市民社会间的圆桌对话，达成共识工作组就实体性议题如国际投资制度的目标、可持续性的国际投资以及其他一些概念的具体内容和程序性议题如争端解决的讨论；双边投资条约范本；具体的促进投资制度发展的机制，例如针对国际直接投资中出现的保护倾向的观察组、国际投资法的咨商中心以及面向更广泛的利害关系人的求偿机制；建立多边投资框架必要性的讨论。它还可以鼓励致力于投资的国际组织间更广泛的合作。另一方面，在国际投资制度完善的过程中还能识别"容易摘到的果实"，例如，各方都普遍认为需要推动的具体议题，如协定选用、滥诉等。在相关议题研究成果的支持下，设计各种备选的解决办法并提供给各国政府作为参考。

在国际投资领域，虽然最初只是建立共识的进程，但终究有可能发展为国际投资指导小组，从而在更大范围的政府间谈判中施加影响。政府间谈判达成的决议以及由此形成的框架，最终将决定国际投资法和政策制度未来演变的路径，无论其未来演变发生在双边、区域或多边层面。

图书在版编目(CIP)数据

全球经济与金融治理/王浩主编.—北京：中央编译出版社，2017.6
ISBN 978-7-5117-3291-0

Ⅰ. ①全…
Ⅱ. ①王…
Ⅲ. ①经济全球化-研究 ②国际金融-研究
Ⅳ. ①F114.41 ②F831

中国版本图书馆CIP数据核字(2017)第045971号

全球经济与金融治理

出 版 人	葛海彦
出版统筹	贾宇琰
责任编辑	赵　灿
责任印制	尹　珺
出版发行	中央编译出版社
地　　址	北京西城区车公庄大街乙5号鸿儒大厦B座(100044)
电　　话	(010)52612345(总编室)　　　(010)52612343(编辑室)
	(010)52612316(发行部)　　　(010)52612346(馆配部)
传　　真	(010)66515838
经　　销	全国新华书店
印　　刷	北京紫瑞利印刷有限公司
开　　本	787毫米×1092毫米　1/16
字　　数	291千字
印　　张	19.75
版　　次	2017年6月第1版
印　　次	2017年6月第1次印刷
定　　价	75.00元

网　址：www.cctphome.com　　　邮　箱：cctp@cctphome.com
新浪微博：@中央编译出版社　　　微　信：中央编译出版社(ID: cctphome)
淘宝店铺：中央编译出版社直销店(http://shop108367160.taobao.com)　(010)55626985

本社常年法律顾问：北京市吴栾赵阎律师事务所律师　闫军　梁勤
凡有印装质量问题，本社负责调换，电话：(010)55626985